表現・集団・国家

阿部和文

表現・集団・国家

—— カール・シュミットの映画検閲論をめぐる一考察 ——

学術選書
196
憲　法

信山社

はしがき

　本書は，2013 年 3 月に東京大学大学院法学政治学研究科に提出された筆者の学位論文を原型とする。同論文はその後，国家学会雑誌 127 巻 9 ＝ 10 号乃至 128 巻 5 ＝ 6 号（2014-2015 年）にて公表された。単行本化に際して若干の修正を行った。

　本書は，数多くの方々の助力と援助なくしては成り立たなかったものである。原型となる論文の執筆に於ては，東京大学大学院法学政治学研究科の石川健治教授より最大限の研究の自由を保障して戴き，同研究科の宍戸常寿教授，木庭顕名誉教授より貴重な学問上の示唆を戴いた。又，一般財団法人行政管理研究センター，首都大学東京都市教養学部法学系，更に現在奉職している大阪市立大学法学研究科の方々には，筆者が研究を進める上で贅沢とも云える環境を提供して戴いた。更に，本書の刊行に際しては，信山社の今井守氏に編集の労をとって戴いた。

　最後に，筆者の生活を支えてくれた友人と家族，とりわけ，停滞してばかりの筆者を絶えず支えてくれた両親に，感謝の意を表したい。

　尚，本書の内容は日本学術振興会（JSPS）科研費 08J10674, 15K16925 及び 18K12632 の助成を受けた研究成果の一部であり，刊行に際して日本学術振興会（JSPS）科研費 19HP5130 の助成を受けている。

　令和元年 6 月

　　　　　　　　　　　　　　　　　　　　　　　　　　　阿部和文

〈目　次〉

　はしがき（iii）

　前　注（ix）

◆序　章 …………………………………………………………… 3

　　第一節　本書の問題関心：表現の自由の解釈論をめぐって ……… 3
　　第二節　題材選択の理由 ……………………………………… 10
　　第三節　既往の研究 …………………………………………… 16
　　第四節　本書の構成 …………………………………………… 20

◆第一章　設問の確定 …………………………………………… 23

　　章　序 …………………………………………………………… 23
　　第一節　法令上の与件：WRV 第 118 条及び 1920 年映画法 …… 23
　　　第一款　WRV 第 118 条……… (24)
　　　第二款　1920 年 5 月 12 日の映画法……… (26)
　　第二節　テクスト及び設問の確定 …………………………… 28
　　　第一款　テクスト A：『憲法論』……… (29)
　　　第二款　テクスト B：「ドイツに於ける全体国家の
　　　　　　　発展」「現代国家の権力状況」……… (33)
　　　第三款　設問及び検討の指針……… (36)

◆第二章　検討の前提：映画検閲をめぐる議論の概況 ……… 39

　　章　序 …………………………………………………………… 39
　　第一節　法実務に於ける議論：立法府の討論を素材として …… 41
　　　第一款　第二帝政期ライヒ議会……… (42)
　　　第二款　憲法制定国民会議……… (56)

目 次

　　　第三款　ライヒ議会での映画法をめぐる審議………(75)
　　　第四款　小　括………(116)
　　第二節　学　説 …………………………………………117
　　　第一款　第二帝政期………(117)
　　　第二款　WRV 期………(121)
　　　第三款　小　括………(125)

◆第三章　分析 1：映画検閲と「討論」の観念 ……………127

　　第一節　「意見」の概念 …………………………………127
　　　第一款　第二帝政期………(128)
　　　第二款　WRV 期………(129)
　　第二節　基本権論に於ける意見表明の自由の位置 ………139
　　　第一款　WRV 第二編に関する基本的態度………(139)
　　　第二款　「真正の基本権」とその分類・限界………(143)
　　　第三款　「一般的法律」の解釈と「真正の基
　　　　　　　本権」………(147)
　　第三節　市民的法治国に於ける意見表明の自由・「討論」の原理
　　　　　　…………………………………………………150
　　　第一款　基本権と市民的法治国・自由主義………(150)
　　　第二款　自由主義の基本原理：「討論」の観念………(152)
　　　第三款　「討論」の衰退………(155)
　　　第四款　補論・シュミットの自由主義論に関
　　　　　　　する評価………(157)
　　第四節　「政治的なもの」の概念 ………………………164
　　第五節　小　括 …………………………………………172

◆第四章　分析 2：映画検閲と国家の存立 …………………175

　　章　序 ……………………………………………………175

目　次

第一節　テクストＢの位置づけ……………………………………177
　第一款　「ドイツにおける全体国家の発展」………（177）
　第二款　「現代国家の権力状況」………（181）
　第三款　小　括………（184）
第二節　「全体国家」論の由来：「量的全体国家」論の検討……186
　第一款　全体国家論の端緒：「全体国家へ
　　　　　の転換」………（187）
　第二款　「量的全体国家」論の誕生と展開………（191）
第三節　理想像としての「全体国家」：「質的全体国家」論の検討
　　　　……………………………………………………………200
　第一款　「政党連合国家」とその対重：「国家の内政上の
　　　　　中立性という問題」………（200）
　第二款　国家の任務・「正常な状況」：「国家倫理と多元的
　　　　　国家」………（201）
　第三款　友・敵区別と内戦の抑止：1932年版『政治的な
　　　　　ものの概念』………（203）
　第四款　「技術」の独占という責務：「構成的憲法問題」
　　　　　「強い国家と健全な経済」………（206）
　第五款　小　括………（209）
　第六款　補論：「市民的教養」への期待？：「フーゴー・
　　　　　プロイス」………（210）
第四節　「技術」の独占と「意見形成」の変性………………………214
　第一款　予備的検討………（214）
　第二款　「意見表明の自由」の変性：「プレスと公論」
　　　　　………（216）
　第三款　「プレス」の「自由」：「自由権と制度体保障」
　　　　　………（221）
　第四款　国家にとっての「技術」の問題性………（228）
第五節　小　括……………………………………………………236

目　次

◆**第五章　設問への回答** ……………………………………………… 239

　章　序 ………………………………………………………………239
　第一節　検討の結果 ………………………………………………239
　第二節　同時代への位置付け ……………………………………243

◆**終　章** ……………………………………………………………… 251

　文 献 一 覧（巻末）
　索　引（巻末）

　　　　　　　　　前　注

1　括弧の使用に就ては，筆者の補足には［　］を，出典を示す際には【　】を用いる。また原文中で斜体となっている箇所は斜体により，ゲシュペルトとなっている箇所は下線により示す。
2　本文及び注に於て文献を摘示する際には，下記3乃至5の場合その他格別の必要がある場合を除き，原則として著者（又は編者）の姓又はファミリーネーム（同じファミリーネームの著者が複数存在する場合にはフルネーム），出版年（同じ年に複数の著作を公表した場合には識別の為のアルファベットを付加），頁数のみを示す。これらの正確な表題等は巻末の文献一覧を参照のこと。
3　本文中で引用・参照するシュミットの著作に就いては，下記の如き略記を行う。参照した版や媒体の詳細，及び既存の翻訳に就ては，2と同じく巻末の文献一覧を参照のこと。

BP1927　Der Begriff des Politischen（1927）
BP1932　Der Begriff des Politischen : mit einer Rede über das Zeitalter der Neutralisierungen und Entpolitisierungen（1932）
BP2018　Der Begriff des Politischen : synoptische Darstellung der Texte（2018）
BR　Der bürgerliche Rechtsstaat（1928）
FP　Frieden oder Pazifismus? : Arbeiten zum Völkerrecht und zur internationalen Politik 1924-1978（2005）
FRIG　Freiheitsrechte und institutionelle Garantien der Reichsverfassung（1931）
G　Der Gegensatz von Parlamentarismus und moderner Massendemokratie（1926）
GUG　Grundrechte und Grundpflichten（1932）
GL　Die geistesgeschichtliche Lage des heutigen Parlamentarismus（1923）
Glossarium　Glossarium, Aufzeichnungen der Jahre 1947-1951（1995）
HP　Hugo Preuss : sein Staatsbegriff und seine Stellung in der deutschen Staatslehre（1930）
HV　Der Hüter der Verfassung（1931）
IN　Das Problem der innerpolitischen Neutralität des Staates（1930）
KVP　Konstruktive Verfassungsprobleme（1932）
LL　Legalität und Legitimität（1932）
MP　Machtpositionen des modernen Staates（1933）
NG　Die neutralen Größen im heutigen Verfassungsstaat, in: Probleme der Demokratie（1931）

前　注

　　PB　　Positionen und Begriffe im Kampf mit Weimar-Genf-Versailles, 1923-1939（1940）
　　PöM　Diskussion über "Presse und öffentliche Meinung" in "Diskussionbeitrag von deutschen Soziologentag in Berlin Sept. 1930"（1930）
　　PT　　Politische Theologie : vier Kapitel zur Lehre von der Souveränität（1922）
　　RK　　Römischer Katholizismus und politische Form（1925）
　　SE　　Staatsethik und pluralistischer Staat（1930）
　　SGN　Staat,Großraum,Nomos,Arbeiten aus den Jahren 1916-1969（1995）
　　SSGW　Starker Staat und gesunde Wirtschaft（1932）
　　Tagebücher　Tagebücher 1930 bis 1934（2010）
　　VA　　Verfassungsrechtliche Aufsätze aus den Jahren 1924-1954 : Materialien zu einer Verfassungslehre（1958）
　　VL　　Verfassungslehre（1928）
　　WE　　Weiterentwicklung des totalen Staats in Deutschland（1933）
　　WTS　Die Wendung zum totalen Staat（1931）
　　ZJ　　Zehn Jahre Reichsverfassung（1929）
　　ZN　　Das Zeitalter der Neutralisierungen und Entpolitisierungen（1929）
4　第二帝政期からWRV期にかけてのライヒ議会及び憲法制定国民議会の議事及び議案は，議事録 Verhandlungen des Reichstags. Stenographische Berichte に纏められている。同議事録からの引用に際しては，原則として本文中に【　】内に巻数及び頁数のみを示す。提出された法案や質問を記載した印刷資料（Drucksache）には頁数が付されていない場合があり，その場合には巻数のみを示す。
　　　尚，当該議事録は http://www.reichstagsprotokolle.de/bundesarchiv.html でも参照可能である。
5　上記の外，定期刊行物，叢書等のシリーズ名に就ては下記の略号を用いる。
　　AöR　　Archiv des öffentlichen Rechts
　　DJZ　　Deutsche Juristen-Zeitung
　　RGBl.　Reichsgesetzblatt
　　UFITA　Archiv für Urheber- und Medienrecht
　　VVDStRL　Veröffentlichungen der Vereinigung der Deutschen Staatsrechtslehrer

表現・集団・国家

◆ 序　章

　本稿の論題は，ヴァイマール共和国期（以下，WRV 期と表記する；併せてヴァイマール憲法は WRV と表記する）のドイツに於て実施されていた映画検閲に関するカール・シュミットの言説を分析し，その背後に在る理路を探究する事にある。本探究は，最終的には表現の自由の解釈論に対して一定の見通しを示す事を目標とする。

　双方の連関を本論の論述にとって必要な限度で説明する事，特に，本稿を通底する問題関心及び素材選択の理由を説明する事，が序章の課題である。

第一節　本書の問題関心：表現の自由の解釈論をめぐって

　一　日本国憲法第 21 条第 1 項は，「集会，結社及び言論，出版その他一切の表現の自由は，これを保障する」と規定しており，その一内容として所謂「表現の自由」を保障している。

　この権利に対する制約の可能性は同条の中に示されていない。その手がかりとしては他の条文に書き込まれた「公共の福祉」という文言が存在するだけであり[1]，各種の問題に対する法的規律及びその憲法適合性は，夫々の事態に於て衝突する権利・利益の調整に際して「最適解」を導き出す事によって判断する外無い[2]。

---

[1]　憲法上「公共の福祉」の文言を含む条項は第 12 条，第 13 条，第 22 条，第 29 条だけである。これらのうち特に第 13 条の「公共の福祉」を第 14 条以下の権利条項に適用する事に関する理論的な問題に就ては，石川，2012, 24 頁。勿論，学説上多くの見解は，「公共の福祉」を，第 13 条の文言そのままに，又は一般的な理念として，直ちに第 14 条以下の権利の制約の根拠として援用し得るとは考えておらず，他の，然も憲法の条文に手掛かりの存しない概念や枠組を用いて権利の制約とその正当化を論じる。憲法第 21 条第 1 項に就ても同様である。

[2]　石川，2000, 180 頁以下。

◆ 序　章

　これに対して，下位法令のレベルでは，一見すると私人の表現活動を制約するかに見えるものが無数に存在する。典型的な例としては，刑法第175条による「わいせつ」表現の規制，同法230・231条による名誉毀損・侮辱表現の規制（但し同法230条ノ2の定める免責要件），プライバシーを侵害する表現に対する損害賠償及び差止，公職選挙法第13章の諸規定に基づく選挙運動の規制，日本国憲法の改正手続に関する法律第七節の諸規定に基づく事前の報道・宣伝に関する規制，公務員の政治活動（の一環としての政治的表現活動）の規制（国家公務員法第102条第1項，地方公務員法第36条，裁判所法第52条第1号，自衛隊法第46条第1項第2号，教育公務員特例法第18条），各都道府県の所謂「青少年健全育成条例」による「有害」表現に対する規制，放送法による放送事業者の活動に対する規制（番組編集に関する第4条及び第5条（但し編集の自由を定めた第3条），訂正放送に関する第9条），更に近年では所謂ヘイトスピーチに対する規制[3]等が挙げられる。

　又，国家機関が直接に規制を行うわけではなく，表現・情報の発信を行う者や民間事業者が規制やルール形成を担う場合[4]，更には国家法が自主規制を尊重する旨を宣言する場合[5]があり，これらの活動が表現の自由に及ぼす影響も無視し得ない。

　以上に種々の例を列挙したが，私人の表現や情報流通との関係で生じる不利益が，全て表現の自由の制約・侵害として扱われている訳ではない。抑々，当該不利益が表現の自由の制約とするに値しないと解される（又はそう解さざる

---

(3)　代表的な例として，大阪市ヘイトスピーチへの対処に関する条例第5条の定める拡散防止の措置及び公表がある。尚，国レベルでも本邦外出身者に対する不当な差別的言動の解消に向けた取組の推進に関する法律が制定・施行されている。但し，同法は相談体制の整備（第5条），教育の充実（第6条），啓発活動等（第7条）に関する責務・努力義務を宣言するに留まり，表現行為に対する直接の介入を予定するものではない。

(4)　例えば，映画倫理審査機構やコンピュータエンターテインメントレーティング機構（CERO）の審査活動がこれに当る。表現活動の規制に限らず，自主規制に関する法的統制に関する代表的研究として，原田，2007。

(5)　例えば，青少年が安全に安心してインターネットを利用できる環境の整備等に関する法律第3条第3項。同法第24条乃至第30条は，民間事業者やそれが行うフィルタリングに対して登録・支援の枠組を定めている。

第一節　本書の問題関心：表現の自由の解釈論をめぐって

を得ない）場合もあろう[6]。併し，多くの場合には，これらの法令や活動を表現の自由に対する何らかの制約と捉えた上で，夫々の合憲性や正当化の論拠に就て議論が為されている。表現の自由に関する解釈論は，こうした種々の規制やそれを裏付ける問題との緊張関係を踏まえつつ，表現や情報流通の自由を優先すべき場合と，当該規制を許容すべき場合との識別を主な課題とすると言ってよい。

　二　表現の自由をめぐる学説は，その論じる対象や基本的な態度・視角に於て多岐にわたり，此処で包括的に整理する事は不可能である。併し，或る規制の合憲性に就て，理由付けはともあれ結論に於て概ね一致を見る場合が存する。
　例えば，刑法第175条[7]，国家公務員法第102条第1項及び人事院規則14-7[8]，による規制に就ては，憲法適合性に疑義を呈し，又は限定解釈若し

---

[6] 憲法上の権利一般につき斯様な場合の存する事を論じる古典的な叙述として，小嶋，2004，165頁以下。同205頁以下は表現の自由が「憲法が保障する目的とは別の目的のために行使される」例として「商業広告」を挙げ，判例がそれを表現の自由の一環と位置付けた事に就き批判的な姿勢を採る。又，厳密には保障の有無に関する論述ではないが，伊藤，1959，197頁は，民主的政治過程との関連性に基づき「商品の広告」が「憲法上重要な優越的地位を占める」表現ではないと論ずる（但し，続く論述に於て「営利的活動」か否かを区別する事は困難とする）。併し，他に主な教科書・概説書の中で，憲法第21条第1項が保障する「言論」の範囲を画そうとする試みは然程積極的には為されていない。伊藤，2004，307頁以下は，一定の表現を「言論の自由」の保障外に置く事に就て，それが公権力による制約を拡大する契機となり得る事，及び言論の価値が社会の変化に応じて変化する事態に対応し得ない事，を理由に反対する。

[7] 芦部，2019，197-199頁，伊藤，1995，311頁以下及び315頁注5，長谷部，2018，212-213頁。前二者，特に伊藤は刑法第175条の保護法益に対する理解を示したうえで，表現に対する過度の規制とならないよう限定的に解釈すべき事を主張するが，長谷部は「第三者への不利益」のみを論拠として容認し，然もその場合でもなお規定は過度に広範であると評する。尚，以下本章の注では，次章以降の行論への架橋という本章の目的に鑑み，学説は主に教科書レベルに凝縮された記述を指摘するに留め，網羅的な評価・検討は行わない。

[8] 該規制を合憲とした最大判昭和49年11月6日刑集28巻9号393頁に就ては，審査の手法及びその内容をめぐって，学説上否定的な評価が絶えない。近年の教科書に於ける叙述として例えば，芦部，2019，292-293頁，伊藤，1995，204頁以下，長谷部，2018，

◆序　章

くは類型的・個別的な検討を促す意見が多数である。

　これに対して，放送法制上の事業者に対する格別の制約に就ては，論拠の違いこそあれ特別の規制を行う事自体に正面から疑義が呈される事は少ない[9]。又，名誉毀損の処罰に就ては，刑法230条ノ2の解釈（「現実の悪意の法理」等の解釈論の援用を含む）との関係で，処罰の広狭に関する見解の相違こそあれ，条文の存在じたいを憲法違反と解する見解は，管見の限り存在しない[10]。

　各種の事例に於て，表現の自由及びその制約をめぐる解釈論は，確かにその範囲・論拠共に多様であり，単純な評価・整理を許さない。論者の前提や研究対象ごとに，個別の法令や判例に対する態度，又は表現の自由の保障じたいの広狭に関する見解には差異がある。併し，この権利が何らかの不可避の制約を伴っており，それが明示的にであれ，黙示的にであれ，承認されている事，更に幾つかの場合には具体的な結論に就て大方の一致が見られる。

　三　この事は，例えば法令の憲法適合性を判断する際の手懸りとして，憲法訴訟論が形成してきた所謂「審査基準論」或いは「二重の基準」論にも現れている。

　後者の核心は，精神的自由に対する制約を経済的自由のそれに比して厳格な司法審査に付する事を要求する点にある。芦部信喜の立論に従えば，表現の自由に対する規制の内部でも要求される審査の厳格さには異なる段階があり，（法文上例外なく禁止されている検閲を除けば）最も厳格な審査が要求される「高

　　136-140 頁，大石，2012, 33 頁。尚，同判決に就ては最二小判平成24年12月7日との関係が問題となるが，本稿の主題と直接の関連を有しない為，此処では判決の存在の指摘に留める。
(9) 芦部，2019, 191-194 頁，長谷部，2018, 224-226 頁。両者は，電波資源の有限性・社会的影響力という古典的論拠を批判しており，前者は部分的規制論に理解を示し，後者は基本情報の提供という責務を援用して，格別の規制を容認する。
(10) 尤も，解釈論の詳細に就ては分岐が存在する。所謂「現実の悪意」の法理の採否に就て，伊藤，1995, 309 頁は一定の理解を示し，また国内の判決例にその現れを見出すが，長谷部，2018, 156-157 頁は双方の状況の相違を理由として懐疑的である。これらに対して，松井，2013 は，アメリカの判例やその基底に存する思考を手掛かりとしつつ，名誉毀損法制による表現の自由の制約を最小限に切り詰める方針を鮮明にする。

第一節　本書の問題関心：表現の自由の解釈論をめぐって

い価値の表現の内容規制」に対しては，「明白かつ現在の危険」の基準か，若しくは，「立法目的がやむにやまれぬ必要不可欠な［…］公共的利益」であり，規制手段がその公共的利益のみを具体化するように「厳格に定められていなければならない」事を要求し，然もそれらの「挙証責任は公権力側にある」とする「厳格審査の基準」が妥当する[11]。長谷部恭男も，「表現の内容に着目する規制」に関して，「『真にやむをえない』政府の規制目的」と「規制が当該目的の必要最小限度の達成手段として厳密に設定されている」事を「政府の側が立証する」と云う「もっとも厳格な審査基準」を要求している【長谷部，2018，209-210頁】[12][13]。

　審査基準論は，飽く迄，憲法訴訟論という憲法学の一部分で形成された言説であり，具体的な審査基準のありかたのみによって，個々の論者や学問全体を評価する事は適切ではない[14]。併し，本稿にとって重要なのは，こうした審

---

(11)　芦部，2019，204頁。「二重の基準」論や「審査基準」論が，必ずしもその背後に個々の基本権に関する価値秩序と結合している訳ではない。併し，石川，1992，149頁以下特に153頁及び166頁注10に拠れば，「二重の基準」の「理論構造」は実体法論の問題を「立法・司法間」の権限配分論に解消しようとする傾向を有していながら，「その背景に漠然とした形であれ一定の実体的価値論が控えている」と論じる。勿論，この「実体的価値判断」の内容は論者により一様ではない。

(12)　斯様な「二重の基準」が判例上採られているか，に就ては判断が分かれる。尤も，同「基準」（又はその基本的な思考枠組）が採られていると理解する論者に於ても，表現の自由に関して同「基準」に忠実な判断が為されているとは評価されていない。一例として，芦部，1999，193頁以下特に195頁以下を参照。

(13)　精神的自由権，就中表現の自由に対する表現内容に基づく規制に関して，夫々の論者が想定する枠組・基準の中で最も厳格なものを適用するという態度に就ては，広範な一致が見られる。尤も，夫々の論者が立脚する人権論や政治過程観に差異が存する事にも注意を要する。この点に就き参照，大河内，2010。

(14)　又，審査基準論を如何に設定すべきかと云う問題に人権論や憲法解釈論を収斂させようとする事が，憲法学にとって望ましい事とも言えない。石川，1991，141頁は，書評という形式に於てではあるが，「八五年前後に噴出した」憲法訴訟論に対する批判と対応のありようを叙述する。より明確な問題提起として石川，2009，53頁以下，2011，291頁以下特に302頁以下。尤も，審査基準論はそれとして学問的に絶えず真摯な検討が続けられており，近年に限っても，例えばアメリカ合衆国の裁判実務を丹念に分析した論稿を収録した山本・大林編，2018が公刊され，又，法律時報91巻5号の「特集判例に

◆ 序　章

査基準論が表現の自由に厳格な審査を要求する時でさえ，その例外として，法的規制の側が優先される可能性を，理論的には承認している事である。

　四　以上の様に，憲法上の権利の保障と法令による制約との関係に就てであれ，具体的な訴訟過程に於て法令の憲法適合性を審査する際の基準に就てであれ，表現の自由が（単に或る行為が抑々保障の範囲外にあるというのではなく）何らかの制約を伴っている事は，ほぼ共通の理解と云える[15]。敢えて斯様な点を強調する背景に就て，次に説明する。

　表現の自由をめぐっては，所謂「表現の自由の原理」論なる領域が在り，膨大な研究が蓄積されている。その基軸を成す問いは，主唱者の一人である奥平康弘の表現に拠れば「いかなる根拠があって表現の自由は特別な保護に値するのか」であり，この問は他の多くの論者によって受容され，考究されている[16]。近年でもこの問題領域をめぐり，毛利透【毛利, 2008】[17]，阪本昌成【阪本, 2011】，齊藤愛【齊藤, 2015】らが論考を公表している。

　これらの研究は，我が国の実務及び学説の状況を把握・再構成し，表現の自由に強い保障を与える論拠を提示し，該自由を俯瞰的に検討し，更に体系的な解釈論を構築せんと試みるものである。併し，いずれの研究も，表現の自由の

　　現れている違憲審査の思考法」及び「小特集　調査官解説と憲法学　‐憲法判例と憲法学説の対話に向けて」の諸論稿が，判例と学説を見据えた分析を行うなど，注目すべき研究が少なくない。

(15)　表現の自由に就き，その保障が及ぶ範囲を如何に厳格に画するのであれ，絶対的な保障を付与する見解は，我が国では殆ど支持されていないかに見える。例えば，蟻川, 2016, 103 頁以下が描出する Alexander Meiklejohn の絶対的保障論の如き議論は，然程受容されていない。Meiklejohn の表現の自由論，特に「自己統治」論の含意に就ては，更に阪口, 2009, 39 頁以下特に 46 頁以下を参照。

(16)　奥平自身の代表的な著作として『なぜ「表現の自由」か』(1988)。本文中の引用は同 8 頁に拠る。同頁以下に拠れば，この問題関心は，該問題に対する当時の我が国の憲法学の関心の低さに発している。尚，奥平の問題関心とその推移に就ては，蟻川, 2009, 特に 121-122 頁を参照。

(17)　同書は論文集の体裁をとるが，併し表現の自由の行使に本来的に伴う負担を低減させる観点からその保障を厚くする必要性を解明し，萎縮効果論を彫琢する事で行使の容易さを担保する，という一貫した構想に支えられたものと評し得る。

第一節　本書の問題関心：表現の自由の解釈論をめぐって

保障をいかに拡充するか，それに対する規制をいかに抑制していくか，という関心に明示的に又は黙示的に支えられているように見える。

　斯様な研究は，既存の規制又は設例を検討し，実践的には過度の規制を抑止していく為に有益な論拠と素材を提供する点で，確かな意義を有する。併しその反面，「公共の福祉」その他の論拠に基づく規制の側から見れば，具体的に如何なる論拠を以てすれば，或いは如何なる範囲で，規制が許されるのか，に関する解明は総じて十分ではない。

　表現の自由に対する現存の規制，又は将来行われ得る規制に就て網羅的な整理を行う事は，著しく困難又は不可能である。寧ろ，具体的な解釈問題が明らかになった時点で個別に検討を行い，又は，立法に関する検討が開始されたり，裁判所が判決を下した段階で議論する方が適切であり，然もその場合でも如何に表現の自由を拡充するかと云う方向でのアプローチに傾注すべきであるとの考え方にも，十分な理由がある。併し，個別の問題毎に検討を行う場合でも，夫々の規制の正当化に就き精査を行う事は不可欠であり，且つ精査を行う為には，表現の自由の限界に関するより一般的な議論を踏まえる必要があろう。現行法の解釈論を超えて，将来予測され得る規制も視野に入れた上で，過剰な規制を防ぐ為の議論を予め構築する事をも憲法学の責務と考えるならば，表現の制約が正当化される際の論拠を考究する作業は重要である。理由付けや手法に疑義の残る規制を抑止し，一方で必要やむを得ない規制に就ては寧ろその実効性を高める事が必要とも考えられる。

　表現の自由が何らかの制約を伴わざるを得ないとすれば，その論拠となる事由はいかなるものか。本書の基底に在るのはこの単純な問いである。表現の自由に就て，それがどこまで保障されるのか，ではなく，どこで制約に当面するのか，という方向から接近を試みる事が，本稿の基本的な方向である。

　尤も，本書は以上の問題に直截に，又は包括的に取り組む訳ではない。本書は，約一世紀前に，一人の法学者が，眼前に立ちはだかった一つの問題に対して与えた回答を分析する事を通して，この問に向き合おうとする，細やかな試みである。

◆ 序　章

第二節　題材選択の理由

　次に，本書の題材の選択に就き説明する。

　本稿は，WRV 期のドイツに於ける映画検閲（Filmzensur, Lichtspielzensur）と云う主題に就て，カール・シュミットという特定の法学者の言説を介して接近を試みる。上記の問題関心への取組として斯様な素材選択を行った理由を網羅的に説明する事は，もとより不可能である。本論の議論と架橋する上で，此処では，①検閲という措置を扱う理由，②映画という表現媒体を扱う理由，③カール・シュミットの言説を扱う理由，の三点に就き説明を行う。

　一　第一に，検閲という措置を扱う事に就ては，日本国憲法第 21 条 2 項が明文で「検閲」を禁止している事，更に比較法的にも主要な立憲国家に於て検閲が廃止されている事，に照らせば，既に廃れた制約の方式を論じる意味が存在するのか，という疑問が生じ得る。

　後述する通り（第一章第一節），WRV は明文で，検閲を原則として禁止しながら，映画に関しては例外的に法律により検閲を導入する事を承認していた（第 118 条第 2 項第 1 文）。従って，法令上の与件は確かに現在とは異なる。併し，WRV も，検閲をめぐる古典的な問題領域であるプレスのみならず，従前は検閲の対象となっていた演劇に関しても検閲を禁止しており，表現に対する検閲は行わないという原則に於て径庭は無い。

　寧ろ本稿が関心を寄せるのは，検閲の禁止が憲法典で承認された状況に於て，それでも映画が例外として扱われた理由である。映画検閲が許容された原因が，単に表現の自由に対する認識不足のみに帰せられるのでなければ，そこには如何なる論拠が存在していたのか。本稿の課題は，映画検閲を正当化する際に用いられた法的な論拠を探求する事である。

　二　第二に，本稿は表現の自由に関する問題を探求する際に，古典的な表現媒体として屡々参照される印刷物ではなく，また最新の表現媒体とされるインターネットでもなく，時間軸上はその中間に位置する映画を選択する。

　実務上も学説に於ても，表現の自由を論じる際に対象となる媒体は，現在も

第二節　題材選択の理由

なお法改正の是非や制度設計が問われる放送部門，技術や環境が日々変化し，抑々国家法のみによって規律すべきか否かが問われるインターネット，又は名誉毀損等の各種法理の起源となっている印刷物が主である。此れに対して，映画が法学的な議論の対象となる事は少ない(18)。

　古典的でも新規でもなく，又，法的問題が凝縮されている訳でもない，映画という媒体を取上げる理由に就ては，次のように説明し得る。

　先ず，WRV の施行当時，映画は放送と並ぶ最新の表現媒体であった。その情報伝達のありかたも，従来のプレスや演劇に比して，単に圧倒的多数に向けられているだけでなく，映像を (1920 年代後半に普及するトーキーの場合には音声と併せて) 伝達し得るという点で，画期的であったと評価し得る。従って，映画に対する法的対応を考察する事は，新規の表現媒体に対して法が如何なる対応を行い，その背景に如何なる論拠が存在するのか，という問題に対する一つの視点を得る事に繋がる。この問題は，新規の表現媒体への対応が課題であり続けている現在の状況にとっても無縁ではない。

　加えて，放送やインターネットに関する法的規制のありかたがなお流動的であるのに対して(19)，映画に関しては，その規制をめぐる議論には今後大きな変化はないと見られ，議論の状況を通覧するには有利とも考え得る。

　三　最後に，カール・シュミットと云う論者を主軸に据える理由に就ては，次章以下の論述を以てその回答とせざるを得ない。現段階では，次のように説明し得る。

---

(18)　東京高判昭和 44 年 9 月 17 日高裁刑集 22 巻 4 号 595 頁のように，現行憲法下でも映画表現と刑事法規の関係が問題となった事例は皆無ではなく，又，映画倫理審査機構の存在は自主規制を法学的に考察する上で重要な実例である。併し，これらの問題が放送のように独自の問題領域を形成するには至っていない。

(19)　放送法制に就ては，近時の法状態は武智，2013，鈴木・山田，2017 で解説されている。具体的な解釈問題としても，例えば最高裁大法廷平成 29 年 12 月 6 日判決民集 71 巻 10 号 1817 頁により，NHK の受信料制度の合憲性が漸く判断されるに至った。一方，インターネットに就ては，状況は更に流動的であり，本文中で述べたように，抑々規律の為に国家が制定した法という手段をどこまで使用すべきかという問題さえ自明ではない。この点に関する近時の文献として，成原，2016 及び小倉，2017。

◆ 序　章

　WRV 第 118 条第 2 項第 1 文及び 1920 年映画法に基づく映画検閲に関して，学説上，その許容性や論拠が詳細に論じられる事は多くはなかった。そうした中で，シュミットは映画検閲に関して例外的に，主著の一つ『憲法論』をはじめとして，WRV 期の著作・論文で繰り返し言及を行っている。然も，次章で仔細に見る事になるが，その行論は基本権の解釈論に留まらず，彼の公法学全般との連関をも窺わせる。そのため，WRV 期の映画検閲を探究する上では，他の論者ではなくシュミットの言説を主軸とする事が，その正当化をめぐる理路に関して奥行があり，分析の主軸とするに適していると考えられる。

　勿論，シュミットの言説が映画検閲を正当化する為の唯一の方途とは限らず，他の論者を選択すればまた別の，奥行のある像が析出し得るかもしれない[20]。ただ少なくとも，シュミットの映画検閲論は，憲法・国家全体と関連する問題として論じられており，同時代の論者の中でも斯様に広い文脈で議論を展開した者は他に見当たらない。

　尤も，WRV 期の公法学を扱う際に，シュミットという主体を選択する事に就ては，異議が提起され得よう。何故ならば，シュミットは WRV やそれを取り巻く情勢に対して懐疑的な，少なくとも距離を取った態度を示しており，然も続くナチス体制の下で，その初期に此れを擁護し，又は迎合的な姿勢を取った為である[21]。

---

(20)　主な学説は第二章第二節及び第三章第一節で検討するが，飽く迄，シュミットの主張の特徴・位置づけを検討する際の補助として検討するに留める。

(21)　本稿は，シュミットの学知をその全生涯にわたって検討し，又はその人物像を解明する事を目標とするものではない。従って，ナチス期の彼の言動がそれ以前の言動との間で如何なる関連性を有するのかに就ても，詳細な分析は行わない。但し，少なくとも，ナチス期の主張から WRV 期のそれを遡及的に解釈・評価する事は適切でない。第四章で見るように，シュミットは WRV 末期にはナチスに対して明確に反対を表明しており，その限りでは WRV を擁護する立場にあった。

　確かに，その「擁護」のありかたが議会制や連邦主義の放棄を代償とし，大統領の広範な権限行使を容認した点で，当時の他の論者や今日の「通念」から隔たっていた事は否めない。又，Neumann, 2011, S. 447, Anm. 447 が論じる通り，シュミットはナチスと並んで共産党をも対処すべき勢力として挙げる事が多かった。併し，そうだからと云って，当時のシュミットがナチスの政権獲得や統治を支持又は容認していた事にはならない。更に云えば，当時の公法学に於て，ナチスの権力獲得を実効的に抑止・統制し得る

第二節　題材選択の理由

　シュミットがWRVやそれを構成する市民的法治国や議会主義，自由主義の理念に批判的，懐疑的であった事は否定し得ない[22]。然もその態度は，ヴェルサイユ条約や国際連盟に対する不信・反感[23]，あるいは技術や経済といった思考が貫徹されていく「近代」という時代そのものに対する批判【和仁，1990，特に141頁以下】，と連関していた。又，特に1930年代に入ってから大統領の権力を優位させる憲法解釈論を明確化した事に照らせば，議会制の擁護を続けたKelsenやHeller等に比して，評価が劣後する事も否めない。

　併し，斯様な解釈論や提言が，WRVの防衛策として為された事も無視すべきではない。抑々，シュミットは決してWRVを公然と否定したり，例えば君主制や他の政治体制への移行を唱えていた訳ではない[24]。1928年の著書『憲法論』は，WRVを与件としてその体系的・理論的な見通しを示した著作であ

　　（更にはWRVの定める国家体制の安定化をもたらし得る）ような学説が抑々どの程度存在したのか，と云う問題も指摘し得る。
　　　又，WRV期のシュミットが右派・保守派に位置付けられるとしても当時の右派・保守派には，ナチスへの評価・態度も含めて，様々なヴァリエーションが存在した。これらに属する知的潮流を分析・整理した古典的な文献として，Mohler, 1950: 2005; Sontheimer, 1962; Herf, 1984; Breuer, 2010等がある。尤も，その整理の軸や個々の人物の評価には差異があり，シュミットの位置づけも一致していない。近時の邦語文献としては，シュミットを主眼とした分析ではないが，小野，2004が挙げられる。
(22)　1922年のPolitische Theologieに始まり，議会制の本来の理念とそこから逸脱した現状を剔抉するDie geistesgeschichtliche Lage des heutigen Parlamentarismus，市民的法治国の理念が現実に合致していないとの見解を率直に表明するBürgerlicher Rechtsstaat等，WRVの前提とする制度・理念に懐疑的な態度を示す著作は数多い。更に，WRV末期に於ても，例えば1932年の講演Konstruktive Verfassungsproblemeでは「設計ミス（Fehlkonstruktion）」「急造物（Notbau）」等の表現が為されている。
(23)　この点に関するまとまった叙述はQuaritsch, 1995, S. 58ff. 同書は，第一次大戦でのドイツの敗北とヴェルサイユ条約の過酷な講和条件が与えた影響を指摘する。大竹，2009，107頁以下に拠れば，転機となったのは1923年のルール占領であり，その出来事からヴェルサイユ条約と国際連盟が平和の実現ではなく戦勝国による権力的要求の道具となっている事態を見出したとされる。
(24)　この点で，WRVに対して否定的な態度を明らかにしていた論者とは異なる。Stolleis, 2005, S. 160ff.では，その例としてHans Helfritz, Axel Frhr. von Freytagh-Loringhoven及びFritz Freiherr Marschall von Bieberstein の三名が挙げられている。

◆ 序　章

る。又，1932 年の Anschütz 及び Thoma の編集によるハンドブックの中でも，基本権・基本義務の総論に関する項目を担当している。その事が直ちにシュミットの WRV に対するコミットメントの度合を示す訳ではないにせよ[25]，彼が WRV 体制の打倒を目指していたと見做す事も不当である。

　確かに，斯様な態度を，「公法の教授として」「現行法という基盤を離れる訳にはいかなかった」という事情【Quaritsch, 1995, S. 70】に帰する事も不可能ではない。併し，大統領の緊急命令権に関する解釈論が議会の機能不全をはじめとする国情の悪化への対応策として提示された事，更に情勢が危機的となった 1932 年の『合法性と正統性』等では反体制勢力に抗して体制を擁護する姿勢を明示している事[26]，等に鑑みるならば，先の事情にのみ還元する事も適切ではない【参照，Quaritsch, 1995, S. 46f. 及び S. 98】[27]。

---

(25)　和仁, 1990 に拠れば，シュミットの公法学を規定する要因の一つとして，「近代社会における個々の主体」が「不可逆的に孤立化し安定性を喪失した存在」として「その生来的な社会性ないし政治性」を「全く否定されている」【12 頁】という「ラディカルな個人主義」(「無政治的個人主義」) が指摘される。シュミットに於て，個人と国家・秩序は「媒介されない対立関係」に置かれ，前者は後者に「調和的に統合されることが決してなく」，後者は前者に「支えを見出すことができない」【22 頁】。本文に挙げたハンドブックに於てシュミットが「ドイツの公法学者の中で最も徹底した形で，前国家的な自由権としての基本権を基軸に据えた市民的法治国の憲法論を構成することができた」事も，「無政治的個人主義」と密接に連関している。即ちシュミットの言う「自由」は「徹底的に制度化を拒絶するものであったが故に［…］市民的法治国の秩序をも解体しうる契機をもって」おり，「如何にリベラルなレジームであろうとも，それに対する肯定には最終的な留保を伴っていた」【29 頁以下】。

(26)　注 21 で触れたように，この擁護の方法が，例えば LL に於ては WRV の一部 (第一編のうち議会制をはじめとする「機能主義的」部分，及び第二編の「特別の憲法律的保障」) を劣後させて残余 (第二編の「核心」を成す「価値体系」及び第一編の「プレビシット的正統性」) を救済しようとする趣旨であった事には注意を要する。尚，権左武志, 2012, 41 頁以下特に 47 頁に拠れば，1932 年 7 月に日刊紙に寄稿した文章の中で，同月 31 日の選挙でナチスに投票する事を控えるべき旨を明確に述べている。

(27)　尤も，Beaud, in: Herrera[dir], 1995, p. 31 は，公法学者が実定法やそれを設定する国家意思への服従を要請される職業である事に鑑みて，シュミットが「書く技術」を用いて自身の着想と自身を取り巻く環境とを両立させた結果が著書『憲法論』だと主張する。

第二節　題材選択の理由

　それでも，シュミットが1933年以降ナチス体制に積極的にコミットし(28)，1936年末には失脚するにせよ種々の要職に就ていた事，就中論説「総統は法を護る」(1934年(29))及び学術会議「法学に於けるユダヤ主義」での報告(1936年(30))がその声望を損なう主因となっている事は，確かである。併し，これらの著作やそこに含まれる問題が，直ちにWRV期の著作やその意図を推認する手掛かりとなる訳ではない。

　要するに，WRV期に関する限り，シュミットの著作は学問的に真摯に読み解かれる価値があり，又それは後年の活動とは一旦切り離して考える必要がある，と云うのが本稿の態度である(31)(32)。本稿の題材の選定に就ては，必要な

---

(28)　シュミットの言説がナチスに対し迎合的なものとなっていく過程を丹念に分析した文献として，初宿，2016，3頁以下。初宿は，シュミットがケルン大学に在籍していた1933年4月乃至9月の時期に決定的な変化が起こった事を指摘する。

(29)　DJZ, 39. Jg, Heft15, S. 945ff. に掲載。現在ではPB, S. 227ff. に収録されている。

(30)　Die deutsche Rechtswissenschsft im Kampf gegen den jüdischen Geist という表題の下に DJZ, 41. Jg, Heft 20, S. 1193ff. で活字化されている。

(31)　尤も，如何なる動機・理由からシュミットがナチスを支持し，積極的に加担するに至ったのか，という問題が重大である事には変わりがない。併し，この点に就き定説と評し得る見解は存在しない。尚，Tagebücher, S. 287 に拠れば，4月27日に入党手続を済ませたと推定でき，5月1日には党籍を取得したと書かれている。

　例えば，Bendersky, 1983, S. 203f. は，シュミットには，亡命，国内での非協力，「共犯」の三つの選択肢が存在したが，憲法問題に関して仕事を継続し得る事を見込んで第三の選択肢を選んだと推測している。

　和仁，1990，52頁は，第二次大戦後の著作 Ex Captivitate Salus を参照しつつ，「裸にされた自己の生存に関する些か現実離れしているかに見える恐怖」をナチスへの迎合の一因と分析する。当時シュミットが，無秩序やそれに由来する生命の危機に対して不安や恐怖を抱いていた事に就ては，Bendersky, 1983, S. 204 でも指摘されている。

　権左，2012，56頁以下は，WRV末期の体制擁護とナチス体制への加担が「政治的目的では鋭く対立」しながらも，「非常事態を理由として権力分立・連邦制を停止するという点で概念上の連続性を有していた」と論じる。

　更に Mehring, 2009, S. 311-313 はシュミットがナチス体制を擁護するに至った要因として40を超える問題を列挙しているが，何れが重大又は決定的であるのかは述べていない。

　以上の諸見解の正誤・説得力の差に就て，本書は回答を与え得るものではない。ただ，ナチス体制に迎合する以前のシュミットの言説とそれ以降の彼の言説との間には説明に

◆序　章

限度での説明は果たされたものとする。

第三節　既往の研究

　次に，既往の研究業績と本書との関係に就き説明を行う。尤も，カール・シュミットに就ては既に膨大な研究が蓄積されており，その対象とする問題領域，学問分野も多様である[33]。法理論・法解釈論を扱ったものに限定しても，多様な問題に関して，シュミットの言説は当時から現在に至るまで参照・言及され続けており，同時代の公法学者の中で占める比重は今なお無視し得ない[34]。それらの膨大かつ多様な研究業績を俯瞰する事は，窮めて困難である。

　窮する距離又は断絶がある事，それ故シュミットが1933年1月末以前にナチスの支持者であったとは断定し難い事，が確認されればひとまず十分である。

(32)　本書が対象とするシュミットの著作の範囲を画定するに際しては，WRV体制じたいの終点をどこに求めるのか，が問題となる。ナチス期に於ては国法のありかたが根柢から変更され，それに対応してシュミットの言説も急激に変性する為である。
　　WRV体制がいつの時点で崩壊したのかは，明確でない。ナチス体制の成立に際してWRVは明示的に廃止された訳ではなく，1933年2月28日の緊急命令をはじめとする諸法令によって形骸化されたに過ぎない（参照，Gusy, 2010, S. 208ff.）。尤も，本稿の着目する時期はHitlerの首相就任前後をも包含する為，注に於てではあれ見通しを示す事が必要と考えられる。本稿はWRV体制の実質的な終点を，ひとまず1933年3月24日の所謂「授権法」制定の時点とする（参照，Quaritsch, 1995, S. 97）。同法が，立法権の執行権に対する優位をはじめとするWRVの統治機構の構造を廃棄し，のみならず同法の「授権」がその後のナチス体制の根幹を成す諸法令の手続上の根拠として機能し，該体制の基礎を成すと考えられる為である。

(33)　シュミットに関する二次文献の一覧としては，de Benoist, 2010が詳細である。又，2007年以降の関連文献に就ては，Carl-Schmitt-Gesellschaft e. V.のホームページ（http://www.carl-schmitt.de/）にリストが掲載されている。

(34)　勿論，他の公法学者に関する研究成果が少数という訳ではない。ドイツ語に限ってみても，例えばChristoph Gusy [Hrsg.], Demokratisches Denken in der Weimarer Republik, 2000に収められた諸論考はWRV期の公法学者を幅広く取り上げて夫々の民主主義観を浮き彫りにしており，またNomos Verlaggesellschaftの Staatsverständnisseシリーズも，個別の公法学者に主題を絞った論文集を刊行している。近年では特に，Groh, 2010がAnschütz, Thoma, Preuss, Heller, Kelsenに焦点を当て詳細に検討している。更に

第三節　既往の研究

そこで，此処では本稿の論題にとって必要と考えられる限度で論じるに留め，その余の研究に就ては次章以下で必要に応じて言及する。

　一　本稿の論題である，カール・シュミットの映画検閲論に言及する文献は僅少であるが，それらの中では，Ernst-Wolfgang Böckenförde の論文が重要である[35]。同論文は「政治的なもの」がシュミットの憲法論の核心を成すという主張を軸とし，映画検閲に関する主張もこの概念・考え方との関連に於て説明される。映画検閲の必要性を肯定するシュミットの主張が「政治的なもの」を含む彼の憲法論・国家論と連関しているとの主張には，本書も同意する。尤も，Böckenförde が WRV 期の彼の主張を一体的に捉えているのに対して，本書はこの時期の間にも論拠の重点には変化が見られ，然もそれが彼の憲法論・国家論じたいの変化と連関していると考える[36]。その意味で，本書は Böckenförde の着想をより厳密に検証したものと位置付け得る。

　シュミットと（映画検閲に限らず）表現の自由という主題にまで視野を広げた場合，毛利透の研究も本稿にとって重要である[37]。毛利に拠れば，シュミットは個人の自由の行使が国家・政治に影響力を行使する事を強く警戒し，双方を切断せんとする為に，彼の議論が個々人の議論や世論形成のプロセスを十分に捉えきれない事が指摘される（更に，ハーバーマス等の主張を手掛かりとしてその克服が試みられる）。表現が国家や政治にいかなる影響を及ぼすのか，という問題は本書と共通している。但し，本書はシュミットの主張を映画に限定してより詳細に分析し，具体的に如何なる理由からその影響力が警戒されていたのか，を解明する事に専念する。此れに対して，他の論者の主張を手がかりとしてその克服を試みる事は，本書の課題ではない。

　　　Schröder/ Ungern-Steinberg [Hrsg.]，2011 は，WRV 期の公法理論や個別の問題領域が基本法やそれを取り巻く現実に対して持ち得る意味を探究している。
（35）　Ernst-Wolfgang Böckenförde, Der Begriff des Politischen als Schlüssel zum staatsrechtlichen Werk Carl Schmitts, in : ders., Recht, Staat, Freiheit, Erweiterte Ausgabe, 1994, S. 344ff.
（36）　詳細は，第三章注 10 を参照。
（37）　毛利，2009，第 1 章。

◆ 序　章

　二　本書と同じくカール・シュミットの WRV 期の憲法論・公法学を主題とする文献としては，更に，石川健治及び和仁陽の研究が，本書にとっては重要である。

　前者は所謂「制度体保障」論を主題とし，特に 1928 年の『憲法論』から 1931 年の論文「自由権と制度体保障」に至る過程で，近代国家に於ける公法上の団体をめぐる解釈論としての「制度体保障」論が醇化されていく過程を，その背後にある経緯・文脈を含めて分析する。

本書は「制度体保障」論を直接の主題とするものではない。併し，特に『憲法論』で明確に提示された近代国家・市民的法治国の像と，国家とその内部に存する団体の緊張関係に対する問題意識とに焦点を当てている点では，問題関心に於て重なり合う部分がある。

　後者はシュミットの公法学を特にカトリシズムとの連関を軸に分析し，『憲法論』に結実する彼の学知を，近代とそこに於ける合理主義・実証主義の貫徹に対してカトリック教会及び初期近代の絶対主義国家の秩序範型を用いて対抗しようとする基本戦略と，WRV 後期に於けるその後退，という観点から分析している。

　本書はカトリシズムや近代批判といった広範な文脈を扱うものではないが，一貫して国家という単位が基底的であったシュミットの公法学を理解するうえで重要となる部分が多い。尤も，同書が『憲法論』及び「政治的なものの概念」までをシュミットの公法学の発展・完成の段階として中心に据えるのに対して，本書はそれ以降の展開も主な対象とする。

　三　シュミットの伝記的なデータに関する二次文献としては，主に Joseph W. Bendersky【Bendersky, 1983】及び Reinhard Mehring【Mehring, 2009】の業績を利用した。又，近年ではシュミットの日記や書簡集の公刊が進んでいるが[38]，そこに現れている私的な主張や行動を彼の学知の分析や評価に於て

---

(38)　日記に限れば，Akademie Verlag より 1912 年から 1915 年（Ernst Hüsmert [Hrsg.], Tagebücher Oktober 1912 bis Februar 1915, 2., korrigierte Auflage, 2005），1915 年から 1919 年（Ernst Hüsmert/Gerd Giesler[Hrsg.], Die Militärzeit 1915 bis 1919, 2005），1930 年から 1934 年（Wolfgang Schuller/Gerd Geisler[Hrsg.], Tagebücher 1930

第三節　既往の研究

如何に利用していくべきかに就ては，確固たる方向性は定まっていないかに見える。このため，本書はシュミット自身の著作や既存の研究文献に含まれるデータ（講演が行われた日付等）の確認のために，最低限用いるに留めた。これは，日記等を用いた研究の重要性を否定する趣旨ではない。

　四　このほか，シュミットに関する研究としては，この10年間に限っても，邦語では古賀敬太[39]，大竹弘二[40]，松本彩花[41]，権左武志[42]，牧野雅彦[43]等，外語では Reinhard Mehring[44]，Volker Neumann[45]，Stefan Hermanns[46]，Jannis Lennartz[47]，Wolfgang A. Mühlhans[48]，Kálmán Póc-

---

　　bis 1934, 2010) の日記が，又，Duncker&Humblot より 1921 年から 1924 年（Gerd Geisler/Ernst Hüsmert/Wolfgang H. Spindler［Hrsg.］, Der Schatten Gottes : Introspektionen, Tagebücher und Briefe 1921 bis 1924, 2014），1925 年から 1929 年（Martin Tielke/Gerd Giesler［Hrsg.］, Tagebücher 1925 bis 1929, 2018）の日記が，夫々公刊されている。

(39)　『シュミット・ルネッサンス　カール・シュミットの概念的思考に即して』（2007），『カール・シュミットとその時代』（2019）

(40)　『正戦と内戦　カール・シュミットの国際秩序思想』（2009）

(41)　「カール・シュミットにおける民主主義論の成立過程：第二帝政末期からヴァイマル共和政中期まで」（2018）

(42)　「第三帝国の創立と連邦制の問題：カール・シュミットはいかにして国家社会主義者となったか?」（2012）等。

(43)　「カール・シュミットとアムネスティー」（2013），「カール・シュミットにおける主権・教会・国家：フィッギス，ラスキからシュミットへ」（2015），「新たな大地のノモスを求めて：カール・シュミットと『パルチザンの理論』」（2016）等。

(44)　Kriegstechniker des Begriffs: Biographische Studien zu Carl Schmitt, Mohr Siebeck, 2014, Carl Schmitt: Denker im Widerstreit: Werk‐Wirkung — Aktualität, Karl Alber, 2017, Vom Umgang mit Carl Schmitt: Die Forschungsdynamik der letzten Epoche im Rezensionsspiegel, Nomos, 2018。

(45)　Carl Schmitt Als Jurist, Mohr Siebeck, 2015

(46)　Carl Schmitts Rolle bei der Machtkonsolidierung der Nationalsozialisten: Ein Engagement auf Zeit, Springer, 2018

(47)　Juristische Granatsplitter: Sprache Und Argument Bei Carl Schmitt in Weimar, Mohr Siebeck, 2018。

(48)　Carl Schmitt. Die Weimarer Jahre. Eine werkanalytische Einführung, 2018

◆序　章

za⁽⁴⁹⁾, Rüdiger Voigt の編集による論文集⁽⁵⁰⁾等が公刊されている。これらの研究もシュミットの主張を分析する際に重要な手掛かりとなるものの，何れも映画検閲論に関する分析を含むものではない。

　敢えて概括的に述べるならば，近年のシュミット研究の殆どは，WRV 期のシュミットの主張をナチスに親和的なものと断定する事を避け，又，特に 1930 年代には WRV に基づく国家体制をナチスや共産党に対して擁護せんと試みていた事を承認する点では一致している。そのうえで，論者の主張や評価が異なるのは，彼が具体的に如何なる制度や価値を擁護せんとしていたのか，又，彼の構想が適切であったのか等の諸点と考えられる。

　本書は，こうした基本的な見方に異を唱えるものではない。議論を先取りするならば，シュミットの映画検閲論は，特に 1930 年代に入ってからは，WRV の国家体制を擁護する為の一つの方策と位置付ける事ができる。

　その余の問題も含めて，本書は，従来の研究業績が示す知見に対して大幅な読み替えを示すものではない。寧ろ，此等の知見を前提としつつ，シュミットの映画検閲論の背景を探究し，既存の業績から浮かび上がるシュミットの思考からすれば，それ自体としては当然の帰結とも云い得る一つの主張を，敢えて詳細に跡付ける事が，本書の課題である。

第四節　本書の構成

　最後に，本書の構成を示す。

　まず第一章では，従事すべき課題をより明確詳細なものとして設定するため，分析の対象とする中心的なテクストを選定し，且つ，そのテクスト自体の特徴を抽出し，分析すべき概念及び問題点を特定する。

　続く第二章では，確定された問題を分析する前提として，シュミット以外の主体による映画検閲をめぐる言説を概観する。扱われるのは，第二帝政期に映

---

(49)　Parlamentarismus und politische Repräsentation, 2014
(50)　2010 年以降のものとして，Freund-feind-denken: Carl Schmitts Kategorie Des Politischen, 2011, Ausnahmezustand: Carl Schmitts Lehre Von Der Kommissarischen Diktatur, 2012, Mythos Staat, Carl Schmitts Staatsverständnis, 2015.

画検閲が法的問題として取り上げられるようになってから WRV 期までの学説及び実務であり，後者に関しては，ライヒ議会における議事録を資料として取り上げる（資料選択の理由は後述する）。

　第三章及び第四章では，以上を前提として本格的な分析が行われる。第三章では『憲法論』に登場する映画検閲論を，同書公刊までの著作を手掛かりとして，特にシュミットの自由主義・市民的法治国観との関係で分析し，第四章では 1933 年に公表された二つの論文に登場する映画検閲論を，同じくそれらの公刊までの著作との関係で分析する事になる。夫々の章では，シュミットが映画検閲を容認した（又はせざるを得なかった）理由が，彼の法理論・国家理論との関係で，解明される事になる。

　最後に，第五章では，前二章で得られた知見を基に，シュミットの映画検閲論に関する分析の総括を行い，シュミットの法理論・国家理論における位置を再度明らかにする。

第一章　設問の確定

章　序

　本章の課題は，次章以下で検討すべき設問を明確な形で提示する事にある。
　本稿の直接の論題は，序章で述べた通り，シュミットのWRV期における映画検閲論の分析である。該問題を明確化する為には，第一に，シュミット自身の映画検閲に関する論述を，その主たるテクストに於て確定する事，第二に，該映画検閲論が展開される基盤となった法令上の与件（WRV第118条及び1920年5月12日の映画法）を確認する事，が必要となる。
　これらの作業は，シュミットの映画検閲論がそれ自体として有する特徴と，解明すべき諸点を明らかにするために先ず以て必要であるが，のみならず，WRV期に議会や学説で展開された映画検閲論と比較した場合のシュミットの議論の特殊性（第二章），更にはシュミット自身の他の著作との連関における映画検閲論の位置（第三章及び第四章），を画定する上でも重要となる。

第一節　法令上の与件：WRV第118条及び1920年映画法

　先ず，シュミットが映画検閲論（厳密には，映画検閲の許容性又は必要性を肯定する議論）を展開するに際して与件となった法令を確認する。本稿にとって重要なのは，WRVが第118条に於て意見表明の自由と検閲の禁止を原則として表明しながら，一方では映画検閲を法律により導入する可能性を承認し，然も該規定に従って映画検閲の為の法律が制定・運用されていた事である。以下ではそれらの規律の内容を概観する。尚，本節では条文を引用する際に斜体を用いる。

◆ 第一章　設問の確定

第一款　WRV 第 118 条

WRV は第二編「基本権と基本義務」第 118 条に於て，次の如き規定を有する：

全てのドイツ人は，一般的法律の制約の範囲内で，その意見を，言語（Wort），文書，印刷物，図像（Bild）又は他の方法によって，自由に表明する権利を有する。如何なる労働又は雇用関係（Arbeit-oder Anstellungsverhältnis）もその者［＝全てのドイツ人］がこの権利［を行使する事］を阻止してはならず，又如何なる者も，この権利を行使した時にその者を不利に扱ってはならない。

検閲は行わない，併し映画に対しては法律によって異なる（abweichend）規定を置く事ができる。低俗文書の撲滅のために，及び公開の（öffentlich）上演（Schaustellung）や興行（Darbietung）における青少年の保護のためにもまた，法律上の措置（gesetzliche Massnahmen）［をとる事］が許容される。

通例「意見表明の自由（Freiheit der Meinungsäusserung）」又は「自由な意見表明の権利（Recht der freie Meinungsäusserung）」と称される権利を規定する[1]同条の規定のうち，此処で重要なのは，第 1 項第 1 文及び第 2 項第 1 文である[2]。前者に就ては，同条が「意見」を表明する権利を保障している事

---

(1) WRV 第 118 条で保障された権利に関してこれらの表現（若しくは「自由な意見表明の権利」）を明示的に用いる文献として例えば Anschütz, 1933, S. 551; Hellwig, 1930, S. 1ff; Häntzschel, 1932, S. 651ff. 更に「意見表明の自由」が論題とされ，WRV 第 118 条が主な議論の対象とされた第 4 回国法学者大会（VVDStRL, Heft. 4, 1928）等。

(2) 勿論，該箇所以外の部分，第 1 項第 2 文及び第 2 項第 2 文に関しても，様々な解釈問題が提起され論じられていた。具体的には，前者に就ては官吏の意見表明とその法律による制約の可能性（Hellwig, a. a. O., 1930, S. 28f., 個別の論稿として例えば Vervier, 1924, S. 1ff.），後者では低俗文書や上演行為に関して映画と同じく検閲が許されるかをめぐる問題（Thoma, 1925, S. 211ff.; Hellwig, 1930, S. 39f.; 但し同文献公表時には既に低俗文書に関する法律が制定されていた為，解釈問題として残されているのは上演行為に対する法律案に関するものだけである），本稿はこれらの問題には立ち入らない。

尚，第 2 項第 2 文に就ては，前段につき「低俗文書から青少年を保護する為の 1926 年 12 月 18 日の法律」【RGBl., S. 505】が制定されたが，これに対して後段に関しては 1925 年に法案が起草され 1927 年に審議に付されたが，議決には至っていない。双方の法状況に関する当時の整理とし，Hellwig, a. a. O., Anm. 37, S. 44ff.を参照。

第一節　法令上の与件：WRV 第 118 条及び 1920 年映画法

から，映画による表現が「意見」の範疇に含まれるか否かという問題が生じ（含まれないとすれば，第 2 項の検閲禁止の対象にもならない），後者に就ては，検閲禁止の規定に明示的な例外（を法律により導入する可能性）が留保されている事が問題となる。

後者に関しては，検閲の古典的な事例であるプレス検閲の禁止に加えて，その後も警察法や各種命令により許容されていた[3]演劇検閲（Theaterzensur）の廃止をも含意する事は，当時の憲法解釈論にとっては共通の認識であった[4]。これに対して，演劇と同じく第二帝政期から検閲の行われていた[5]映画に関しては，検閲禁止と「異なる規定」（検閲に関する規定）を法律という形式により導入する事を，第 2 項第 1 文は明示的に承認している。

出版の自由やプレス検閲の廃止が近代憲法の重要な構成要素であるとしても，該段階に於ては，それ以外の表現媒体（上記の演劇と映画はまさにこれに該当する）にまで同等の保障を及ぼすか否かは，論理的には開かれた問題である。現に，映画に限っても，標準的な基本権の規定を含む憲法を有する他の諸国家に於ても，検閲禁止を承認しながら，他方で映画検閲を許容していた事例は存在する[6]。WRV が憲法典でそのような選択を行った経緯に就ては次章で検討す

---

(3) 例えば，プロイセンでは 1851 年 7 月 10 日の「演劇及び類似の公の上演に関する」警察令によって，バイエルンでは「興行及上演に関する 1868 年 7 月 3 日の王令」によって，またバーデンでは 1863 年 10 月 31 日の警察法 § 63 によって，演劇の上演に対する検閲が行われていた。参照，Noltenius, 1958, S. 3ff.

(4) 明示的に言及するものとして Anschütz, 1933, S. 557; Hellwig, 1930, S. 34 等。Häntzschel, 1932, S. 665ff. は明示的には言及しないものの，公共の安全及び秩序を害する演劇を事後的に禁止する「事後検閲」の適法性を承認し，かつ検閲禁止の例外に就て映画だけを挙げている事に徴して，見解を同じくするものと解される。なお，WRV の制定過程でも，次章第一節第二款第 2 項で検討するように，映画検閲の復活は盛んに論じられたが，劇場検閲の復活が論じられた形跡は見受けられない。

(5) Noltenius, 1958, S. 3ff. が略述するように，第二帝政後期に於ては，ラントごとに，独自の法律や命令，あるいは演劇検閲の為の命令との併用により，映画検閲が行われていた。

(6) 例えばフランスでは，1945 年のデクレによって組織の再編が為されたものの映画検閲は継続され，政府関係者・映画産業関係者の参与する「統制委員会」が審査を行い，その結果を承けて担当大臣が公開の可否・範囲につき決定を行う法制を採用したが，更

◆ 第一章　設問の確定

る事として，此処では上記の与件を確認するに留めておく。

第二款　1920年5月12日の映画法

次に，映画検閲の直接の法的根拠となった，1920年5月12日の映画法を概観する。

WRV第118条第2項という与件を前提として，ライヒ議会及びライヒ参議院での審議を経て（具体的な審議過程に関しては第二章第一節を参照），「1920年5月12日の映画法（Lichtspielgesetz）」【RGBl., S. 953】が制定される[7]。同法は，「1934年2月16日の映画法」【RGBl., I, S. 95】[8]が制定されるまでの間，ドイツ全土における映画検閲の法的基礎としての機能を果たす事になる。

同法は§1に於て次のように規定する：

映画フィルム（Bildstreifen, Filme）は，それが公の審査局（amtliche Prüfstellen）によって許可された場合にのみ，公に上映し，又は国内及び国外での公の上映の目的で流通させる事が許される。クラブ，協会及び他の閉鎖された集団（Gesellschaft）における上映は，映画フィルムの公の上映と同等のものとされる。専ら学問的または芸術的な目的の映画フィルムの，公の又は公的に承認された教育又は研究施設（Bildungs- oder Forschungsanstalten）での上映は，許可を要しない。

映画フィルムの許可は，申請に基づいて行われる。映画フィルムの上映が，公の秩序又は治安に危険をもたらし，宗教的感情を侵害し，または粗暴化し（verrohend）又は堕落させる（entsittlichend）効果を有し，ドイツの声望またはドイツの諸外国との関係に危険をもたらす性格を有する事が審査で判明した場合には，それ［＝許可］は拒否されるものとする。許可は，政治的，社会的，宗教的，倫理的

　に1990年には「統制委員会」は「映画作品の類別に関する委員会」に改組され，自らレーティングを，然もより細かく行うように変更されている。参照，上村，1986-1987。又，アメリカ合衆国の映画検閲に就ては，奥平，1983, 226頁以下を参照。

(7)　尚，同日に，1920年5月12日の映画法に関する施行規則（Ausführungsverordnung zum Lichtspielgesetze vom 12. Mai 1920）が施行されている【RGBl. S. 953】。

(8)　1934年映画法の概要に就き参照，Noltenius, 1958, S. 9f.及びS. 80ff.同法は映画の製作に積極的に寄与する事をも趣旨としていたが，その一環として1934年にライヒ映画文芸局（Reichfilmdramatrug）が設立され，検閲とは別個に映画部門の監督を行った。

第一節　法令上の与件：WRV 第118条及び1920年映画法

または世界観の傾向それ自体を理由として拒否されてはならない。許可は，映画フィルムの内容以外の理由によって拒否されてはならない。

　許可が拒否された理由が表現されている事象（Vorgänge）の一部分にのみに関わる映画フィルムは，当該部分が上映に供されるポジフィルム（Positiven）から削除され，且つ審査局に公布され，また当該部分が頒布されない事に就き審査局が確証を得た場合には，許可されるものとする。

　このうち第1項第1文は，映画の公開前に公権力（審査局）による審査によって許可を得る事を一般的に義務付けており，「許可留保付の禁止」という古典的・形式的な意味での検閲[9]を規定している。このほか，許可処分に関する判断基準，考慮事項，対象となる「映画フィルム（Bildstreifen）」の範囲，削除と再審査，等に関する定めが為されており，基本的にこの条項が，WRV期における映画検閲の基盤となり，ベルリンとミュンヘンに設置された審査局に於て映画検閲が運用されていく[10]。

　同法の運用をめぐっては，施行後ライヒ議会に於て盛んに異議申立と改正の提案が為される事になる（詳細は第二章第一節第三款）。併し，実現されたのは，① 1922年12月23日の法律【RGBl., 1923, I, S. 26ff.】による改正（許可の撤回に関する手続に就き，§4に第3項を追加），② 1931年3月31日の法律【RGBl., S. 127】による改正（拒否事由の例外として，通常の公開に関して不許可とされても，特定の人的集団のみに対する上映をなお裁量によって許可し得る旨を，§2に追加），更に③ 1931年10月6日の大統領命令【RGBl., I, S. 537ff.】§6による改正（拒否事由に「国家の存亡に関わる利益（lebenswichtige Interessen des Staates）」を追加し，且つ許可処分に対する異議申立権をラント政府に加え国務大臣にまで拡大し

---

[9]　この概念規定の古典的な例として Mayer, 1924, S. 239ff., また WRV 第118条第1項及び同法の検閲をこの概念に該当すると分析するものとして，Häntzschel, a. a. O., Anm. 37, S. 665, Noltenius, 1958, S. 33. なお，特に WRV 期に学説上多様に分化した検閲概念の様相に就て，Rieder, 1970, S. 82ff. 同書で分析された多様な検閲概念は，当時の憲法解釈論としてはもとより，現在の問題を如何に検閲概念で捉えるか，をめぐっても貴重な示唆を与えるが，本稿の問題関心とは異なるため此処では詳細には立ち入らない。

[10]　審査局がベルリンとミュンヘンにのみ設置された理由は，全映画作品に関する統一的な審査を可能とする点に存するが，詳細は第二章第一節第一款を参照。

◆ 第一章　設問の確定

た）[11]だけである。然も，これらのうち議会のイニシアチブによるものは①と②だけである。（なお別個の法令として，「ドイツの映画部門に於ける文化的利益の保護」の目的で[12]，1930年7月14日の「外国映画の上映に関する法律」【RGBl. S. 215】及び1931年11月29日の大統領命令【RGBl. S. 689】[13]が公布されている[14]。）

　WRV期の映画検閲の基軸となる規定は，以上の通りである。
　本書は，斯様な法的与件の下で行われた映画検閲に就て，今日の通念に従ってその当不当を論断するものではない。本書の問題は，斯様な映画だけを検閲禁止の例外とする法制の背後に，如何なる理由づけが存在したのか，である。

第二節　テクスト及び設問の確定

　次に，以上の法的与件の下で展開された，シュミットの主張を概観し，そこから引き出される問題点を基に，次章以降で探究すべき課題を明らかにする。
　WRV期の著作の中で，シュミットは，映画検閲又は映画部門（Filmwesen）に度々言及している。本稿はそれら全てを並列的・網羅的に扱うのではなく，相対的に詳細な言及を行うテクストを選定して分析の主軸に据え，それ以外の

---

(11)　同命令全体に関する解説として，Hoche, 1931。
(12)　Drews [et al.], 1932, S. 431.
(13)　前者は，「ドイツの映画部門に於ける文化的利益の保護の為に，外国の映画フィルムの上映の要件に関する規定を発する」権限をライヒ政府に認め，且つライヒ内務大臣がライヒ参議院の同意の下に細目を定めるものと定めていた（§1第1項）。尤も，1920年映画法の規律に変更はないものとされ（§1第2項），又，1931年12月1日に失効するものと定められていた（§3）。後者は，同法の効力を更に1932年6月30日まで延長するものである。
(14)　映画法施行から1928年までの上級審査局の決定の動向を概観した当時の文献として，Seeger, 1928，第四選挙期に提出された改正案をふくめて該時点までの映画法改正の動向に関する文献としてFalck, 1929，1931年10月6日の緊急命令に関する文献としてBandmann, 1931を参照。更に1920年映画法の改正の経過に関するまとまった論述としてNoltenius, 1958, S. 62ff.をも参照。

第二節　テクスト及び設問の確定

ものに関しては他の著作と同様，補助的な位置に置く，という方針を採る。

この方針の下，本稿は，次の三つの著作に含まれる論述を，分析の主軸となるテクストに選定する：①『憲法論』(1928 年公表)，②「ドイツに於ける全体国家の発展」(1933 年公表)，③「現代国家の権力状況」(1933 年公表)。これら三つを，本稿は前一者と後二者に区別して分析を行う（夫々「テクストＡ」，「テクストＢ（α／β）」と呼ぶ）。斯様な区別を行う理由は，第一に，テクストＡが所謂「相対的安定期」の著作であるのに対して，テクストＢが WRV 末期，然も Hitler の首相就任の前後に公表された，という時期の相違，第二に（時期の相違とも関係しているが）双方の時期での主張そのものの相違に求められる。

本節では，検討の対象となる具体的な箇所を引用し，それらが単体として含んでいる主張を追跡する。論述や其処で用いられている概念の背後に在る法理論・国家理論上の前提に関する検討，及び相互の連関の解明，は第三章以降で行うとして，此処での課題は，基軸となるテクストそれ自体が孕む特異性を明確化し，其処から具体的に解明すべき問題点を抽出する事である。尚，本節ではシュミットの著作からの引用を斜体で示す。

第一款　テクストＡ：『憲法論』

序文が 1927 年 12 月に執筆され，1928 年に公刊された『憲法論 Verfassungslehre[15]』は，第二編「近代憲法の法治国的構成部分」の中に第 14 章「基本権」なる章を含有する。

同章には，所謂「配分原理（Verteilungsprinzip）」と「組織原理（Organisationsprinzip）」を核心とする「市民的法治国（bürgerlicher Rechtsstaat）」をめぐる論述が圧縮されており，特に同章に於ては基本権観，基本権の諸類型の分

---

(15) VL は 1928 年に公刊された後，1954 年に新たに「序言（Vorbemerkung）」を付して復刊され，以降後者のヴァージョンが再版されて現在に至っている。本稿制作に際して参照した限り，1928 年のヴァージョンと 1954 年以降のヴァージョンとの間でテクストの内容に相違は無い。但し，前者は強調の際に斜体とゲシュペルトを使い分けているのに対して，後者は斜体に統一されており，このため双方では活字の厳密な位置に差異が存在する。併し，各頁の区切りとなる語・文字は双方で一致している為，引用の際に頁数の相違が生じる事は無い。

◆ 第一章　設問の確定

類，更には萌芽期の制度体保障論【石川，2007，31頁以下】等の論述が配列されている。

　本稿にとって重要な箇所は，WRVが定める諸々の「基本権」に関する分析のうち，WRV第118条の解釈をめぐる次の箇所である。（なお便宜の為，センテンス毎に【　】で番号を付している。）

【1】世間一般の評判となっている・118条の不明確で成功しているとはいえない (misglücklich) 定式は，真正の基本権としてのこの基本権を廃棄する (aufheben) ものではない。【2】ヴァイマール憲法に於ては，それは通常の諸々の基本権のカタログとともに保障されるべきものとされているが，併しながら二つの特別の制約，一つは低俗文書の撲滅を可能とし，及び公開の展示と興行に際して未成年者を保護するための制限（低俗文書から青少年を保護する為の1926年12月18日の法律，RGBl., S. 505），更には映画検閲の憲法律上の許容性［の承認］（1920年5月12日の映画法，RGBl., S. 953）を伴っている。【3】後者の制約は，自由主義的な基本権一般の発展にとって特別の意義がある，というのは，それは，社会における個人の結合の強化によって，そして伝達技術の変革によって，旧来の自由主義的な配分原理が失われ，そして個人の無限定の自由という観念が単なる擬制になる，という事を示すからである。【4】映画技術という特定の伝達および意見の伝達 (Meinungsvermittlung) の技術が自由な意見表明の手段から除外される事によって，自由な意見表明という自由権は一見既に放棄されたかにみえる。【5】併し，映画技術は文書や印刷と同じような意味に於て意見表明の技術を意味しない，と言えるかもしれない。【6】ここで意見というのは，いわば，Rothenbücher が適切にも強調したように，公表された根本的な種類の態度決定を意味する。【7】本当のところは，意見表明の自由に於て問題となるのは，自由な討論の原理であって，それは自由主義的な観念にとって社会的単位 (soziale Einheit) の統合の本来の手段である。【8】併し，討論は，1. 人間の思想，および2. 人間の言語により表明された思想，を前提とする。【9】文書および印刷（プレス）は思想の手段であるが，これに対して映画は，それが単に掲示された文書でない限りに於て，図像や演技による表現にすぎない，つまり言語，及び話し言葉や書き言葉による人間の言葉によって媒介された思考ではない(16)。【10】それは，真正の討論の担い手ではない。【11】映画技術の全体を自由な

意見表明の権利から除外する事の理念的な正当化は，この点に存在する。【12】併しともかく，まさに映画のこのような意義が，自由主義的な討論に対する欲求がいかに後退してしまったのか，を示している。【13】映画による大衆感化という政治的な問題は非常に重大な意義を有するので，如何なる国家もこの強力な心理技術的な装置をコントロールせずにおく事はできない：【14】［国家］はそれを政治から引き離し，中立化しなければならない，つまり本当のところ——政治的なものは回避し得ないのだから——現存する秩序に奉仕させざるを得ない，［国家］がそれを公然と社会心理学的な同質性という統合の手段として利用するだけの勇気がないとしても。【VL, S. 167-168】

　以上の論述は，「基本権の事項的（sachlich）分類及び区別」と題される節の中で，WRV 第二編が含む様々な「基本権」規定のうち「真正の基本権」を，「本質的に民主主義的な公民権」及び「本質的に社会的な，国家の積極的給付に対する個人の権利」と区別して，人身の自由（第114条）等と並ぶ基本権として「意見表明の自由」を位置づける，という文脈に於て為されたものである。
　引用した部分は，その第118条の文言が「必ずしも明確かつ一義的ではない」【S. 166】事を踏まえて，特に「一般的法律による制約の範囲内で」という文言をめぐる解釈論を検討したうえで（その際特に第四回ドイツ国法学者大会に於ける Karl Rothenbücher 及び Rudolf Smend の議論に言及される[17]），該権利が「一般的法律」による制約を予定するにもかかわらずなお「真正の基本権」に属するとの評価のうえで展開される論述である。
　論述をセンテンス毎に追跡すると，先ず【1】では第118条がその制約に関する表現にもかかわらず「真正の基本権」としての性格を失うものではない，と位置付けられ（この「真正の基本権」の意味は第三章第二節第二款で検討する），【2】では同条の条文の態様，特に第2項第1文後段の二つの例外について言

---

(16)　なお『憲法論』の執筆段階でシュミットが念頭に置いていた映画がトーキーではなく無声映画であった事にも留意する必要が存する。フランス語版はこの点を注記している（Théorie de la Constitution, 1993, S. 306）。
(17)　両者の報告を収載した文献として，既述の通り VVDStRL, Heft4, S. 5ff.を参照。なお両者の報告の内容に関しては第三章第一節でも「意見」概念の解釈に就き参照する。

◆ 第一章　設問の確定

及される。

　映画検閲に関する本格的な言及は【3】から開始され，此処ではまず映画技術が（意見表明の自由だけでなく）基本権一般に対する意義を有する事，その理由が技術の発展と個人の結合の強化により「配分原理」が失われ，「個人の無限定の自由」が擬制と化する所にある事，が述べられる。【4】及び【5】では，映画検閲の導入によって映画という表現手段が自由な意見表明から除外される事によって，自由な意見表明の権利が排除されたかに見えるが，映画は文書や印刷物と同じ意味で意見表明の手段を意味しない（それゆえ，意見表明の自由を排除する事にはならない），と評価される。

　【6】ではシュミットの前提とする「意見」の概念が明らかにされ，【7】では意見表明の自由が，「自由主義的な観念にとって社会的単位の統合の本来の手段」である「自由な討論」を原理としている事が述べられ，更に【8】では討論の具体的な要素（思想および言語による表明）が明らかにされる。【9】では【8】で示された諸要素を前提として，映画がこれに該当するかが検討され，【10】で結論が示される。【11】では，映画という表現手段をそれ自体として意見表明の自由から除外する事の正当化も，映画が「討論」の手段でない部分に存するとされる。そして【12】では，より広い視野から，映画の登場が自由主義的な「討論」に対する欲求の後退を示すと指摘する。

　【13】からは視点が変えられ，映画による「大衆感化」という「政治的な問題」に焦点を当て，国家は必ず映画をコントロールせねばならないと指摘され，最後に【14】では，国家は映画を政治から引き離して「中立化」せねばならない，とされる。

　テクストの中で最も目立つ断絶は【12】までと【13】以降との間に存する。即ち前者が意見表明の自由と映画（及び映画検閲）との関係が，配分原理や討論といった，該箇所に先立って論じられている市民的法治国の基本的な原理に基づいて整理されているのに対して，後者では，やや唐突に，映画の喚起し得る「政治的」な問題が論じられている。然も，前者では検閲という国家の介入が甘受されねばならない，というような諦観的なニュアンスを伴っているのに対して，後者はそれを積極的に要請するかに読める。にも拘わらず双方を架橋する格別の論述は存在せず，『憲法論』あるいはそれを取り巻くシュミットの

第二節　テクスト及び設問の確定

法思想・「政治」思想を手がかりとして検討せねばならない。

　以上の論述の要旨は，先ず映画が意見表明の自由の基本理念である「討論」に該当しない事（従って，該基本権からの排除が許容され，しかもその排除が意見表明の自由じたいの否定には繋がらない），「討論」の原理は「自由主義」という，より広い文脈と連関している事，しかも映画の登場・台頭が「討論」「自由主義」双方の退潮と連関している事，そして国家は映画という大衆感化の手段を統制し「政治的な問題」を抑止せねばならない事，という諸点に集約し得る。
　そこで，テクストAに関する分析では，第118条第1項の解釈の一基点となる「意見」概念の解釈（上記【5・6・9】に関連）；意見表明の自由が基本権全体に於て占める位置と性格（【1・3・13・14】に関連）；意見表明の自由，ひいては自由主義の基本理念として据えられる「討論」の意味（【7-11】に関連）；討論・自由主義の後退，及びそれと映画との関連（【3・12】に関連）；回避し得ない「政治的な問題」の意味（【13・14】に関連），の諸点が具体的に解明されるべき論点となる。これらを検討し，当時のシュミットの公法学，就中市民的法治国論に於て映画検閲が占める位置を測定し，以て映画検閲論の背後に存する理路を探究する事が，第一の課題となる。

第二款　テクストB：「ドイツに於ける全体国家の発展」「現代国家の権力状況」

　次に，同様の趣旨から，テクストBの提示及び検討を行う。
　第一のテクストは，「ドイツに於ける全体国家の発展 Weiterentwicklung des totalen Staats in Deutschland」の次の箇所である（以下「テクストB/*a*」とする）。

　　また我々は皆，今日の国家が技術，特に軍事的権力手段の向上に因って経験しているように，権力が非常に増大したという印象を有している。[…] あらゆる政治的勢力は，新たな武器を手中に収める事を強いられる。その力も気概もないとすれば，他の力や組織が登場し，そして今度はそれらが政治的権力，即ち国家となる。
　　技術的手段の向上によって，特にプレスや他の従来の意見形成の手段がもたら

◆ 第一章　設問の確定

得る何ものよりも包括的であり得るような，大衆感化の可能性，否必然性が生じる。今日，ドイツではなお広範なプレスの自由が支配している。あらゆる緊急命令にも拘らず，「自由な意見表明」，現実には政党の煽動（Agitation）や宣伝による（propagandistisch）大衆への働きかけ，の余地は非常に広大であり，またプレスの検閲も考えられていない。これに対して，新たな技術的手段，映画及び放送，はあらゆる国家が自身の手中に収めねばならない。映画部門や放送に関して，少なくとも強度の検閲や統制を要求しないものは，自由主義的な国家といえども存在しない。如何なる国家も，この新しい報道，大衆感化，大衆示唆，及び「公的な」，より正確には：集団的な意見の形成の手段を，敢えて他者に委ねるような事はできない［…］【V A, S. 360】

第二のテクストは，「現代国家の権力状況 Machtpositionen des modernen Staates[18]」の次の箇所である（以下，「テクストB/β」とする）。

［…］武器及び交通技術上の発達と並んで，現代国家の権力状況にとって一層重大な意義を有する他の種の技術的発達が，公論及び国民の一般的意思を形成する方法という技術である。［…］日々獲得され，また日々確保されるべき権力状況にとって特に問題なのは，日々の国民の意見を形成し，また成立させる［…］助けとなる，国民の意見表明及び意見形成の特定の技術的手段である。［…］今日，放送及び映画は，公論形成の，ヨリ重要かつ強力な手段ではないにせよ，少なくとも重要な手段である。双方に関しては，地上のあらゆる国家に於て，如何なる国家もこれらの新たな技術的手段を手放し得ない，という同様の外観を呈している。あらゆる現代国家は，基本権や自由権の真摯な宣言にも拘らず，検閲の廃止にも拘らず，原則的な同権や中立性にも拘らず，放送及び映画部門に対する広範な統制を行使せざるを得ない。

［…］技術の発達は，新たな，しかも大衆民主主義国家の時代にとってまさに決定的な，公論又は公的意思形成の権力手段が登場する，という事をもたらした。［…］あらゆる国家は，此処で，伝統的な自由主義的自由概念か，又はその権力の決定的部分すなわち自身の政治的実存を，放棄せねばならない。ヴァイマール憲法の「検

---

(18)　同論文は，服部＝宮本訳，2013，125頁以下に訳出されている。

第二節　テクスト及び設問の確定

閲は行われない」という簡潔な命題は，特徴的な事に，映画部門については直ちに憲法自身の内に明文の例外を設けている。[…] 放送及び映画部門，現代の技術的発展の二つの重要で典型的な産物は，既にその技術的発達の帰結として，自由主義的な国家理解がそれによって国家権力を弱化させ，又は限界づけようとしたところの制約や阻止を免れている。それらは国家に対して政治権力の増大を必然的にもたらすような独占や検閲を強いる。というのも，新たな技術的発達によって付与される大衆心理的な作用の可能性は，印刷術の [有する] 可能性を遥かに凌ぐからである。【V.A, S. 367-369】

　以上の二つのテクストは，上述の通り 1933 年という時期に公表されたものであり，前者に関してはシュミット自身が当時の状況との関連性を自認しているところだが【V.A, S. 365】，いずれのテクストでも，映画を当時の技術的発展というヨリ広範な脈絡に位置づけたうえで，その技術的発展が国家の存立に及ぼす影響，即ちそれを国家が独占又は強度に統制する事が不可避となる事，それを怠れば国家の存立が「他の力や組織」によって脅かされる事，が主張されている。

　此処で映画は，放送（Rundfunk）と並んで，技術的発展の中でも特筆すべき公論・公的意見（テクストB/αの注意深い表現によれば「集合的な意見」）の形成の手段とされているが，同時にその作用は「大衆感化」「大衆示唆」という上述の「討論」とは明らかに違ったニュアンスの語彙で語られ，然も古典的な意見表明の手段であるプレスに対しても「煽動」「宣伝」という形容が為される。此処には，意見表明の自由そのものの性質の変化に対する認識が現れていると考えられる。

　そこで，テクストBに関して解明を要する点は，「全体国家」という概念の背後に存在するシュミットの国家像とその背後に存する現状分析，「全体国家」の概念に由来する国家の責務，就中映画検閲が求められる理由，該時期のシュミットが想定する「意見表明の自由」像とそれを包含する「技術」という文脈，である。これらの諸点に関する検討から，1933 年の時点でシュミットが映画検閲を容認，あるいは要請した理路を探究する事が，第二の課題となる[19]。

◆ 第一章　設問の確定

第三款　設問及び検討の指針

　前款までに，本稿が解明すべき諸点を，各テクストから抽出した。次章以降で探求すべき本稿の設問は，シュミットの映画検閲論が彼の公法学の中で如何なる位置を有していたのか，換言すれば，映画検閲を容認又は要請するに至った理路を，彼の公法学の枠内で如何に跡付け得るのか，である。他の法学者と同様，映画検閲がシュミットにとって法令上の与件であったにせよ，彼はそれに否定的な姿勢を以て対峙するのではなく，寧ろその必要性を肯定し，特にテクストBではそれを要請するかのような口吻すら見せる。その言辞が，如何なる問題関心に対する回答として導き出されたものか，を明らかにする事が次章以下での目標となる。

　次章以下では，テクストA及びBを含む著作を含めて，シュミットの著作を主な手掛かりとして検討を進めるが，その置かれた文脈や同時代の言説空間に於て占めていた位置を明らかにする為に，他の主体による言説をも適宜参照する事となる。

　シュミット自身の著作を扱う際には，原則として，テクストAに関しては『憲法論』と同書の公刊までに執筆・公刊された著作のみを参照する事とし，該時点以降の著作は，少なくともWRV期を通して変化が存在しないと見られる問題に関してのみ参照される。斯様な資料面での区別を行う理由は，特に第四章で詳述するように，1930年代の危機的状況に於て，シュミットの公法学に於ける概念の使用や用語法，力点のありかたに変化が見られる為である。勿論，シュミットの公法学に関しては，その最初期から一貫したモチーフがある事が多くの研究成果から明らかとなっており，本稿はそれに異論を唱えるものではない。併し，その一貫性の中で生じた変化が，映画検閲論にも影響を与えている，というのが本稿の見通しである。これに対して，テクストBに関しては，特に『憲法論』以降の著作を主に参照しながら分析を行う[20]。

---

(19)　以上の二つの論稿では映画と並んで放送が，国家の強度の統制・独占の対象となるべき旨述べられているが，本稿の課題設定との関係で放送に関する詳細な検討・論述は行わない。放送部門の問題に就ては，叙述に必要な限度でのみ言及する事とし，此処では古典的な文献としてPohle, 1955 及び Bausch, 1956 を指摘するに留める。

(20)　尚，1940年刊行のPBや1958年刊行のVAに見られるように，シュミットが自己

第二節　テクスト及び設問の確定

　シュミット以外の主体による言説を参照するのは，分析を法令上の与件とシュミットの公法学との関係に限定する事なく，あくまで当時の映画検閲をめぐる言説の総体の中でシュミットが有していた位置を明らかにするという目的に因るものである。換言すれば，シュミットの映画検閲論が，その理路や問題関心に於て，当時の言説の中で何処までが標準的であり，何処からが特異であったのか，を明らかにする為である。特にシュミットが，WRV 期の代表的な公法学者の中で幾つもの意味で特異とされる事を踏まえるならば，それが同じく独自の議論に過ぎなかったのか，それとも，部分的にであれ他の主体と関心を共通にしていたのか，は本稿にとって重要な問題である。

　斯様な方針に従って，第二款までに取り上げた設問に対して回答を試みる事が，次章以下の課題である。議論を先取りするならば，又，稍立ち入った表現をすれば，上掲のシュミットのテクストは何れも，その背後に映画という媒体に対する何らかの「警戒感」を看て取る事が可能である(21)。この警戒感が，WRV 期のシュミットの公法学の学知の中でどのように構成され得るのかを解明し，またそれが時期に応じてどのように変化したのかを掴みだす事が，本稿の課題である(22)。

　　の過去の著作に対して施した自己注釈の取扱いがこの際問題となる。シュミットに於ては，特にナチス期の著作や言動に関して顕著であるように，自己注釈はしばしば自己弁護的な含意を有し，原テクストの意味を正確に掬い上げていない場合が有る。本稿はこうした観点から，シュミットの自己注釈を直接に解釈の手掛かりとして援用する事は避ける。

(21) 大竹, 2009, 395-396 頁は，シュミットが映画に危険性を見出す一方で，1928 年の時点では「『一つの社会心理上の同質性へと統合する手段として利用する』［…］可能性をも探っていた」とし，更に 1933 年の時点でも映画や放送が「『世論形成』というかたちで人々の内面に至るまで支配を及ぼすための有力な権力手段になりうるものとして期待された」としたうえで，戦後になって全面的に批判的な姿勢に転じたと解釈する。併し，上記の引用，更に第三章・第四章での検討から明らかとなるように，シュミットは確かに映画という媒体の持つ「影響力」を重視していたが，それを肯定的に捉えるというよりは，寧ろ，いかにその危険性に対処すべきかという観点に徹していると理解すべきである，というのが本稿の理解である。

(22) 学問的な著作を離れて，シュミットが映画に就て如何なる印象・感想を抱いていたのかに就ては，直ちには断定できない。確かに，第二次大戦後の著作 Glossarium には

◆ 第一章　設問の確定

次のような記述が存在する：
「映画の俳優の演技というのは，私にとっておよそうんざりする，腹立たしいものである。私が当面せねばならないのは，現前するものではなく，撮影されたものの上映である。現在する人間に関わる必要はない，という訳だ。劇は，生産されるのではなく，技術的に再生産される。最も出来の良い映画より，最も出来の悪い人形劇の方が，まだましである。[映画という媒体には] 現前 (Präsenz) も再現前 (Repräsentation) も無い。全くおぞましいものであって，魂も眼も耳も壊されそうになる。空間 (Raum) が欠けているので観衆すら抹消され，[観衆であるはずの者] は，もはやまともに拍手喝采を贈る事も出来ない：映画館という洞穴の住人 (Höhlenbewohner)，既に地下で無気力に生きている者の表現。空間＝現前。こうした考えから，私は 10 年ばかり，映画館を訪れる事も娯楽映画を観る事も出来ない。」【S. 16】

以上の論述が含む「現前」「再現前」といった表現とシュミットの政治思想とが如何なる関係にあるのか，はそれとして重要な問題である【参照，大竹，2009, 395 頁以下】。

尤も，この叙述が第二次大戦後のものである事，従って映画に関する経験に限っても，WRV 期だけでなくナチス期のそれをも踏まえているであろう事，に鑑みると，WRV 期のシュミットの態度をそこから直ちに推認する事はできない。Tagebücher にも映画館を訪れた旨が度々記載されており（1930 年から 1932 年に限定しても，確認し得た限り，1930 年 10 月 27 日，1931 年 1 月 4 日，1 月 16 日，1932 年 1 月 5 日，1 月 11 日，11 月 16 日にその旨の記載がある），其処では Glossarium の如き不快感は表明されていない。又，Mehring, 2009 に拠れば，シュミットはベルリン商科大学赴任後に同地で映画を鑑賞した際に強い印象を受けており【S. 231】，1930 年に行われた講演の中でも映画作品からの引用を行っている【S. 255】。斯様な言動を踏まえるならば，Glossarium で示されている程の嫌悪感を WRV 期に抱いていたとは考え難い。次章以下でも，映画に対する個人的な好悪によって学問的な主張にバイアスがかかっていると云う可能性をひとまず排して，分析を進める。

◆ 第二章　検討の前提：映画検閲をめぐる議論の概況

章　序

　本章では，前章で設定した設問に基づきシュミットのテクストを分析する為の前提として，WRV 期のシュミット以外の主体による映画検閲論を概観する。対象となるのは，映画法制（1920 年映画法に限られない）をめぐる法実務及び法学説である[1]。

　WRV 期及び先行する第二帝政期の論議は，映画検閲に関する限り，制度の創設・実施に就て賛成・容認の態度を採る者が圧倒的多数であり，他の措置に関する論議に際しても，少なくともプレスと同様の「自由」を認める者は僅少である。意見が分かれるのは，寧ろ制度や措置の細目・運用の改善をめぐってであり，この傾向は実務・学説に共通している。映画検閲の廃止を求める意見が本格的に登場するのは WRV 体制の末期であり，然も廃止論に与するのはごく一部の主体に過ぎない。

　従って，此処で問題となるのは，圧倒的多数を占める賛成意見の論拠が何処にあり，また如何なる分岐を見せていたのか，夫々の意見の前提に如何なる視角が存在したのか，である。換言すれば，映画検閲そのものに対する賛否という結論の段階ではなく，映画検閲という制度じたいは承認・容認した上で，それを如何なる論拠で支持するのか，という正当化の在り方こそが本書にとって

---

(1)　映画検閲をはじめとする映画に対する法的措置をめぐっては，法律家だけでなく，美学者や倫理学者，犯罪学者等各領域の専門家，あるいは映画産業の関係者が，映画の黎明期から活発に意見を表明している。20 世紀初頭に地域的な娯楽からマスメディアへと急速に発展した映画に対しては，各ラントでの検閲導入に留まらず，様々な専門家の参与する論議を巻き起こした。この点を含めドイツに於ける映画部門の歴史に関する文献として，ハーケ，2010 のほか，Kilchenstein, 1997, S. 29-120, Behrens, 1986, S. 19-105 等が存する。

◆ 第二章　検討の前提：映画検閲をめぐる議論の概況

の問題である。

　対象となる素材は，具体的には次の通りである。

　先ず法実務に就ては，立法府，就中第二帝政期から WRV 期にかけてのライヒ議会及び国民議会（Nationalversammlung）に於ける議事が主な素材となる。本来，映画検閲の創設・運用には立法府だけでなく行政・司法も参与しており，特に訴訟に至らない審査局の実務を仔細に検討する事が，実務の状況を把握する上では本来必要である。併し資料へのアクセスが不可能であるか，又は公表されていない[2]。これに対して，ライヒ議会の議事に関しては，速記録が公刊されておりアクセスが容易であるだけでなく，映画検閲の黎明期から WRV 末期までの議論に関して，ともかく形式の上では連続した議論を追跡し得る点では優れている。

　次に学説に就ても，第二帝政期及び WRV 期双方のものを取扱う。双方の依拠する法令上の与件は，後者が憲法上の授権と法律に基づくのに対して，前者は行政命令のみに依拠する点で大きく異なる[3]。併し，いずれの時期に於て

---

(2)　映画法をめぐる司法に活動に関しては，判例集の外に，雑誌 Archiv für Urheber-, Film-, Funk- und Theaterrecht（UFITA）を参照したが，同誌に掲載されている事例は少数であり，判断の傾向や時期による変化を俯瞰するには十分ではない。Petersen, 1995, S. 246 に拠れば，映画検閲の領域に於ける司法の役割は僅少であり，その理由は事件の殆どが手続面が主な問題とされ，禁止の当否やその根拠の問題に踏み込まなかった点に求められる。

　同時期の行政権の内部での議論に就ては，連邦公文書館に保管された文書のうち主に R43-I/2498, 2499, 2500 及び R3001/2146, 2147, 2148, 2149 に記録されている（前者はライヒ官房，後者はライヒ司法省の文書である）。これらの文書のうち前者からは，既に 1920 年代初頭から個別の映画に関する議論が行われていた事，後者からは，既に 1925 年には映画法の改正案が起草されライヒ参議院で議論されていた事（1930 年にも法案が提出されているが，併しいずれも議決には至っていない），加えて外国映画の上映に関する規制，短編映画に関する規制（但し，後者は短編映画が燃えやすい素材で作られている事例が多かった事から専ら防火の観点から規律を行うに留まる）が検討されていた事が判明している。個別の案件や議論には興味を惹くものが少なくない。併し，WRV 期（更にはそれに先行する時期）を通した映画法制全般に関する議論の連続性と変化を読み取るには，なお素材としては断片的である。このため，本章では検討の対象とはしない。

(3)　Noltenius, 1958, S. 3ff. の整理によれば，ブラウンシュヴァイク及びヴュルテンベル

第一節　法実務に於ける議論：立法府の討論を素材として

も，映画が放送と並ぶ最新の表現媒体であった事態に相違はなく，又，映画検閲が有力な反対意見に遭遇する事なく実施されてきた事も同様である。これら諸点に鑑みれば，映画検閲の正当化根拠の追跡を目的とする本章にとって，法的与件の相違はさほど重要ではない。

以下，順次，議論の概況を検討する。

第一節　法実務に於ける議論：立法府の討論を素材として

第一に，第二帝政期からの立法府での議論を通して，法実務の映画検閲に対する態度を概観する[4]。シュミットの言説の分析の前提という位置づけに鑑みれば，WRV 期のライヒ議会に於ける議論に重きが置かれる事は当然であるが，映画検閲の根柢にある，他の表現媒体と異なる特別の視点を検討する上では，それに先行する時期の言説にも目配りを行う必要があり，加えて WRV 第118 条第 2 項第 1 文を生み出した国民議会の審議過程も無視できない。

尚，論述の便宜の為，帝国議会・ライヒ議会の議論は立法期（Legistrativ-

　　クで夫々 1912 年と 1914 年に法律で映画検閲が導入された事を除けば，諸ラントでは 1900 年代後半から 1910 年代前半にかけて命令により，然も演劇や他の上演活動に対する検閲に関する命令を基礎として，導入されている。

(4)　なお，以下に主な資料として引用・参照するライヒ議会の議事録では，発言した議員の名前に政党名の略号が添えられている。本書は第二帝政期・WRV 期の政治史・議会史を主題とする者ではないから，その時々の政治的・社会的状況に関する詳細な説明は省き，審議の状況を理解する為に必要な限度で，議会内の各政党の布置状況や各選挙期の重要案件に就て，選挙期ごとに簡単に言及するに留める。

　　WRV 期の政党政治史・議会史又は社会史に関しては，欧語・邦語を併せて膨大な研究の蓄積が存在する。併し，各研究の視角やバイアスを分析・検討する事は本書には為し得ない処であり，概説書や辞典を中心に幾つかの文献を並列的に参照するに留まる。特に，各政党の綱領・方針・組織の変遷に就ては Fricke [et al., Hrsg.], Lexikon, Bd. 1-4, 1983-1986 を参照した。

　　以下本文で登場する政党のうち，短命であり，又は議席数が僅少であった政党に就ては，注に於て説明を加えている。議事録に所属政党名が付されていない場合に就ては，調査の結果判明した限りで（　）内に所属政党名を記載し，更に議事録の記載と実際の党籍・人名との間に齟齬が存する場合にはその都度指摘する。

◆第二章　検討の前提：映画検閲をめぐる議論の概況

periode)・選挙期（Wahlperiode）ごとに区切って整理を行い，更に各期の論述に於ては会議（Sitzung）ごとに区切りを設ける。特に前者に就ては斯様な分節の仕方が最適か否かに就き異論があり得よう。併し，少なくとも議会に於ける政党の布置状況という形でその時々の社会状況が一定程度反映されると考えられる為，必ずしもこの区分は不適切ではない，というのが本稿の判断である。

第一款　第二帝政期ライヒ議会

先ず，第二帝政期のライヒ議会の審議に現れた映画検閲をめぐる言説を概観する。議会の審議に映画をめぐる問題が登場するのは，1912年，第八立法期の事である[5]。

第一項　第八立法期第一会期

［1］第40回会議　1912年4月18日の第40回会議では，低俗な文書や映画の「爛熟から青少年を保護する為の法律上の規定を［既存の法律に］補い，また厳格化する」為に，及び低俗文書が青少年に対して及ぼす影響に対して実効的な保護をもたらす為に，諸ラントが「協調して行動すべき」旨を規定する法律案（印刷物第368号）に関する審議が行われた。

A）Holtschke議員（K［＝DKP, Deutschkonservative Partei，ドイツ保守党］）によれば，「低俗文書が国民生活に対して重大な危険をもたらし，また既に多くの青少年を性的非行へと刺激し，或いは犯罪へと誘惑して」いる。この「無秩序を制御する為に，既に私的な活動が行われている」が，「有益なものたり

---

[5] ハーケ，2010，23頁以下，特に42頁以下で述べられる通り，映画の浸透・大衆化に対しては既に20世紀初頭から，文化の頽廃に対する危惧が各方面から表明され，論争となっていた。一方では「低俗映画」による道徳面への悪影響が論難され，他方では「文化映画」の教育面での活用が論じられた。例えば前者の立場から盛んに意見表明を行った芸術史家 Konrad Lange は，映画法制定の直前に Das Kino in Gegenwart und Zukunft, 1920 に於て，検閲・租税上の措置による規律から公営化による文化的価値のある作品の助成に至るまで，当時提示されていた対応策を網羅的に叙述・検討している。又，1910年代から特に青少年の低俗映画からの保護の為に検閲その他の措置の必要性を繰り返し説いた代表的な論者として，後述する（本章第二節）Albert Hellwig が挙げられる。

第一節　法実務に於ける議論：立法府の討論を素材として

得ていない」。従って「国家が介入する事が必要である」。「映画館が公衆に対して教育的で節度のとれた娯楽を供するならば」異議を申し立てる必要は無いが，併し実態は「健全な程度を超えて居る」。従って「立法者が可能な限り速やかに介入し」，「劇場の分野で［…］既に採られている様な」制約が必要である。【Bd. 284, S. 1232】

B) Mertin 議員（Rp［= Deutsche Reichspartei, ドイツライヒ党］）は，Holtschke 議員の主張に同意したうえで，更に「映画の爛熟」がもたらす危険を強調する。「確かに映画は優れた発明であり，まさに教育的利益に於て非常に高く評価されねばなら」ず，「青少年の為に，正しい見地から，適切な仕方で利用す」べきである。併し「現在の映画プログラムの編成は実に嘆かわしい有様である」。警察の努力によって「猥褻な上映物は既にかなりの程度改善されている」が，健全な作品と低俗な作品とが混在する状態が「青少年の頭脳を脅かす」という問題は変わっていない。【Bd. 284, S. 1239】

［2］第 41 回会議　1912 年 4 月 19 日の第 41 回会議では，ライヒ予算案の第二審議に際して，映画館に対する監督措置を求める提案（印刷物第 369 号）に関する審議が行われた。

A) Heine 議員（Sd［= Sozialdemokratische Partei Deutschlands, 社会民主党］）は警察の監督に否定的な立場を採るが，劇場に対する監督を導入するのであれば，「非常に多くの低俗な映画館を［監督の対象］から除外すべきではない」とする。【Bd. 284, S. 1242】

B) Pfeiffer 議員（Z［= Zentrum, 中央党］）によれば，提案第 368 号・第 369 号では「ライヒ法律による映画の規律又は監督」が問題とされている。映画が「国民の教養を向上させる手段」となる余地がある事は認められるが，「近年では一連の許容し難い不都合が生じている」事も明白である。

映画部門では「喜ばしい事に学問的なものが次第に優勢となっており」，「語の優れた意味での国民教育の手段」となっている。併し近年，性的描写や犯罪描写を含む低俗作品が特に青少年を「重大な道徳的な危険」にさらし，「青少年の想像力を破壊している」。

具体的な措置としては，検閲の導入し，それをライヒ法律によって統一的に

◆ 第二章　検討の前提：映画検閲をめぐる議論の概況

規律する事，そのための機関を設立する事，が提案される。【Bd. 284, S. 1251】

　C）Dombek 議員（P［= Polnische Liste，ポーランド党］）は，提案第368号に関して，映画部門の改善を目的とする既存の活動に配慮すべき事を主張する。また提案第369号に関しては，営業令に基づき映画館の「厳格で統一的な監督」を行う事を要求するが，映画部門の改善に寄与する映画館が許可されない可能性に懸念を表明する。【Bd. 284, S. 1263】

　［3］第92回会議　1913年1月16日の第92回会議では，1913年度ライヒ予算案の第二審議に際して，映画館の設置に際して官庁の許可を要求する「劇場法案」に関する審議が行われた。

　このなかで Pieper 議員（Z）は，劇場法案に於て「映画館の規律」という「全く新しい」問題が登場した事を指摘し，「広範な階層，特に国民教育の為に活動する公益団体」がこの問題に取り組んでいると述べる。映画部門の発達と共に低俗映画が浸透しており，特に青少年に対して強い影響力を有している。政府は「劇場部門への法律上の措置」に留まらず，「劇場法又は格別の法案」により対応すべきである。

　映画館の設置に関する許可に就ては，当該映画館が「法律又は善良な風俗」に適合するか，「申請者が倫理的・芸術的および財政的見地に於て経営のために必要な信頼性」を有しているか，に就ての審査が重視されるべきである。加えて，申請者が十分な資金を有しており，且つ当該映画館に対する需要が存在する事，更に「映画館で雇われる人物，特に映写技師」，に関する審査が必要とされる。

　併し，映画館の設置に関する審査に加えて，検閲も必要であると論じられる（此処で，警察に「中央検閲局（Zentralzensurstelle）」が設置され，決定が公表されているというプロイセンの事例が紹介される）。映画製作には膨大な資金が必要であり，製作者が「大規模に，然もライヒ全土で映画を上映する事を要する」状況に鑑みれば，流通時に警察官庁に異議を差し挟まれない事を保証する為に，「ライヒ映画検閲の創出」が必要とされる。【Bd. 287, S. 3028】

　［4］以上の議論を承けて「請願に関する委員会報告第130号」【Bd. 301, Nr.

第一節　法実務に於ける議論：立法府の討論を素材として

932, S. 1372ff.】は，次のように述べる。

「ドイツ劇場協会本部」はその覚書に於て映画館の急増によって安全面での配慮のみならず，事前検閲の厳格化や児童保護・広告規制に関する規定の拡充が必要になったと主張する。これに対して，映画関係者の団体からは，映画をめぐる状況はそこまで深刻ではなく，寧ろ「啓蒙，教育，そして優れた娯楽の道具」であり，「急速な発展によりもたらされた爛熟は，映画部門に属する者の努力によって排除し得る」事，又現に映画館が劇場より厳格な規制に服する事，が主張された。

委員会の審議（1913年2月19日）では，以上の意見を踏まえて映画の有害な影響に就き議論が為されたが，その中で，劇場と映画館の間の不均衡に鑑みて，「ライヒ劇場法」が，［劇場だけでなく］映画の上映を組み入れる」事に対する期待が表明された。これに対して政府委員からは，関連する法案は既に提出されているが，「ライヒ法による検閲の規定は予定されていない」と述べられた。

加えて「ドイツ映画館保護協会」の覚書は，「映画館経営者が立法者に期待するのは，ライヒ劇場法では完全には為し得ない，映画部門の発展への助成である。」「特に不利益となっているのが，現行の集権的な映画検閲である。」検閲の実施に於ては，教育者による青少年向け上映に関する検閲の緩和，及び検閲が芸術家や経営者を含む合議体により為される事，が必要である。映画産業は過渡期にあるから，規律を緩和し，発展の可能性を開く事が法律には求められている。

第二項　第八立法期第二会期

［1］第51回会議　1916年5月20日の第51回会議では，1916年度ライヒ予算案第二審議に際して，Mumm議員（DF）[6]から，開戦によって「国民生活の倫理的促進のために価値を有する数多くの法律」が不成立となっているが，戦争の経験を通して「映画を許可に服せしめるという思考」が「再び容易に想起されるようになるであろう」という見通しが表明された。【Bd. 307, S. 1157】

---

(6)　ここで発言しているMumm議員とはReinhard Mumm議員を指すと考えられるが，同議員の第二帝政期の所属政党はChristlich-Soziale Partei（キリスト教社会党）であり，下記の質問七八号ではC. Spとの表記が為されている。

45

◆第二章　検討の前提：映画検閲をめぐる議論の概況

[2] 第 55 回会議　　1916 年 5 月 30 日の第 55 回会議では，概要次のような発言が為された。

A）Noske 議員 (Sd) は，軍部による検閲が，地方毎に全く異なる仕方で運用されているために窮めて不安定なものとなっており，映画部門の存立が脅かされている事態を批判する。映画部門は「検閲を統一的に形成し，青少年に関しても同様に［統一された］命令を発する事を切望している」。

検閲は元来「非党派性」と両立し得るものではなく，検閲官は個人的な価値観・世界観に従ってその強大な権限を行使しようとする。更に，検閲の基準の解釈は一定しておらず，これが映画部門に対する行き過ぎた干渉をもたらしている。【Bd. 307, S. 1296】

B）Gothein 議員（F. Vp［= Fortschrittliche Volkspartei, 進歩人民党］）は，Noske 議員の発言に同調し，「映画検閲による負担は実際には非常に重大であって，映画検閲を維持しようとするなら，統一性と負担の軽減が要求されるであろう」と述べる。【Bd. 307, S. 1305f.】

[3] 第 71 回会議　　1916 年 10 月 31 日の第 71 回会議では，「政治的検閲に関する予算委員会の口頭報告」として，次のような発言が為された。

Werner 議員 (DF)[7] は，平時・戦時を問わず検閲の廃止は適切でないと述べる。軍司令官による措置には特に多くの批判が為されており，それは常に適切という訳ではない。併し「映画部門に対する厳格な監督は，高度の危険が迫っているが故に，戦時中，そして戦時を超えて無条件に必要である」。映画産業自身の努力も十分とは言い難い。議員自身は「映画に断固として反対する者」ではないが，「時間の経過と共に映画館から生育してきた」作品には「強く非難すべきもの」が多い。映画には検閲が一定程度必要であり，それは軍事面のみならず，「精神的及び倫理的生活の保護」の為にも必要である。【Bd. 308, S. 1941-1943】

（7）　ここで発言している Werner 議員とは Ferdinand Werner 議員を指すと考えられるが，此方は Wirtschaftliche Vereinigung（経済連合）なる党派間連合に属する Deutschsoziale Partei（ドイツ社会党）の議員である。

第一節　法実務に於ける議論：立法府の討論を素材として

　[4] 質問78号（印刷物517号）及び回答（印刷物578号）　　1916年11月27日に Mumm 議員（C. Sp）により提出された質問78号は，ライヒ議会が1912年4月に映画館の設置に関する許可に際して，それに対する需要を判断材料とする事に言及している事に鑑み，この問題に関する法案が準備されているかを問う。【Bd. 320, S. 1039】

　これに対して，Hefferlich 内務大臣は同年12月2日の議長に対する回答に於て，当該法案は既に1914年2月25日に議会に提出されたが【Nr. 1431, Bd. 324, S. 2157】，議会が解散された為に審議未了となっており，法案の再提出に関しては戦争終結後を予定している，と述べている。【Bd. 320, S. 1083】

　[5] 第87回会議　　1917年3月20日の第87回会議では，1917年度ライヒ予算案第二審議に際して，次の様な発言が為されている。

　v. Graefe 議員（K [= DKP]）は，上記回答で言及されている1914年の法案の再提出を要請する。「映画部門の爛熟」に就ては既に軍が対応を行っているが，これはあくまで「暫定的なものに過ぎず」，本来は「法律上の措置によって予防することが望ましい」。【Bd. 309, S. 2537】

　[6] 第126回会議　　1917年10月11日の第126回会議では，次のような発言が為された。

　Roesicke 議員（Bund der Landwirte, 農業経営者連盟）は，連邦参議院の「1917年8月3日の映画の上映（Veranstaltung）に関する布告」の廃止を求める提案第1048号に言及する。

　同布告【Bd. 322, Nr. 1064】は，「営業として映画を公に上映しようとする者は，その経営の為に許可を必要とする」と定め（§1），許可が拒否される場合として，「企図されている上映が法律または善良な風俗に違背するという想定が正当化される場合，又は調査された者が営業経営との関係に於て必要な適性を備えていない事が証明され得る場合」，「営業の経営のために定められた場所がその性状又は状態のために警察上の指示を満たさない場合」，「地区の事情に適合する数の人間が既に許可を受けている場合」を挙げていた。更に「映画の上映が法律若しくは善良な風俗に違背する場合，又は経営者の作為若しくは不

◆ 第二章　検討の前提：映画検閲をめぐる議論の概況

作為によってその営業に関する不適切性が明らかとなった場合」には許可が撤回され得ると定めていた。

　議員はこの布告の廃止を支持する。併し，この事は「現行の個別の上映に対する検閲に関連するものではな」く，映画部門の「爛熟」を打開する為に検閲を以て介入する事は許容される。【Bd. 311, S. 3901】

　この議論を承けて，1917年10月26日には，連邦参議院は1917年8月3日の布告を廃止する旨の決議を行う【Bd. 322, Nr. 1213, Ziff. 696】。また12月17日には，同布告の廃止に伴い，「映画の上映に関する法律案」の審議をライヒ議会に行わせる意向がある旨の文書が，ライヒ宰相の名義で提出されている【Bd. 322, Nr. 1214】。

［7］第141回会議　1918年3月15日の第141回会議では，「映画の上映（Veranstaltung）に関する法律案」【Nr. 1376; Bd. 323, S. 2125ff.】の第一審議が行われた。

　A）同法案は§1に於て，「映画を営業として公に上映しようとする者は，この営業の為に許可を得る事を要する」と規定し，その拒否事由として，［1］「企図されている上映が法律若しくは善良な風俗に反するという想定が基礎づけられる事実が請願者に存在する場合，又は請願者が営業の経営に就て必要な信頼性を証明できなかった場合」，［2］「営業の経営のために定められた空間が，その性状または場所のために警察上の指示を満たさない場合」，［3］「その地域の事情に適合した数の映画経営が既に存在する場合」，の三者を定めている。【S. 2125】

　B）同時に提出された「提案理由」は概要次のように述べる。

「映画館（Lichtspielbühne）および映画の上映は，上映される映画の性質及び上映経営の運用が公の安全と秩序の要請に適合しているという条件の下で，文化的に重要な制度として承認され得る。併し，この条件の充足は，現行の営業の自由の下では保障されていない。映画部門が経験した発展は，［…］映画部門の行き過ぎに対する一定の制約を設立する事，及びその爛熟に対する保護を要求している。」

「映画企業（Lichtspielunternehmen）に対する認可義務の導入の必要性に就て

第一節　法実務に於ける議論：立法府の討論を素材として

は，［…］利害関係者の中でさえ広範な一致が存在する。映画企業は多くの点で，営業令32・33条［劇場や飲食店等の経営の許可制に関する規定］に基づき認可義務を負う企業に近似しており，その効果に於て多くの点で類似の評価を受けねばならない。」「映画企業の経営者」には「教育的効果があり，かつ娯楽面で善良で優れた経営が要求されねばならない」。

映画部門の急速な発展は，「全国民そして特に青少年に対して娯楽，高貴な楽しみそして教育の源泉がそこから拓かれる限りでは，真に歓迎すべきものである」。併し，映画館の供給が過剰になり，又は或る企業が他を排除して発展する事は，抑止されねばならない。供給過剰や集中による経営難は，作品の「内的価値」ではなく単なる「刺激」で集客しようとする行動を招くからである。【以上，S. 2127f.】

C）　Kuckhof議員（Z）によれば，戦前には「映画部門が我がドイツ民族にとって最も重大な危害の一つ」であるという「共通の意見」が存在したが，戦時中には状況が改善されたとの意見が主張されるようになった。この主張は一定の限度では正当であるが，全ての危害が除去された訳ではない。「刺激欲を喚起するもの」が「見るに値するもの」と評価される状況は変わらず，国民的な娯楽・教育の要素は後退している。【Bd. 311, S. 4408】

「映画部門の乱れた状態（Kinounwesen）は既に戦前から存在しており再び現れないよう十分に用心せねばならない。」現在多くの映画館の上映計画は低俗作品で占められているが，この現象は観客たる国民の趣向と関連している。「公衆」は「映画の上映計画の決定的な審級」となっており，「見世物（Schaustellung）の経営者は公衆の意思に従属している。」「企業間の競争は，経営者に対して，公衆の大多数の要望に譲歩」し，刺激を優先した低俗な作品を上映する様に強いる。

もし対策を講じなければ，青少年が「映画部門の爛熟に因る重大な危険の只中に置かれる」事になる。映画は「大量の観客に対し」「窮めて広い範囲で上映される」，「多数の者の情緒に作用する」点で劇場や文学とは全く異なる。

法案はこの状況を打開する為に提出されたのであり，営業令とは異なり「経済だけでなく倫理的な根拠を問題とする」点，経営者の経営に関する信頼性を審査する点，等に於て適切である。又，警察官庁が決定の前に「鑑定的な聴

◆ 第二章　検討の前提：映画検閲をめぐる議論の概況

聞」をすべき旨を規定しているが，この手続に於ては「学校官庁や教育部門［の関係者］」の意見を徴するべきである。【Bd. 311, S. 4409-4410】

　映画部門の問題は，大企業ではなく「経済力のない経営者」によって惹起されたものである。又，開戦後には「国民の倫理的健全性，特に青少年のそれ」を保護するという「より高度で重大な責務」が生じている。

　「1917年1月30日以来，軍当局もまた映画経営者の部門に介入し，映画局（Film-und-Bildamt）が設立されている。」近年では「ウニヴェルズム映画株式会社[8]なる巨大コンツェルンが映画部門に登場しており」，「映画局と緊密な

---

(8)　ウニヴェルズム映画株式会社（Universum Film AG, UFA）は，国防軍が創設した写真映画局（Bild-und Filmamt）を前身として1917年にドイツ銀行理事 Emil Georg von Stauß によって設立された，Universum Film を母体とする映画製作会社である。当初は宣伝映画の製作を主な活動としたが，1921年に民営化されてからは，配給会社等の関連企業を傘下に置く一大コンツェルンに成長し，国内の不況にも拘らず，娯楽映画を含む多数の作品を製作し収益を上げた。尤も，通貨安定後の収益の低下，アメリカ映画との競争により，1920年代後半に入ると同社の経営は著しく悪化する。この状況に際して，1927年には，既に新聞社・広告会社・通信社の経営権を握っており，後にドイツ国家人民党（DNVP）の党首となる Alfred Hugenberg が同社を買収する。Hugenberg は DNVP の党員として自党の方針に適合するメディア政策の推進を宣言しており，以後同社の政治的性格の変化に就ては評価が分かれる事となる。映画製作では，従来と同じく娯楽作品を製作する一方，ニュース映画や教育映画の分野でも優越的な地位を得る。特にニュース映画は20年代末にかけて比重を増大させ，政治宣伝としての色彩も有していたが，同時に海外にも輸出される商品でもあった。教育映画も，題材は多岐にわたるが，その背後には国防意識の喚起等のメッセージが込められたとされる。Hugenberg の下で UFA の業績は回復・上昇し続け，映画産業全体が世界恐慌とトーキーへの移行に伴う製作費の増大によって苦境に立たされる中，業績を維持し続けた。尚，ナチスの政権掌握以降，Hugenberg が Hitler 内閣に入閣すると同社はナチスの宣伝映画に専念するようになり，更に1937年にはナチスが同社株式の72％を取得，1942年には完全に国有化されている。参照，岩本他編，2008，115頁以下及び574頁。更に，UFA の歴史に関して参照，Bock/Töteberg [Hrsg.]，1992，クライマイアー，2005。

　第二帝政期・WRV 期の映画をめぐる論議には，巨大コンツェルンであり，政治的影響力を有する者が中枢を担う UFA の存在が明示的又は黙示的に影響を与えていると考えられる。尤も，テクストに明示されていない場合に，UFA の問題がどの程度，どのような形で含意されていたのか，を正確に読み取る事は困難である。従って，以下では明示的に言及されるか，若しくはドイツ映画の情勢を叙述する必要のある箇所に限って，

第一節　法実務に於ける議論：立法府の討論を素材として

関係にある」。特定の企業が独占的な地位を占める事は許されない。何故ならば、「映画産業では経済的利益だけが問題となるのではなく」、「国民倫理、文化、また政治という利益が関係する」からである。映画は「その普及により将来プレスよりも強力となるかもしれない強力な宣伝手段」であり、「政府がそのような経営体（Unternehmen）を介して国民の見方に影響を与える事も可能である。」従って、映画部門を構成する企業に対しては「同権的な取扱」が必要である。又、許可に際して申請者の人物を審査する事により、「倫理的に低劣な」者による映画館の経営を阻止し、認可の取消による「威嚇」を通して製作される映画の質を担保する点も積極的に評価される。【以上、Bd. 311, S. 4410】

併し、法案が一定の意義を持ち得るとしても、検閲の必要性は否定されない。旧来の法制度に基づく検閲は重大な欠陥を孕んで居り、その許容性も明確ではない。更に、検閲を担当するライヒレベルの部局を設立し、然もそれを警察ではなく医師・教育者・芸術家・映画部門の専門家から構成すべきであり、一方でラントレベルの官庁に「公の安全、健康の保護、青少年の教育を保障するための処分を行う権限をも付与すべきである」との提案が為される。【Bd. 311, S. 4411】

D）Schluz 議員(S)は、「映画部門の領域の重大な問題」に鑑みて「立法者の介入」を容認するが、「文化政策的な考慮や国民教育上の基本原則」を基礎に据えた法律案が必要であると主張する。

映画という「技術的な発明」は、一方では国民の「共通の財産」となったが、他方では早々に営利主義が横行する場となっている。映画の「動く図像の強烈な効果」、「その強力な効果の心理学的な原因」は戦前から研究されており、自由主義者のみならずカトリックや社会民主主義者の側からも、映画の文化的価値に就き検討されている。【Bd. 311, S. 4411】

映画は「資本主義的な利益にとって窮めて実り豊かな温室の如き（treibhausartig）設備」であり、そのために「国民教育」よりも「公衆を刺激し惹きつけるもの」が追及され、結果、映画部門による「文化的利益」の侵害が生じている。

　　言及を行うに留める。

◆ 第二章　検討の前提：映画検閲をめぐる議論の概況

　本来，「映画の製作は国民教育と衝突するものではない」が，現状では「価値あるものではなく，［観客の］眼を惹きつけ刺激しようとするものが最優先とされている」。その原因は部分的には戦争に帰せられるが，平時より続いていた問題でもある。

　法案は，斯様な状況に十分に対応し得るものではない。改善すべき点としては，地域及び事柄の上で統一的な規律を行うべき事，上映の認可が恣意的に行われる虞を排除する事，小規模な企業や映画館を抑圧する虞を排除する事，「善良な風俗」の文言が恣意的に解釈される可能性を排除する事，申請者の「信頼性」に就ては官庁の側にその不存在を立証させるべき事，許可に際しては警察と並んで国民教育の専門家が参与すべき事，が挙げられる。【Bd. 311, S. 4412-4413】

　法律による規律は「映画部門に於ける不都合に対する最善の対抗力」を含有していない。「最善の対抗力」は，寧ろ「批判的能力」の涵養や「芸術的，娯楽的な物事に於て必要な善悪の区別」を育む事である。従って真に必要なのは，青少年だけでなく成人も含めた「学校および教育部門の向上と自由な国民教育活動」であり，ライヒの文化教育に関する責務に対応した「国民教育のためのライヒ部局」を設ける事である。【Bd. 311, S. 4413】

　E) Kerschensteiner 議員（F. Vp）も，Schluz 議員と同じく，映画部門の発達が国民教育に及ぼす害悪を問題とする。

　映画の発展は「それ自体は国民文化に対する危険ではない」。映画は活用の仕方によっては「善良な，国民にとって価値のある娯楽手段」となり得る。併しこの発展は，受動的に期待すべきものではなく，法律によって積極的な措置を採る事，就中，映画館の設置に関する許可義務が重要である。さもなければ，低俗作品によって「国民教育の手段が営利事業として悪用され得る」状況に陥る為である。【Bd. 311, S. 4414】

　F) Ortmann 議員（Nl［= Nationalliberale，国民自由党］）は，1914 年の段階で企図されていた映画部門の法的規律が中断されている事を踏まえて，法案を好意的に評価する。

　開戦後，映画館の集客数は飛躍的に増大しており，兵士，都市の住民，青少年，そして地方都市の住民もそこに含まれる。特に農村部の映画館は農村労働

第一節　法実務に於ける議論：立法府の討論を素材として

者に娯楽を提供し、「農村からの離脱を抑制する為に重要な契機」となっているが、都市に於ても同様に映画は浸透している。劇場を訪れるだけの経済的余裕の無い人々も映画館を訪れる事から、映画は「劇場の代替物」、「まさしく立法者の関心を誘発する、劇場やその代替物と並ぶ、正当な文化部門」となっている。

併し、映画はなお「発展の端緒」にある。法案は「映画部門が置かれている発展を促進する助けとなるべきものであり」、これを「助成し、特に高貴で豊かなものにす」るものと評し得る。又、大企業が台頭している時代にあっては、小都市の劇場等を保護する為にも、当該法案の速やかな議決が必要である。【Bd. 311, S. 4415-4416】

G) von Carmer 議員(K)は、「近年［…］映画部門全体が飛躍的に成長し、公衆に於ても益々賛同を得る様になってい」る事から、映画が実際に「国民教育という利益に明確に適合し得る」よう国家の配慮が必要だと述べる。映画は演劇よりも安価であり、裕福でない国民が頻繁に訪れる。従って映画部門は「低俗な本能をかきたてるような」作品ではなく、国民の「視野を拡大するような」作品を提供するよう配慮せねばならない。この事は特に青少年に対して要請され、映画の急成長が青少年に与え得る悪影響に鑑みれば、法律が許可制を導入する事は適切である。というのも、許可に際して映画館の経営に適さない人物を排除する事ができる為である。【Bd. 311, S. 4416-4417】

又、映画部門の急成長は映画館の「過剰供給」の問題を生じさせ、個々の映画館が「公衆を惹きつけるために、際どく窮めて粗悪な映画を上映して、競争に於ける地位を向上させようとする」傾向を生む。この状況に対しても、映画の「教育的効果」を確保し国民を保護せねばならない。【Bd. 311, S. 4417】

H) Mumm 議員(DF)によれば、映画部門で「無制約に自由な営業」を認める事はできず、経済的利益よりも「文化的・宗教的・倫理的な［…］良心」を優先せねばならない。さもなければ、映画という「非常に重要な文化領域」は維持し得ない。本来、映画は「国民の思想に奉仕し得る」ものであり、「非常に善良な作品」「建設的な諸力」を生み出し得る。併し、それに適した作品や映画館は少数である。

利益偏重の状況を打開する為には、「公益的な協会により設立された映画館」

◆　第二章　検討の前提：映画検閲をめぐる議論の概況

のみならず，他の映画館が依然として低俗映画を上映する状況を改善する必要がある。【Bd. 311, S. 4418】

映画館の許可制の導入により「有害無益で低俗な営業体を退ける」事が可能となり，又，各都市や各種団体には，善良な作品の上映によって低俗作品を排除する「重大な倫理的責任」が課せられる。更に，法案では，団体に対する許可は永続的なものとなり得るが，これは広範な映画館を手中に収める団体・企業との関係で問題がある。【Bd. 311, S. 4419】

I) Cohn 議員 (US)[9]によれば，映画部門の発展は，「非常に短期間のうちに小さな企業から中規模の，そして大規模資本の下に組織され，あらゆる手段を用いて活動する大企業となった」と要約し得る。開戦後は「映画局」が設置され，映画に対する警察力の行使が承認されている。同時に，クルップ映画協会やDLG[10]といった大企業が発展しており，特に後者は映画を製作するだけでなく，「中立の外国への映画輸出を，ドイツの戦争遂行という政治的目的の下に行っている。」【Bd. 311, S. 4419】又近年では政府の部局の協力及びドイツ銀行の財政援助によって映画コンツェルンUFAが形成されており，DLGと共に映画部門全体を支配する状況にある。

法案がそのまま施行されるならば，映画市場で現在強大な影響力を有する者が独占的地位を築く事になる。又，上映者に対する規制を行う事は不当であり，寧ろ，独占類似の状況にある製作側に責任を負わせるべきである。なぜなら，上映者は，自身の映画館をも所有する巨大製作会社から映画館を借りているという地位にある為である。【Bd. 311, S. 4420】

---

(9)　Oskar Cohn 議員は本来はSPDに所属していたが，SPDの分裂とUSPD（独立社会民主党）の結党に伴い，後者に党籍を変更している。そのため，本表記はUSPDを指すものと考えられる。

(10)　DLG，正式名称 Deutsche Lichtbild-Gesellschaft (Deulig) は第二帝政期及びWRV期の映画製作会社であり，1916年に Alfred Hugenberg 及び後にUFAの総理事 (Generaldirektor) を務める Ludwig Klitzsch の主導により設立された。当初は娯楽映画の製作を主に行っていたが，宣伝映画の製作にも着手する。後者に就ては国防省の設置した写真映画局 (Bild-und-Filmamt) との競合関係にあり，更にUFAの設立により対立が先鋭化するが，後に1918年には宣伝映画の製作はDLGが専ら担当し，UFAはその頒布・流通に専念する事で決着を見ている。参照，岩本他編，2008, 574頁。

第一節　法実務に於ける議論：立法府の討論を素材として

　更に，開戦後は映画の「政治的効果」が目標とされ，又は追求されている。政府は「映画による宣伝に関心を有し」，私的部門にイニシアチブを委ねようとしているが，この場合，映画部門の「独占」のみならず「画一化」の危険が生じる。又，「政治的な濫用の危険」も無視し得ない。映画部門の問題は「自由な」競争ではなく，寧ろ「資本主義的な利益に規定された映画企業」に存する。抑々，映画の上映を許可に服せしめる事は営業令に定められた営業の自由を侵害する可能性がある。【Bd. 311, S. 4420-4421】

　「映画部門の領域に於ける改善は，教育や文化の一般的な状態の向上，国民の教育状態の改善，つまり特にその社会的諸関係の改善によってのみ可能である。」特に必要なのは低俗作品の抑制であって，国家はその資金によって大規模な映画企業を「利益の追求者のみならず，現実に文化の形成者でもある」ようにせねばならない。【Bd. 311, S. 4421】

第三項　小　括

　第二帝政期に於ては，WRV・1920年映画法制定以降の様に検閲という特定の手段が法定されていなかった為もあってか，映画部門の問題に対して多様な措置が提案・議論されている。

　映画部門の内包する問題に関しては，WRV末期に至るまで議論される問題の少なからぬ部分が既にこの時期に提示されていたと言える。即ち，映画が大衆的な娯楽として普及した事に伴って低俗な作品が市場を席巻するようになり，こうした作品による国民特に青少年に対する悪影響を如何に排除するか，という問題関心が（他の領域の専門家や公衆だけでなく）議員の間でも幅広く共有されていた。

　斯様な問題に対して如何なる対応をすべきかに就ては，既存のラントレベルでの検閲を前提としてそれをライヒレベルで統一すべしとの見解も存在した。併しそれだけでなく，個々の作品ではなく映画館それ自体の設置に許可を得る事を義務付ける事で，経営者の経歴や地域の需要を考慮し，経営者側の経済的事情や過度の競争により低俗映画が上映される環境を是正しようとの提案が為されている事が興味深い（寧ろ第92回会議の発言にある如く，個々の作品に対する審査は新規な発想として受け取られている）。

◆第二章　検討の前提：映画検閲をめぐる議論の概況

又，この時期には総じて映画は発展途上の媒体と捉えられており，多くの発言者が善良な教育手段・娯楽への改革を目標として提言を行っている。この視点は第一次大戦の開戦によって映画の政治的利用が行われるようになってからも，引き続き強調されている。

加えて，映画部門の発達に伴い，製作部門をはじめとして巨大企業による独占類似の状況が生じ，然もこうした企業が製作だけでなく上映設備をも所有するに至り，結果として映画館の経営にも影響を与えるようになると，低俗作品の上映をめぐる責任の配分（制作者か，上映者か）という問題も浮上する。

これに対して，（WRV期の第三選挙期以降に前景化する）映画による宣伝・映画の政治的効果という問題も，第二会期になってから何度か言及が為される。尤も，此処で言われる「宣伝」「政治的効果」があくまで国家主導のものであり，政党をはじめとする私的団体によるものでない事に注意を要する。

第二款　憲法制定国民会議

次に，憲法制定国民会議に於て，WRV制定及びそれ以降・最初のライヒ議会が招集されるまでの期間に於ける審議を概観する。

第一項　WRV制定過程

第一に，WRV憲法の制定過程に現れた映画及び映画検閲をめぐる議論を見る。

1）1918年11月12日に発せられた「人民代表評議会のドイツ国民に対する布告（Aufruf des Rates der Volksbeauftragten an das deutsche Volk）」は，「革命により成立した」「純粋に社会主義的な」政府の「課題」の一つとして，「検閲は行われない。劇場検閲は廃止される。」（第3号）と宣言していた。

該条項の解釈に就て，劇場検閲の廃止はその文言から明白であったが，映画検閲の廃止如何に就ては理解が分かれた。実務上は映画検閲も廃止されたという取扱が為され，検閲なしで映画の製作・上映が行われたが，この法的な空白は結果として低俗映画の横行をもたらし，反発を招く事となった。然も，対応策として行われた自主規制も功を奏さなかった為，映画に対する公権力の措置，検閲が必須であるとの意見が大勢を占めるようになる[11]。

第一節　法実務に於ける議論：立法府の討論を素材として

2）更に，WRV 第 118 条の起草過程は次のように縮約される(12)。

上記「布告」に於ける検閲の廃止が文面上の例外を含んでいなかった事を受けて，1919 年 1 月 3 日の憲法草案及び同月 20 日の暫定国務委員会（vorläufige Staatenauschuss）草案には，例外なしの検閲禁止が盛り込まれていた。

併し，正式に発足した国務委員会の 2 月 17 日の草案では，「検閲は，特に演劇や映画の上演の事前審査もまた，行われない。映画の上映及び他の公の興行における青少年の保護は法律上の規律に留保されたままとする」という文面が採用され，第 1 文と第 2 文との関係，従って映画検閲の許容性が争われるに至った【Hellwig, 1930, S. 36】。

憲法制定議会第八委員会は，基本権に関する審議を担当していたが，同委員会の 5 月 6 日の「提案（Antrage）」は第 12 条第 2 項に「検閲は行わない。併しライヒ法律により，芸術に関する専門家の参与の下で映画作品の事前提出及びそれに基づく禁止に関する規定が公布され得る」という命題を含んでおり【Pauly, 2004, S. 81】，映画検閲の許容性が明確にされた。この法文は，5 月 28 日の「憲法草案」第 11 条にも継承された。【Pauly, 2004, S. 93】

この草案を元に，意見表明の自由及び検閲禁止を内容とする第 117 条を含む草案が編纂され，以下で見る通り，総会では該草案をもとに討論が行われ，第 118 条第 2 項第 1 文の法文が確定される。

3）総会での草案の審議段階で映画検閲に就てまとまった議論が行われたのは，1919 年 7 月 16 日の第 58 回会議に於ける，検閲禁止の例外の削除を求める旨の Nuschke・Delius 議員の提案第 549 号【Bd. 337, S. 331】及び Agnes 議員の提案第 472 番 2 号【Bd. 337, S. 302f.】に関する審議に於てである。

A）提案第 549 号の提案者である Nuschke 議員は，映画産業が「性的な問題に偏向し，それが学問的な啓蒙という仮面の下に浸透している」事態に鑑みて，映画検閲の導入を求める意見に一定の理解を示すが，その前段階として「現行の刑罰規定」を活用すべきだと述べる。「低俗な猥褻映画」は「重大な非

---

(11) 革命による検閲廃止後の自主規制の詳細に就ては，Blinz, 2006, S. 103-120 を参照。
(12) 以下の記述は主に Hellwig, in : Nipperdey [Hrsg.], 1930, S. 36ff. の整理に依拠している。又，草案段階の法文に関しては Pauly, 2004, S. 79ff. に掲載された資料をも併せ参照している。

◆ 第二章　検討の前提：映画検閲をめぐる議論の概況

違行為に対抗する規定によって，或いは公衆の不快を惹起する事に対する規定によって」対処されるべきものであり，そうした規定に基づいて必要な介入が行われない事が真の問題である。又，道徳的な堕落は映画のみならず，他の低俗な娯楽にも起因するものだが，後者への対応は刑法上の条項で十分とされている。「映画は迫力があり，強い印象を与え，全人民の非常に広範な階層が［映画館に］押し寄せている」という特徴も存するが，検閲によって国民を「精神的又は倫理的に後見しようとするのは不可能である」。【Bd. 328, S. 1590-1591】

B）Koenen 議員も同提案への賛同を求める。検閲は「官憲国家の残滓」であり，検閲の導入は支持し得ない。併し同時に，青少年保護を目的とする措置，就中映画の上映を公の施設（Veranstaltung）に留保する措置は支持し得る。低俗な文書や映画は，特に戦争に起因する青少年の精神的荒廃を深刻化させ，然もその状況から利益を引き出そうとするもので，これに対応する為の積極的な基盤を創出する事が必要である。映画の上映等に於て，「私的資本家（Privatkapitalist）」や「搾取者」を，本来青少年の教育に奉仕すべきである映画の上映から引き離し，公的な「協会，団体及び官庁」に留保すべきである。検閲によって低俗な作品を抑止するだけでは十分ではない。「青少年［の精神的状況］が向上するように映画を組織（veranstalten）すべき」である。【Bd. 328, S. 1591-1592】

C）Oberfohlen 議員（D. Nat.）によれば，映画部門に於ては経済的利益が決定的であってはならず，「文化的及び宗教的，倫理的な良心に対する関心」を重視せねばならない。特に革命後の映画が「娼婦，売春（Dirnenwesen, Prostitutionswesen）」をはじめとする「羞恥心を欠く風俗描写」を内容とし，国民がそうした作品を求めた結果，「青少年の羞恥心や作法に対する感情を無化した事，大量の国民を性病や売春に陥れた事」は深刻な問題である。

併し，この種の弊害に対抗するには，公共部門への留保や映画関係者による同業者の裁判所（Ehrengericht）の設置では不十分である。特に後者は，映画関係者がその能力を有する事が前提となるが，実情は全く反対である。従って，映画に由来する危険を回避するためには「国家の力」，つまり検閲が必要である。【Bd. 328, S. 1592-1593】

第一節　法実務に於ける議論：立法府の討論を素材として

D）Cohn 議員によれば，草案第 117 条は「低俗物の撲滅という観点から，及び青少年保護のために映画検閲が導入されるべきだとの口実の下，実際には政治的理由から映画への検閲を導入する」ものである。映画検閲の導入は，政府に敵対的な映画が上映され得る事，従って政府に敵対的な映画の上映を回避する手段を政府が持たねばならない事を理由とする。第二帝政期より，政府は「映画産業及び映画の上映を統制する事」に関心を有している。

映画部門の中で特に問題とされるべきなのは UFA である。旧政府はその株式の 1/3 を保有していたが，現在の政府もその支配を維持している。現在でも UFA の経営陣と政府関係者は人的に密接に結びついており，又，ライヒ官房には「格別の映画部門（Filmdezernat）」が置かれ，映画部門の利益のために資金が不当に支払われている。

草案第 117 条の如き映画検閲の容認は，「政府による従来の映画統制の合法化」を意味する。この結果，反対する党派に対抗する為に政府が自身に有利な映画を上映する事になる。従って，検閲は阻止されねばならない。

但し，青少年保護を目的とする規律は必要である。「映画を青少年のために一般的に公の団体，特にゲマインデの手中に置き，教育学者や他の青少年問題の専門家・青少年教育の賛同者の関与の下に，青少年映画の然るべき検閲に就て配慮する事は，この目的に資する」。法律上の措置は，それが「理性的な政府や議会の集中にある限りは」，青少年教育という目的に合致するものとなる。

「検閲の諸々の目的を区別し，［映画部門の］発展にとって危険となり得る目的，政治的な目的を排除して，教育的・倫理的な目的のみを残し」，公益団体又は地方自治体が青少年保護を目的とする検閲を行い，映画を「格別の監督の下で青少年に対する教育の手段とする」べきである。

又，草案に列挙された他の手段と同様の意見表明の自由を映画にも保障すべきである。革命後に低俗映画が横行した事は無視し得ないが，映画産業自身が問題を明確に認識し，克服しようとしている事も認められる。従って，低俗映画の撲滅を目的として「映画産業全体を政治的に規律する」事は，結果としては弊害の方が大きい。【Bd. 328, S. 1593-1594】

E）Hausmann 議員は提案第 472 番 2 号を「全く以て合理的なもの」と評価するが，公共的な施設・部門に映画上映を留保する措置は「憲法に属する事柄

◆ 第二章　検討の前提：映画検閲をめぐる議論の概況

ではない」とも述べる。何が憲法問題に属するかを検討する事なく，通常法律によって扱うべき個別的な課題を憲法問題にする事には，重大な問題がある。これに対して，検閲の導入を憲法に於て宣言する事は，映画が「健全な趣味」や「他の諸価値」，青少年保護にとってもたらす害悪を踏まえれば「合理的」である。【Bd. 328, S. 1595】

　F）Bauer 国務大臣は，国家の経済的な関与によって「映画産業の腐敗」を招いているという指摘に就て，映画産業に対して政府が提供し得る額は僅少なものに過ぎない，と反論する。【Bd. 328, S. 1595】

　併し Kohn 議員はこれに更に反論する。即ち，問題なのは政府による映画産業への資金提供ではなく，映画部門が政府の手中に存する点である。提供される価額が僅少だとしても，その主体がライヒ大統領である限り変わりはない。ライヒ官房には映画部局が設けられており，然も設置した主体が UFA の元職員であるから，映画部門とライヒ官房は癒着しているのだと主張する。【Bd. 328, S. 1595-1596】

　これに対して，Albert 官房下級次官（Unterstaatssekretär）は，Kohn 議員の指摘する問題を否定し，映画部門から専門家を招聘せねばならない以上，そこで不公正な関係を問題とする余地は無い，と反論する。【Bd. 328, S. 1596】

　G）以上の討論を経て，草案第 117 条第 2 項の修正を求める提案はいずれも否決された。各議員・参加者の発言を逐次概観してきたが，Nuschke 議員等による提案が検閲禁止の例外を認める部分を削除すべき事を主張するのに対し，他の発言者はいずれも映画検閲の導入を容認している点が此処では注目される。Kohn 議員の様に濫用の危険性を顧慮して検閲に反対する者も，少なくとも青少年に関しては同種の措置を容認している。又，検閲じたいに反対する場合でも，Koenen 議員のように上映を公共部門に留保する措置によって積極的な役割を発展させるべき事が主張されており，検閲が過度に映画表現を制約するという観点よりは，寧ろ検閲が低俗映画に対する対抗措置として不足であるという観点が共有されているように見える。

　こうした映画に対する例外的な法的措置を正当化する論拠として言及されるのは，既述の様に，革命後の検閲廃止によって低俗な作品が氾濫し，公衆とりわけ青少年に悪影響を及ぼしている当時の状況，及び敗戦に伴う精神的荒廃で

ある。又，この種の弊害を除去しさえすれば，映画が国民特に青少年の教育に積極的な効果を持ち得るという評価に関しては，第二帝政期から一貫している。

第二項　WRV 制定以後の審議過程 1：ライヒ議会招集以前

次に，WRV 制定の任を終えてから，WRV に基づいてライヒ議会が招集されるまでに行われた論議を概観する。

この時期に映画問題が取り上げられたのは 1919 年 10 月 16 日の第 100 回会議であり，予算案の審議に際して Heinze 議員等により，映画検閲を導入する法律の制定を求める旨の質問（Interpellation）【Nr. 1092; Bd. 339, S. 1084】が提出された際の事である。

A）Mumm 議員 (D. Nat.) は，ライヒ政府が，憲法第 118 条第 2 項の規定に基づいて遅滞なく，法律を制定すべきである，と述べる。

質問は，国民内部の「深い文化的対立」，「国民生活の内に存在する世界観的対立」が明白となっている事を動機とする。此処で，「憲法が付与している手段によって可及的速やかに，遅滞なく介入す」べきである。「倫理的な責任感の向上及び我が国民の全体的な倫理的状態の変化によってのみ」改善が図られる，というのが「我が国民の広範な層の確信」である。

WRV 第 118 条第 2 項は国家が対処を行う「可能性」を与えているが，「現実には実効的な対応策はいまだ存在しない」。「映画はそれ自体としては有益な効果をもたらし得る。」併し現状では，有害で悪習を植え付ける様な作品，「国民にとって最悪の類の伝染病」が流布している。

確かに映画関係者による自主規制が「健全な職業的名誉感（Berufsehre）」を形成する可能性は考慮に値するが，その背後には国家の関与が必要である。何故ならば，ここで問題となるのは商業的な関心による低俗な映画やその広告の撲滅であり，映画産業の経営を制約なしに放置すれば，公益に資する作品の製作を抑制しかねない為である。【Bd. 330, S. 3163-3166】

B）Koch 国務大臣は，映画部門の「腐敗した状況と闘う為に，我が国民の健全なる努力を結集せねばなら」ず，憲法の施行に際して映画検閲を早急に導入すべきだと述べる。また，映画部門をゲマインデで公有化する事により，映画をめぐって生じている害悪を除去するだけでなく，積極的な効果を発揮させ

◆第二章　検討の前提：映画検閲をめぐる議論の概況

得るとも述べられる。【Bd. 330, S. 3167】

　C）Nuschke 議員（DD）は，「戦争によって招来された病理現象」が社会一般に現れている中で，映画部門は特に「所謂性教育映画(13)」によって性的問題が厚顔無恥に［集客の為に］利用されている」という「窮めて憂慮すべき」状況に在る。斯様な状況に対しては，産業界自身からも「文化的進歩の濫用に対する厳格な抵抗が表明され」ており，確かに多くの映画は「刺激的で，部分的には猥褻でさえある」が，「映画それ自体は無害である」。

　映画検閲が早期に実現され得るかに就ては懐疑的な態度を表明するが，仮に暫定的に映画産業による自主規制を行うとすれば，芸術家や教育者を参与させるべきだとする。又，現在の映画が謂わば「庶民のための劇場」である事に鑑みれば，映画を良質な娯楽と教育を提供するための手段として利用する事は「国民教育の課題」である。映画は「最も優れた教育の手段」であり，性教育映画でさえ「衛生学に関する国民教育」という点では「非常に有益であり得る」。

　映画の現状の改善は，検閲ではなく，教育部門全体を向上させ個々人の趣味趣向を教育する事によって達成されるべきであり，趣味は命令や法律によって改善されるものではない。【Bd. 330, S. 3183-3184】

　以上の発言は，検閲の必要性を強調するもの，それに加えて公営化の可能性を示唆するもの，及び検閲よりも積極的な教育的施策を要請するもの，と重点が分かれているが，何れも WRV に基づく映画検閲の導入を要請し，又は賛成の態度を示している。又，特に Nuschke 議員のように，映画が大衆的な娯楽

---

(13)　「性教育映画（Aufklärungsfilm）」とは，タブー視されている性的問題を題材とした一群の映画を指す。特に革命前後の時期に就ては，Richard Oswald による性病問題を扱った「光あれ！（Es werde Licht）」（1917 年）や同性愛を扱った「他の人達とは違う（Anders als die Andern）」（1919 年）等が代表的作品とされる。この種の映画は第一次大戦前の性的啓蒙運動と連関していたとされるが，製作者の意図はともかく，結果としては性的好奇心に訴えかける映画への観客の殺到と興行収入の増大とをもたらした。こうした映画に対しては，本文中に見られるように低俗との非難が特に保守層から喚起され，革命後の段階では検閲復活への有力な材料となった。参照，クラカウアー，1995，44 頁以下，サドゥール，1999，246 頁以下。

第一節　法実務に於ける議論：立法府の討論を素材として

として普及している事に鑑みて国民教育的な見地から改革を行うべきである，という視角は従前から継承されている。

第三項　WRV 制定以後の審議過程 2：映画法の審議過程

続いて，1920 年映画法の審議を概観する。同法の審議は委員会における審議も含めて 1920 年 1 月から 4 月にかけて行われており，従ってライヒ議会の第一選挙期の始点である同年 6 月以前である事から，ライヒ議会における論議とは区別して検討する。

A)「映画のためのフィルムの審査に関する法律案」【Bd. 341, Nr. 1907】は Koch 議員の提出にかかるが，その提案理由は概要下記の通りである。

従来，「映画の審査のための [ライヒレベルの] 統一的な規律」は存在せず，「関連する諸規定は個別のラントで公布されていた。」例えばプロイセンでは，「審査が義務付けられたのは，映画フィルムそれ自体ではなく，その上映であ」り，「映画フィルムを実際に上映しようとする者，［…］映画館の所有者は，フィルムを審査に提出する事を義務付けられた。」併し，この制度は「地区警察（Ortpolizei）に対する高度の負担を意味するだけでなく，映画産業にとっても不利益であった。審査活動を可能な限り簡略化し迅速化するために，実務は，映画フィルムに就てはそれを製作し又は海外から輸入する人物に関しても審査を始めた。」

戦時中，「映画の審査は権限を有する軍当局の指示によって規律されていた」が，この期間も審査は警察官庁が行い，ただ審査に際して「平時とは異なった観点，例えば軍事機密の保持や国民の意見（Stimmung）の維持」が問題とされた。

1918 年 11 月 8 日の布告は検閲を廃止したが，映画の自由な上映は「映画館を真正の国民的娯楽施設にするものではなかった。」「映画市場には，非倫理的で堕落した内容故に公衆の苛烈な反対を引き起こす様な作品が氾濫した。」このため「憲法の審議に於て既に，弊害の除去が必要であるとの確信が浸透していた。」WRV 第 118 条第 2 項はこの結果である。

併し，映画部門の状況は未だ改善されておらず，「性教育映画」等の低俗映画が氾濫しており，各種団体からも放任状態にすべきでないとの意見が表明さ

◆ 第二章　検討の前提：映画検閲をめぐる議論の概況

れている。国民議会での質問（上記質問第1092号）に於ても，ライヒ政府が遅滞なく第118条第2項に基づく立法を行う事が要請されている。ライヒ政府は不当な介入を控えるべきではある。併し，「経済資本は国民の活力や国民の倫理的な健全さ」の重要性に鑑みるならば，「映画上映の堕落を招くような影響力」に対して，これらを保護しなければならない。この目的を達成する最も有効な手段は，映画部門を「国民教育及び娯楽の手段」にできる様な，「法律によって規律された，可能な限り統一的な映画フィルムの審査」の導入である。ライヒ政府は映画の積極的な公益目的への利用も支持しているが，映画は「大衆性と分かり易さ」という点で他の表現手段よりも強力に，善悪何れの目的にも利用され得る為，これと並んで「警察上の規律」が不可欠である。法案はこの目的に資するものである。

　加えて法案では，検閲の「簡便化と迅速化」「判断の統一性を唯一の映画フィルムの審査局［による手続］によって設立する」事も目指されているから，審査局は「映画産業の本拠地」たるベルリンとミュンヘンに設置されるべきである。又，一部分だけが法に抵触する場合の対応に就ては，「映画産業が無用の経済的損害を回避する」為に「異議のある部分の禁止」に留め，更に抵触する部分に就ても国内で頒布されない保証を求めるに留め，輸出の可能性を開き，映画産業の利益を保護する観点も示されている。【Bd. 341, S. 2049】

　更に，法案ではフィルムだけでなくタイトル，付随する文書，広告も対象とされる。その理由は，タイトルが「しばしば映画フィルムの内容と一致せず」，「公衆の想像力を過度に刺激する効果を持つような様式（Fassung）が選ばれている」事，「広告の図版は倫理的な関係に於ても重大な疑義を度重ねてもたらして」おり，然も広告は「広範な公衆に供され，またそれゆえ青少年に対しても，彼等が上映［の対象］から排除されているような映画に関する場合であってもアクセス可能である」事に求められる。【Bd. 341, S. 2047-2050】

　以上の提案では，映画をめぐる問題状況，即ち低俗映画の氾濫に対する方策が検閲で完結するものではなく，より積極的な施策も併せて要請した上で，前者が主たる方策と位置付けられている。又，手続の統一化や一度禁止された場合でも一部のみ削除や輸出の可能性を開く点で，映画産業の利益を害さない様に配慮が為されている。

第一節　法実務に於ける議論：立法府の討論を素材として

　B）法案の第一審議が行われたのは，1920年1月17日である。この席上，「全人民に関する政策（Bevölkerungspolitik）に関する委員会」（通称「第23委員会」）に移送が決定される。第23委員会の審議の内容は，第三者による報告という形式で議事録に収載されているが【Bd. 341, Nr. 2317；日付は1920年3月5日と記載されている】，その際，発言者の個人名は伏せられており，且つ発言者の同一性が判然としない箇所も存する。以下では，ひとまず報告に従って，主に発言者ごとに区切った上で議論を概観する。

第23委員会での審議
1）第一読会
　A）報告者に拠れば，「一般討論に於ては，映画の審査を再び導入する必要性に就て，幅広い一致がみられた」。「検閲は唯一の救済方法ではない事が強調された」が，法案では，「映画評価局」を創設して文化・芸術・教育の領域で積極的な機能を担わせようとする試みが「後景に退いている」。

　WRV第118条が映画検閲を導入する法律を要請しており，状況が差し迫っている事に就てはほぼ一致が見られる。併し，報告者によれば一人だけが「全ての検閲は廃止されるべきだ」として反対意見を表明し，代わりに「映画の公営化」を要請した。これに対して，国務次官補からは，映画産業の有する意義に鑑みて，その「異常な部分」を排除するに過ぎないとの反論が為された。従来の映画産業はその「異常な成長に対して措置を取らずに営業上の利益を追求し」，「重要な国民の利益の侵害如何を十分に把握せず」，国民的な運動が起こってからようやく自主的な審査に着手した。検閲には「官憲国家」を想起させるとの懸念もあるが，今日ではそれは当たらない。【Bd. 341, S. 2484-2485】

　B）別の発言者は，映画検閲が「繊細さを要する」事を理由に，基本的に反対の立場を採る。低俗映画を撲滅する為の措置は必要であるが，芸術家・映画製作者の間で既に努力が為されている。寧ろ必要なのは公営化である。【Bd. 341, S. 2485】

　C）別の発言者は，「検閲は存在しないのが理想状態である」が，「国民の未成熟が検閲を要請する」と述べる。但し，警察官庁による「嫌がらせ」を排除し，また検閲に際しては上級官庁を設置すべきである。【Bd. 341, S. 2485】

◆ 第二章　検討の前提：映画検閲をめぐる議論の概況

　D）許可処分の撤回の可能性によって映画産業の地位が不安定となるという意見に対して，政府関係者は，革命以前にも撤回の権利が行政庁に留保されていたが現在の様に映画産業の発展がもたらされている以上，この憂慮はあたらないとする。【Bd. 341, S. 2486】

　E）広告の審査に就ては，広告が上映自体よりも遥かに影響力を有し，然も児童・青少年の注意をもひきつける事が指摘された。「プレスの自由は猥褻な映画［の広告］に及んではならない」。【Bd. 341, S. 2486】

　F）地区警察の権限に就ては，政府代表者から，「地域の格別の事情が措置を正当化する場合にのみ権限を認める」に過ぎず，過剰な影響力を行使する危険は小さいとの説明が為された。

　或る議員からは，地区警察を完全に排除する事は不可能であり，仮に排除するならばラントでの検閲を厳格化する必要があり，また検閲はベルリンだけではなく，地方の小村の要請をも考慮して行わねばならない事，更に大都市の住民もまた低俗映画から保護されねばならない事，が主張された。

　別の議員からも，「大都市では小都市や農村部よりも放埒なシーンが安易に許容されている」状況が指摘される。

　更に別の議員は，「農村部の倫理的な水準をベルリンの水準にまで下げない事」を要請し，また国民の「堕落を阻止し」ようとするならば，「ライヒ首都の全人民を農村部と同様に保護せねばならない，と強調した」。【Bd. 341, S. 2487】

　2）第二読会

　第二読会での審議では，警察の担当者から検閲の具体的な技術・方法に関する説明が行われた後【S. 2489-2490】，次の様な発言が為された。

　A）或る議員は，委員会は映画をめぐる現状を放置する事は許されないとの点で一致している事，公営化は映画の「政治的利用の危険」をもたらす（従って検閲の方が危険性は低い）事，及び「不誠実な競争」の中で優良な作品が淘汰されている状況を踏まえて，国民教育のための努力が欠けている事，を指摘した。

　B）ライヒ内務大臣は，現在の警察官庁に検閲の権限はなく，事後的な介入

第一節　法実務に於ける議論：立法府の討論を素材として

しか出来ない事，又ドイツ全土に通用する整備された手続が必要である事を強調する。公営化に就ては，それにより私的部門による製作が皆無となる訳ではなく，その際にも検閲が必要である旨を述べる。

C）ヴュルテンベルク州の代表者は，法案が同州の規律よりも緩慢である事を批判する。【S. 2491】又，ラントが各自で検閲を創設，実施する事が必要であり，特に青少年向けの映画に就ては格別の検閲が設けられるべきである。

D）別の議員は，表向きは医療問題を扱っている「性教育映画」，及び宗教的感情を侵害する映画の規制を要求する。

E）更に別の議員も，同様に宗教的感情の保護を要請するが，法律の厳格な規定によっても望むような効果が得られない事を憂慮する。検閲によって「最も酷い低俗［映画］は排除されるかもしれないが，映画の官能的な雰囲気は残るであろう。」映画の改革は「積極的で建設的な方途によってのみ可能である。」公論による自浄作用は「非常に緩慢に」しか作用せず，公営化は費用の問題から現実的ではない。地域ごとに競合する映画館を設けて洗練された作品を上映する方策も，「大多数の公衆は，大抵の場合は娯楽を期待する」から，効果は期待できない。代わりに，上映をひとまず公共部門が独占し，そのうえで監督に服する企業・団体のみに上映を許可すべきである。この種の方策に就ては，「芸術の発展及び意見形成の自由」の観点から懸念があり得る。併し，「映画，又は少なくともドラマ映画」は「本来芸術とはいえない」。

F）ライヒ内務大臣は，劇場設置の「許認可制への移行」や「上映者の人物を考慮要素とする認可（Personalkonzession）」に消極的な態度を採る。映画部門全体を国営化する事も財政的に不可能であり，都市の劇場を指導し得るに過ぎない。【以上，Bd. 341, S. 2492】

G）別の議員は，革命後の検閲廃止によって低俗映画が蔓延したと述べた上で，その責任が主に小企業にあると評価し，検閲と公営化を支持する。

H）別の議員は，法律により排除されるのが「最も低劣な類の困難」だけである点で委員会が一致している事を確認した上で，製作会社の多くは巨大コンツェルンに編入されており，公営化は困難ではないとする。又，映画部門「全体の成果」に対して「国民教育がアクセス可能」となるべきである。

I）ライヒ内務大臣は公営化に警戒感を示す。映画製作の公営化は「あらゆ

◆ 第二章　検討の前提：映画検閲をめぐる議論の概況

る自由の終焉を意味する」。既存の通念と異なる考え方に基づく映画は上映を許されず，結果として映画を支配的党派の煽動の道具にする。

　J）別の議員は，現在上映されている「大衆迎合的なキッチュ作品はその大部分が公衆の趣味に合致している」と述べた上で，「国家の資本投下によってのみ」問題が改善されると主張する。

　K）ライヒ内務大臣の代理人は，「フランスの法律が個別的な概念［を法律に採用する事］を諦めている」事を指摘し，法律に「広範な概念が不可避である」と述べる。

　L）他の「二人の陳述者」は，その「提案」に於て「想像力を堕落させ，又は過度に刺激するような影響をもたらす映画の禁止」を要請した。【以上，Bd. 341, S. 2493】

　M）広告の審査に就ては，第一読会と同様，映画フィルムと併せて規律を行う必要性が強調された。「宣伝は最も広範に浸透」し，国民倫理に深刻な影響を与えるからである。

　別の発言者からも，宣伝に対する検閲の必要性が強調され，対立する利益が金銭的なものに過ぎない旨が主張された。

　更に別の発言者は宣伝の検閲に際して，図像とテクストで異なる扱いをすべきではなく，児童・青少年に対する悪影響の懸念が変わらない事を主張した。

　N）政府代表者は，特にベルリンに於て検閲のない状況の「濫用が重大であり，そのうえ増大しつつある」と述べ，特に「教育者（Erklärer）［＝性教育映画の製作者］」の有する影響力を批判する。

　O）別の議員は，都市の映画館の状況が「教育者」との競争によって劣悪なものとなっており，検閲が為されない結果，この種の不道徳が放置されている事を批判する。【Bd. 341, S. 2494-2495】

　P）別の議員に拠れば，「日々何百万という観客が来訪する映画館は，その影響という点で他の娯楽施設と同一線上に置く事ができない。それは遥かに広範かつ深く作用する」。低俗映画によって「我が国民は毒されるに至って」おり，特に「青少年を，他の教育手段が機能しないような仕方で，堕落させている。」

　Q）別の議員は，「善良な趣向が発展する事」に信を置かず，寧ろ「劣悪な

68

第一節　法実務に於ける議論：立法府の討論を素材として

趣向に依存する営利活動が存在する限り，法律による反作用が不可避である」とする。

R) 別の議員は，革命によって「卑猥なものへの自由」も生じたが，WRVは「低俗映画（Kinoschmutz）に対する武器を創設し」ており，党派を超えて全ての者が結集せねばならないとする。

S) 別の議員によれば，「教育者」は低俗な映画を生産し続けているが，この種の製作者の利益を顧慮すべきではない。加えて，大衆演芸を描写した「演芸映画（Kinokabarett）」を抑止するために，別の作品を通して広範な階層の娯楽への欲求を満たす事が必要である。

T) 別の議員は，地区の官庁が格別の決定を為し得る場合には「無秩序」に陥ると主張する。

別の議員は「統一的なライヒ検閲に重点を置くとしても，地域ごとの［審査活動による］副次的な効果（Nebenwirkung）を完全に排除すべきではない」と主張する。

更に別の議員は「小都市で適切でないとされるものは，ベルリン市民もまた観る必要はない」として，後者に於ける検閲も厳格化すべきと主張する。【以上，Bd. 341, S. 2495】

3）第23委員会の決議及び小括

概略以上の如き討議を経て，第23委員会では次のように決議が為されたと報告されている【Bd. 341, S. 2497-2498】：

「映画の許可義務に関する法案の提案を要請する決議［…］は，ほぼ全会一致で採択された。」

「更に三つの決議，低俗文書の撲滅のための，および公の興行（Schaustellung）及び上演（Darbietung）に於ける青少年の保護のための法案の迅速な準備，並びに不純で有害な興行，ハガキ，文書および陳列窓に対する現在の法律のより厳格な適用，が全会一致で採択された。」

「憲法制定ドイツ国民議会は，［下記の事項を］決議すべきである：
Ⅰ．付録1で明らかにされた形式における映画法の草案に同意を与える事；
Ⅱ．下記の決議を採択する事：

◆ 第二章　検討の前提：映画検閲をめぐる議論の概況

　１．映画の許可義務に関する法案を新たに提示する事，

　２．低俗文書の撲滅のための，及び公の興行および上演における青少年の保護のための法案（ライヒ憲法118条二項）の準備を迅速に行う事，

　３．それによって，諸ラントの一致の下に，不純で有害な興行，ヴァリエテ，サーカス等に対して現在の保護を有効なものとする事，

　４．それによって，諸ラントの一致のもとに，不純で有害なハガキ，文書および陳列窓に対して現在の法律上の保護を有効なものとする事；

Ⅲ．この法案を施行する請願書を処理されたものと宣言する事。」

　以上の通り，第23委員会の審議に於ても低俗映画の撲滅が重要な課題とされ（特に性的描写や宗教感情を害する描写が問題視されている），特に青少年に対する悪影響が懸念されている。法案はこうした問題状況への対応として作品の上映に際して検閲を施す事を提案するが，これに対しては公営化など他の施策によって，作品の削除・上映禁止に留まらない積極的な施策を行い，映画の教育的効果・健全な娯楽としての価値を高めようとする意見も表明された。尤も，後者の意見は，映画法の最終的なヴァージョンを見る限り，反映されたとは言い難い。

　このほか注目に値するのは，第二読会に於て，映画を芸術や意見表明の範疇から明確に除外する発言が存する点である。この事を明言するのは一者だけであるが，全体としても，映画をWRVで保障された基本権との関係で検討する姿勢は見受けられない。

国民議会本会議での審議

　第23委員会の報告を承けて，国民議会本会議（第162回会議，1920年4月15日）に於ても法案の審議が行われる。審議は逐条的に行われているが，此処では主に許可義務を定める§1に関する部分を概観する。

　A）Ende議員(DD)は，法案は「公の意見表明の自由という原則と合致しない」が，「諸原則を純粋に現実化する事はしばしば不可能である」。然もWRV第118条が映画検閲に関する例外を承認した時点で，その当否に就ては決定済みである。

　同条第2項第1文の例外規定は至る所で見られる映画の爛熟を理由としてお

第一節　法実務に於ける議論：立法府の討論を素材として

り，この問題に対する「苦情は，部分的には一層雰囲気めいたもので（stimmungsmässig），部分的には原則的で，部分的には事実に基づいた性質のものである。」

「雰囲気めいている」というのは，「映画の爛熟に就て苦情を述べる者の大半は全く，又は稀にしか映画館を訪れないからである。」この種の苦情は「彼等が聞いた事や映画宣伝で見た事に基づいている。実際のところ「映画宣伝は映画自体よりも粗暴で無意味なものをもたらす」事がある。

「基本的な性質の苦情」は，映画が「あらゆるものを表現できる点で［話し言葉］よりも利点を有する」が，それが悪用されれば「精神の弛緩や心的生活（Seelenleben）の空疎化や荒廃」をもたらす。併し，この問題は映画部門の「真摯な部分」の努力により次第に改善されるであろう。

最も重要な「事実に基づく苦情」は，映画産業全体ではなく「映画産業の爛熟」，特定の映画の内容や映画館の上映計画に向けられている。「性教育映画」のみならず，「現実を歪曲し，社会情勢に関して全く誤った見解を喚起し，それによって不健全な幻想（Romantik）や危険な体験（Abenteuer）への憧憬をかきたてるような映画が存在し，然も最も憂慮すべき事に，映画館の主な来場者は青少年から構成されている。」

法案の厳格な規定は，映画産業全体ではなく，「厚顔無恥な仕方で公衆に向けた題材を選択し，映画館を単に不当な利益の源泉としか考えていないような，一部の映画企業」に向けられたものである。

又，映画の審査に於ては消極的な問題ばかりでなく，「［映画の有する］高い経済的価値や高度な文化的発展への可能性をも視野に入れるべきである。」「映画は国民の第一級の娯楽手段である」から，「映画館が退屈な場所になるような措置を採ってはならない。」又，「学校の運営，司法の運営，政治的宣伝や啓蒙にさえ」，映画によって新たな可能性が開かれるに至っている。「一部の国民階層にとっては，新聞の代替物であるかもしれない」。こうした状況に鑑みて，「映画の審査が可能な限り統一され，審査の行われる基準が可能な限り統一的かつ一義的に形成される事」が要請される。基準を運用する側も「芸術や教育に関する教養を欠いていない人物」である事が要請される。

併し，映画部門の改革にとって最良の施策は，検閲ではなく「積極的な措

◆ 第二章　検討の前提：映画検閲をめぐる議論の概況

置」である。低俗映画の抑止と並んで，映画部門の健全な方向への改革を無視してはならない。こうした改革は映画産業界の努力によって実現可能なものであり，映画検閲そのものを廃止し得る時代が来る事も期待される。又，現時点では不可能ではあるが，この種の改革はラントとゲマインデが映画部門を公営化し「国民教育や国民娯楽の手段として形作る」事によっても果たされ得る。【Bd. 333, S. 5168】

　B) Weber議員(Z)に拠れば，「大衆文化の時代」，「広範な階層に及ぶ［…］国民の教育」が重視される時代に於ては，「国民の健全性と国民教育の向上」が重要な責務となる。此処で映画館は「国民文化と国民教育を，如何なる劇場よりも［…］強力に流布させる」手段となり得る。

　教育目的に資する映画館や芸術的・学問的な作品も，確かに存在する。併し現状をそのままに放置するならば，「国民を毒し，国民を崩壊させるような」作品を放置する事にもなる。「右派から左派に至るまで，国民の福祉を向上させ，将来の文化の反映のために重大な苦境が打開されねばならない事に就ては，一致が見られる。」

　本来は法案の如き措置よりも公営化の方が望ましい施策であるが，現在の経済的状況に鑑みれば現実的ではない。法案が「映画の中に窮めて低俗な商品（Schundware）が存在する」という一致した意見に基づき作成された事，特に一部の映画館に於て「青少年に対する害毒（Jugendvergiftung）」がもたらされている事に鑑みるならば，その「害毒を統制し得る全ての部局を助成せねばならない。」

　法案が，ゲマインデに審査権を付与せず，また映画産業内部の人間が審査に関与する点では，賛否が分かれ得る。併し「映画館の有する重大な文化的責務」，「大衆文化の増大に於て映画が獲得していくであろう意義」に鑑みれば，法律が現時点では不完全ではあっても，ともかくそれによって低俗作品を排除しなければ，「我が国民は時が経過する中で堕落していくであろう。」【Bd. 333, S. 5169f.】

　C) Mende議員(D. Vp)に拠れば，検閲の廃止後に様々な「上演活動（Darbietung）」に於て多くの低俗作品が流通しており，良質な作品を助成する為の介入が必要であると「全ての階層の国民が痛烈に感じている。」映画法が提案

第一節　法実務に於ける議論：立法府の討論を素材として

されているのは，単に低俗作品が横行しているからではなく，「映画が広範に流通し，国民の広範な階層特に青少年に強大な魅力を有し，強い影響力を行使するからである。」必要なのは，「極めて広範な国民階層の為に，洗練され深みのある上演が為される娯楽施設を形作る事である。」

特に必要なのは，「粗暴化させ，非倫理的にさせるような低俗映画の影響から青少年を保護する事」である。青少年に対して上映される映画には厳格な検閲が必要であり，審査員が「国民福祉・国民教育あるいは青少年福祉に就て特別に経験を有する人々の領域から選ばれるべきである」という法案の要請は支持し得る。

映画産業という「一産業部門の利益」よりも「広範な階層が倫理的・道徳的に腐敗するかもしれない」危険の回避を優先すべきであり，法案は「良心的な国民代表」として当然支持すべきものである。【Bd. 333, S. 5170】

D）Krüger議員（S）は，「映画は我々の文化生活の中で勢力ある地位（Machtstellung）を獲得して」おり，又，「膨大な数の上映業者が現れて」いると評する。「検閲からの解放によって高貴な意味での真の自由が創出される」という期待は裏切られた。当時は映画産業の自助努力が信頼されており，特に映画館所有者の団体が既に自主的な映画審査を提案した事は確かに評価すべきである。併し，この試みは十分な成果を上げていない。

検閲は本来「回避されるべき」措置であり，せいぜいのところ「相応の必要性」に基づいて許容し得るに過ぎない。「精神の自由の保障はドイツ共和国の侵すべからざる殿堂でなければならない。」映画に対する規制は「国民を映画に於ける低俗ものや残酷ものから解放する，という根拠からのみ導かれ得る。」併しその場合でも，検閲が「政治的，社会的，宗教的，倫理的又は世界観的傾向から」為されてはならない。

「教育映画だけでなく娯楽映画に於ても，良質で一般的に教育的な意味のある上映活動によって，国民に教化的な影響を与える可能性が存する。」更に「国民の文化や生活習慣の上演によって，憎しみから分裂せられた諸国民を再び緊密に結びつけ，それによって最終的には諸国民の平和に奉仕する」という目的のためにも利用し得る。【Bd. 333, S. 5170-5172】

E）Gierke議員（D. Nat.）は，「ドイツ国家人民党の設立以来の最終目標は，

◆ 第二章　検討の前提：映画検閲をめぐる議論の概況

我が国民の再生であ」り，「我が国民の倫理的な再生」がその前提であると述べる。国民のあらゆる階層・身分に存する倫理的な力への信頼が失われる事は無いが，併し「国民の無気力化を注意深く監視し，国民に向けられた害毒に注視」せねばならない。この危険に対する応答が，WRV 第118条である。

「国民の経済生活と同様，文化生活に於ても最終的には全てが個人の有徳性（Tüchtigkeit）に基づいている。」併し，有徳性は「健全な条件が創出されたときにのみ生育し得る」。この条件は「国家が創出せねばならず，国家は全体の福祉のために，必要な場合には介入せねばならない。」映画産業の現状はまさにこの点からして問題を抱えており，営利を優先する一部の映画製作者が「我が国民の精神から搾取を行っている。」

更に，映画検閲は「海外に輸出される映画にも影響を及ぼす」。低俗作品は「諸国民の協調を促進しない」どころか，「ドイツの礼節や倫理に関する完全に誤った像を海外に提供する事をも促す危険」を孕むからである。【Bd. 333, S. 5172f.】

以上の様に，国民議会での審議過程に於ても，法律による映画検閲の必要性に就てはほぼ全面的な一致が存在する（尤も，発言の引用は行っていないが，USDP 所属の Duwel 議員のように強固な反対意見も少数だが存在する，参照 Bd. 333, S. 5173）。Emde 議員や Krüger 議員のように，基本権や国民の成熟度を根拠に原則として反対の立場をとる者も，憲法上の与件あるいは映画部門の現状に鑑みて，結論としては検閲の導入に賛成している。

映画検閲に賛同する議員に共通しているのは，一方では映画部門に於て低俗映画が横行しており，それによって有害な影響が国民にもたらされている，という認識である。これは第二帝政期の，映画が大衆的なものとなり始めた時期から指摘されていた事態であるが，この時期に限れば映画産業内部での自主規制では十分に解決されず，国家の介入なしには解決し得ないと考えられていたと見られる。

併し他方では，低俗映画の問題が深刻であるとしても，映画自体は有害で排除すべきものではない，という認識も共通している（例外的に DVP の Gierke 議員の発言はこの認識が明確ではない）。即ち，映画はその制作体制や業界内部

第一節　法実務に於ける議論：立法府の討論を素材として

の状況を改善すれば，教育や娯楽の面で優れた効果を発揮し得るものであり，特に青少年に対して有益な教育手段となると期待されていた。

以上の審議の後，国民議会本会議での議決を経て，前掲提案第1907号は基本的な部分に関しては修正を経る事なく，1920年映画法として公布・施行される。

尚，第二帝政期以来の議論の状況に照らせば，1920年映画法が検閲という手法のみを採用した事は一つの意識的な選択と言える。それ以前には公営化をはじめとして，検閲以外の施策・措置の導入も提唱されていた為である。勿論，WRV第118条の法文や法案の内容に鑑みれば，検閲以外の施策が議論の主題となる可能性は当初より限定されていたとも考え得る。加えて，委員会審議で内務大臣が明言しているように，公営化が映画製作に於ける私人の創意を殺ぐ事が危惧され，財政上の困難も指摘されていた事に鑑みれば，議論が検閲という選択肢に収斂した事は不自然ではない。

第三款　ライヒ議会での映画法をめぐる審議

最後に，1920年映画法制定後のライヒ議会で，主に映画法の規定・運用をめぐって行われた議論を中心に，映画問題をめぐる論議を概観する。既述の通り（第一章第一節），1920年映画法が議会により改正されたのは二度，然も基本的な要素である審査基準に関する改正は一度きりであり，それ以外に度重ねて提出された提案・動議は悉く実現しなかった。併し，提案・動議に於て如何なる点が問題視され，それが如何なる根拠に基づくものであったかを検討する意義は否定されない。以下では，議論のありようを選挙期（Wahlperiode）ごとに概観する[14]。

第一項　第一選挙期

1920年6月6日の選挙に基づき召集された第一選挙期のライヒ議会は，社

---

(14)　なお目次から判る通り，本稿は第一選挙期から第五選挙期までの期間を扱う。WRV期のライヒ議会の活動期間には，更に第六選挙期，第七選挙期が存在するが，いずれも大統領の緊急命令により立法機能が賄われ，議会が機能していなかった為に，映画に関する論議を含め議事録の記録じたいが僅少である。従って，此処では省略する。

◆ 第二章　検討の前提：映画検閲をめぐる議論の概況

会民主党(SPD)を第一党とし，独立社会民主党(USPD)，国家人民党(DNVP)，人民党(DVP)，中央党(Z)が続き，これら主要政党の勢力の議席数には大きな懸隔が存在しない，という状況であった。内政上は講和条約に対する広範な階層の拒否・反対，カップ一揆やRathenau暗殺等の暴動やテロ，更にはフランス軍によるルール占領に対する抵抗とそれを一因とする経済的混乱により，経済的にも政治的にも極度に混乱した状況であった。又，革命期から続く左右両極の諸勢力による実力行動は，絶えずライヒ・ラントの諸政府にとっての懸案であり続けた。斯様な情勢に対して，1922年には第一次共和国保護法が制定され，更に大統領Ebertによって WRV 第48条に基づく権限が繰り返し発動された。尤も，1923年8月に成立したStresemannを首相とする大連立内閣によって議会政治は一応安定し，レンテンマルクの導入による通貨改革や国防軍との協働による治安維持の為の諸施策の結果として，混乱は収束に向かう(15)。

［1］第80回会議　1921年3月10日の第80回会議では，1920年度予算の第二審議の一環として，「1920年法の施行，特に国民教育的・社会倫理的思考の強調：映画審査局の活動」が議題とされている。【Bd. 348, S. 2793】

Schreiber議員(Z)によれば，映画法が「有益な効果をもたらしている事は，その効果が概してなお僅かばかりの限界を有しているとしても，争い得ない。」又，経済生活の面では，「外国との競争相手との闘争を引き受け得る強力なドイツの映画産業を有している事は，一貫して有益かつ歓迎すべきものである。」

「映画産業の様々な領域では，国民教育的な価値に関する理解が支配的となっている」が，一方で「映画産業の他の部分は拝金主義的な方向へと向かっている」。従って，「映画法の適用に於ては，国民教育的で社会倫理的な同法の思想が徹底して前面に出されねばならない。」

映画部門の問題の解決に際しては，「国民教育のための全ての諸力が協働して我々の映画産業における爛熟を剪定」せねばならず，然も「消極的な側面」

---

(15) 該期間のドイツの状況に就き参照，Mommsen, 2009, S. 119ff., S. 169ff. 及び Winkler, S. 415ff.

第一節　法実務に於ける議論：立法府の討論を素材として

だけでなく「積極的な側面」に於ても努力すべきである。即ち「より高次の，文化を促進する様な水準へと映画をもたらし，キッチュ映画を文化映画，教育映画（Lehrfilm）そして文化映画によって克服せねばならない。」【Bd. 348, S. 2793】

[2] 第85回会議　同年3月15日の第85回会議では，同じく1920年度予算の第二審議の一環として，「1920年法の施行，特に国民教育的・社会倫理的思考の強調：映画審査局の活動」及び「印刷資料1632号（教育的価値のある映画の助成）」が議題とされている。【Bd. 348, S. 2999】

A）印刷資料第1632号はReisser（SPD）[16]，Erkelenz（DDP），Aberhold（USPD）議員等の提案にかかるもので，「ライヒ政府に対して，1921年の予算に，現存する組織（ドイツ都市映画館連盟（Bilderbühnebund））の指導のもとに教育目的のために善良な映画の製作を助成する為に10万マルクの額を追加する事を請願する」。結論として本提案は可決されている。【Bd. 365, S. 1180】

B）Matz議員（DVP）は同提案に関連して，「映画市場に流布する低俗映画」が，検閲を経たにも拘らず「文化生活，倫理的生活を台無しにして」おり，「未成年者の犯罪の驚くべき増加は，まさに映画の刺激に責任がある」と主張する。

現在，映画は，「避けて通る事のできない文化部門（Kulturfaktor）」となっており，「教育目的の為に，善良な映画を製作する為の努力に対して資金が提供される事」が望まれる。映画製作じたいに対する支援は，十分な金額を支出し得ないが故に適切ではなく，寧ろ「ドイツ都市映画連盟（Bilderbühnenbund deutscher Städte）」の如き「模範的な貢献をしている」業界団体を支援すべきである。【Bd. 348, S. 2999】

更に，「現存する映画審査局を［作品だけでなく］映画の全部門に関する中央部局（Zentralstelle）へと構成する」事が必要である。「非常に様々な部局（Amtstellen）が映画問題に取り組んでいる」事により，映画部門に関する活動

---

(16)　議事録には「Reisser」の名で記録が為されているが，該選挙期の議員名簿に該当する記載は存在しない。同じSPDの議員であるPaul Reißhausの誤記ではないかと考えられる。

◆ 第二章　検討の前提：映画検閲をめぐる議論の概況

の効率性が損なわれている事は明白である。映画に関する問題が有する「多大な文化的及び経済的意義」に鑑みて，「国務省のライヒ映画局を［…］中央局へと発展させる」事が適切である。【Bd. 348, S. 3000】

　C）Dransfeld 議員(Z)は，同提案の意義を「映画部門に積極的な影響を与えようとする所に存する」と理解した上で，「従来この領域での我々の活動が，いくつもの方面で消極的な性格を有していた」と指摘する。

　映画法の目的は「国民を誘惑する［…］粗悪な映画から防御」し，その種の映画を「排除し，可能な限り無害化する」処に存する。同法は「先ず以て検閲法律」であり，映画を「国民教育のために形成するよう刺激するという責務を有するものではなかった」。併し，映画政策は「法律の乾いた条文が為し得るよりも洗練された仕方で，我々の倫理的および審美的欲求を考慮せねばならない。」

　提案は「積極的な，必要な教育目的に向けられた」性格を有する。併し，その額は余りに僅少であり，「教育映画」の製作を「包括的に助成しようとするならば」，より多くの額が必要となる。真に必要なのは寧ろ資金援助の削除である。何故ならば，映画部門は「資金力の豊富な産業」であり，この種の施策は「経済性原理（Sparsamkeitsprinzip）を侵害する」為である。

　「キッチュ映画や低俗映画」の横行は，「国民の堕落した趣味につけ込み，また大衆の心に存するあらゆる本能を掻き立てる事によって」利益を上げようとする制作者だけに因るのではない。低俗映画はやむにやまれぬ事情から製作されることがあり，「国民教育的に有益なよりよい［映画の］製作への明確な動因や望ましい支援が欠けている」事こそが問題である。従って，提案が挙げる「ドイツ都市映画連盟」だけでなく，他の諸団体への助成も不可欠である。【Bd. 348, S. 3000-3002】

　D）同年 3 月 14 日に Schreiber 議員（Z）により提出されている提案【Nr. 1667, Bd. 366, S. 1278】は，ライヒ政府に対する「教育映画の審査が無償では行われないのか，又それ以上の優越的地位を与える事が可能ではないか」という旨の請願が提出された。

　Dransfeld 議員(Z)はこれに支持を表明する。同提案は映画審査局が「如何にすれば善良で教育に資する映画のために奉仕する形で積極的なものとして登

場し得るか」を示すものである。審査局には「国民福祉，国民教育又は青少年福祉の面で特に経験のある人物」が参与しており，「非難すべきものの排除」のみならず，「よりよいものの創出」にも寄与する。

　斯様な審査局の機能を十全に発揮させる為には，構成員をより慎重に選定せねばならない。現状では「芸術に関する理解，倫理的世界観及び我が国民の国民教育上の努力の多様性によって意見の衝突が益々生じ」，結果として検閲が「不満足な妥協」となることが多くなり，映画審査局の活動に就き広く国民の間に不満が生じている。

　又，映画検閲は「国民全体の芸術や倫理，教育に関する理解が反映される」から，「審査委員をベルリンから選出するのは相応しくない」とも考えられる。公の興行や上演に対する「大都市の住民の心性」と「他の都市の住人の心性」との間には「根本的ではないにせよ，徐々に鋭い差」が生じているためである。大都市を基準として検閲を運用する事は，「実効的な国民検閲（Volkszensur）の運用」に適さない。「審査委員の少なくとも一部を［…］ベルリン以外のドイツのあらゆる地域から任命する事が適切」であり，これによって全ての階層・世界観が映画検閲によりよく反映される。

　更に，審査委員は実務や他の様々な理論や経験から学習する為に，「多数の観客と緊密な連絡をとる機会」を与えられるべきである。

　最後に，映画部門を国民教育の為に改革するならば，「国民に映画を伝達する部門たる映画館所有者から，不純で不潔な要素を排除する手段を持たねばなら」ず，このため映画館に関する認可制が必要である。【Bd. 348, S. 3001-3002】

　E）Hellmann 議員（SDP）は，提案に否定的な態度を採る。その理由は，金額そのものが僅少である事，及び資金が浪費される事への懸念である。その他の点では「映画検閲の運用に関して提示されている改良案や批判に同意する。」又，映画検閲が警察ではなく「文化部門の下に置かれる」事が必要である。【Bd. 348, S. 3013】

　［3］第 86 回会議　　3 月 16 日の第 86 回会議では，印刷資料第 1632 号（教育的価値のある映画の助成に関するもの：同日可決）が引き続き，及び印刷資料第 1333 号 II3 項（映画審査局の組織・構成に関するもの：同日可決）が新たに議

題として記録されている。後者は,「ライヒ政府は,ライヒ映画局が腐敗していないか,しているとすればどの程度か,の審査に着手すべきである」旨をライヒ議会として議決する事を要望するものである。

A) Mumm議員（DNVP）は,映画法で設置された「上級審査局」を問題とする。映画法の運用は緩慢であり,映画製作者の利益が慎重に考慮されているのに対して,「青少年に対する国民の倫理的生活という観点」は十分に考慮されていない。現行法では決定権が映画審査局と上級審査局に集中しているが,「国民教育や文学の領域,つまりは倫理的・審美的価値を保護する層から専門家が加わる」様に,又「低俗作品,及び青少年保護のために専門家を加える」様に改正する事が将来的には望ましい。加えて,「上級審査局によって映画の禁止の多くが再度破棄されている」事態にも問題がある。【S. 3020】重要なのは,「粗悪なものを撲滅する事」よりも「優良なものを促進する事」である。【S. 3021】

B) Koch国務大臣は,「警察上の措置よりも,善良な映画部門の積極的な助成によって映画部門を改善する事が必要であるという点で」Mumm議員に同調する。併し「映画法の意義」は,「審査局や上級審査局によって如何に多くの禁止が為されるか」ではなく,「そのような部局の存在が事前抑制的に作用する」事によって映画部門全体を改善する点に存する。併し,映画法によって「キッチュ作品との闘争を完全に果たす事は出来ない」。何故ならばそうした活動は「最早,警察に関連する逸脱状態を排除しようとするのではなく」,警察によっては対処しきれない「映画製作者や映画公衆の趣味に影響を与えようとするものだからである」。【Bd. 348, S. 3021】

[4] 第126回会議　6月28日の第126回会議では,「1921年ライヒ予算案に就ての補遺に関する第二審議」という議題が記録されている。

Schreiber議員(Z)は,「映画問題に従事するライヒ官庁が多数存在する」状態にあるとし,対応としては映画部門を扱う部局が「計画的に内務省に統合される事が望ましい」と述べる。外交に関係する部分に外務省が関与する点に就ても,内務省のライヒ映画局が自ら審査する方が方法としては望ましい。ライヒ財務省の関与に関しても同様である。更にライヒ経済省,他の諸々の官庁の

第一節　法実務に於ける議論：立法府の討論を素材として

「教育部局（Aufklärungsstelle）」や「中央祖国奉仕局（Zentrale für Heimatdienst）」が映画問題に関与しているため「ライヒ内務省が，監督責任のある，組織的で，目標を設定する省であるという思考は崩壊している」。内務省は「映画問題を現実に組織的，統一的且つ計画的に掌握せ」ねばならない。このことは，映画部門に対して支出される予算の削減にも繋がる。【Bd. 350, S. 4218】

[5] 第201回会議　1922年4月3日の第201回会議では，「映画法の事後審査」に関する印刷資料3870号提案の審議が行われた。

　Schreiber議員(Z)は，「ベルリンの物の見方では許される様なもの」を「いまだ純粋な感性が存在するライヒの諸地域」や「素朴で健全な生活感が存在する多くの他の地域」へ持ち込む事は「そう長く許容し得るものではない」。何故なら，ベルリンと他の地域の間には「社会倫理的感覚の対立」が存在する為である。「活力があり，若い力に溢れ，旧きドイツ的・キリスト教的な家族文化への意識を有する」地域を，映画検閲による「平準化」から保護せねばならない。ドイツの映画産業には「多大な経済的価値」が存するが，「純粋に拝金主義的で即物主義的な」産業となる事を拒否すべきであるというのが「多数の意見」である。【Bd. 354, S. 6821】

[6] 第204回会議　4月6日の第204回会議では，同じく印刷資料第3870号提案が審議され，可決されている。

　Matz議員(DVP)は，「ライヒ映画局」が従来以上に「全映画部門の集中点（Konzentrationspunkt）に発展する」事を求める。

　映画法によって，有害作品の排除という「基本的には消極的な効果がもたらされている」が，映画は「価値のある国民教育活動を提供して」おり，映画問題は「徐々に第一級の文化問題として目立つようになっている」。娯楽映画に就ても，低俗作品の横行にも拘らず，「我が国民文化という利益からすれば，この発展が喜ばしい事は確かである。」「優良な映画の絶えざる発展」を阻害してはならない。そのためには「ライヒ映画局と映画産業との協働が推奨される」。依然として「公衆の趣味に向けられて」いる映画産業を洗練させ，良質

◆ 第二章　検討の前提：映画検閲をめぐる議論の概況

な作品が公衆により受容されるようにせねばならない。【Bd. 354, S. 6949】

　[7]　第260回会議　　10月6日の第206回会議では、「印刷資料5027号（質問1846号：映画館の許可義務法案に関する質問）」に関する審議が行われた。同「質問」は国民議会が1920年4月15日にライヒ政府に対して「映画に対する許可義務に関する法案を新たに提示する」事を請願する旨を決議した事に関するものであり、Mumm議員（DNVP）の提出にかかる。

　これに対してSeeger内務省参事官によれば、映画法の現状を考慮して更なる立法措置の必要性を否定する。「ライヒ政府は、映画部門の領域でなお存在する不都合も、［映画館の経営に対する］強制許可（Konzessionszwang）の導入なしに対応し得る、と考えている」。【Bd. 357, S. 8813】

　[8]　第275回会議　　12月4日の第275回会議では、印刷資料5260号（映画法改正案）に関して、教育委員会に事前審議のため移送する旨が決議された。【Bd. 357, S. 9179】

　[9]　第278回会議　　12月7日の第278回会議では、同じく印刷資料5260号の映画法改正案に関して、教育委員会（通称「第30委員会」）における審議（印刷物5321号）を前提とした第二審議が行われた。

　Dransfeld議員（Z）によれば、提出されている改正案は「本質的な変更を含むものではなく、ただ実務に於て深刻な形で明らかとなった法律の欠缺を埋めるものにすぎない。」委員会は法案の内容や様式に関心を持たず、「上級審査局の権威を高め、［…］法律の国民教育的な傾向を実効的なものとする事」を認めたに過ぎない。

　尤も、委員会は映画法全体を修正する「法律案をなるべく早く提示する必要性」を強調しているという。「特に現在の様式の映画法第一条が国民を映画館の低俗作品から保護するものではなく、又、第3条が青少年に必要な保護を達成するに十分でない」事が指摘された。【Bd. 357, S. 9237-9238】

　以上の様に、映画法全体の改革を求める意見が委員会及び本会議で提示され

第一節　法実務に於ける議論：立法府の討論を素材として

たものの，ひとまず改正案が可決される形で決着を見る。

第二項　第二選挙期

1924年5月4日の選挙に基づき召集された第二選挙期のライヒ議会は，SPD・DVP・DDPという穏健勢力が勢力を低減した一方で，共産党（KPD）やDNVPが議席数を伸ばした。こうした状況の中で，選挙以前から政権を担っていた第一次Marx内閣は安定した政権基盤を求めて諸政党との連携を模索するが成就せず，ドーズ案の受諾には至るものの，12月には再び議会の解散に至る[17]。

該選挙期が短期に終わった事にも因り，この時期に，映画問題に関するまとまった議論が行われた形跡は存在しない。議事録には，次の二つの提案が為された旨記録されているが，いずれも審議未了となっている。

［1］印刷資料115号（1924年6月3日提出）　Mumm議員（DNVP）等による提案は，ライヒ政府に対して下記の事項を遅滞なく行うよう決議する事を，ライヒ議会に要請するものであった。

「1．ライヒ憲法に於て要求されている，公の上演（Aufführung）に於て青少年を保護するための低俗文書に対抗する法律を提案する，

2．映画法を拡充するための法律案を提案する，

3．猥褻行為（Unzucht）および飲酒癖（Trunksucht）に対して闘争するための法律案を提案する，

4．キリスト教の祝日を保護するための法律案を提案する。」【Bd. 382】

［2］　印刷資料203号（1924年6月7日提出）　Dransfeld議員（Z），v. Guerard議員（Z）等による提案は，ライヒ政府に対して「1921年2月21日の映画法の事後審査を，然も審査制度の分権化，ラント中央官庁と地区官庁の権限の拡大，及び我が青少年並びに国民文化の強力な保護という意味に於て，直ちに開始する事を求める」ようライヒ議会に要請するものであった。【Bd. 382】

---

(17)　第二選挙期のライヒ議会の状況及国内外の情勢に就き参照，Mommsen, 2009, S. 234ff. 及び Winkler. S. 452ff.

◆ 第二章　検討の前提：映画検閲をめぐる議論の概況

第三項　第三選挙期

1924年12月7日の選挙に基づき召集された第三選挙期のライヒ議会では，KPD及びNSDAPは後退し，再びSPD，DNVP，Zが議会での主要勢力を構成した。加えて，従来反体制的な姿勢を示していたDNVPが議会制をひとまず受け入れる姿勢に転じた事から，議会政治が運営される基礎が築かれた。所謂「相対的安定期」の始期とされる【平島，1991，10頁】[18]。

選挙後に成立した第一次Luther内閣は，Z，バイエルン人民党（BVP），DVP及びDNVPを支持政党としていたが，政党間の協力関係は希薄であり，諸利益団体の期待・支持に依るところが大きかったとされる。但し，それでもラインラント問題に関しては諸政党の広範な協力が得られた。【平島，1991，28頁以下】

ロカルノ条約をめぐってDNVPの離反及びSPDの協力姿勢への転換の機運が生じた事によって，政党大連合による政権の可能性が浮上した。併し，第二次Luther内閣及び第三次Marx内閣という少数内閣，及び第四次Marx内閣というブルジョア連立内閣は，いずれもSPDの協力を獲得する事が出来なかった。この間，重大な対立が生じた問題としては，旧王侯財産問題及び社会政策立法をめぐる問題が挙げられる。尤も，先のロカルノ条約に関して議会レベルでの広範な連合が実現した事も注目される。【平島，1991，27頁以下特に43頁以下】

なお，同選挙期の初期である1925年2月には初代大統領Friedrich Ebertが死去し，同年の選挙でPaul von Hindenburgが選出されている[19]。

同会期の初期には，印刷資料第283号の「提案」（1925年1月13日提出）【Bd. 398】及び印刷資料第366号の「動議」（同1月16日提出）【Bd. 398】が提

---

(18)　尤も，Kolb, 2010, S. 109は，1924年から1929・1930年迄の所謂「相対的安定期」に於ては確かに内政・外交両面での安定化傾向は見られたものの，その基礎を不安定なままであり，「安定した議会制統治システムは「相対的安定期」の段階には発展しなかった」と論じている。

(19)　第三選挙期選挙期のライヒ議会の状況及び国内外の情勢に就き参照，Winkler, S. 454ff.

第一節　法実務に於ける議論：立法府の討論を素材として

出されている。前者は Fehrenbach 議員（Z）等の提出による，ライヒ政府に「映画法の事後審査に可能な限り速やかに着手し，またそれに対応する法案を提出する」事を求める旨の決議をライヒ議会に求める「提案」である。又，後者は Mumm（DNVP），Schultz（DNVP）議員等により，ライヒ政府に「従来の経験に鑑みて映画法の拡張及び厳格化を提案する」旨を請願するようライヒ議会に求める「動議」である。併し，双方とも審議未了となっている。

　［1］第45回会議　　1925年4月2日の第45回会議では，「低俗文書の撲滅および劇場法と映画法に関する提案」「性病の増加に対する映画の関与」「低俗映画；映画法における概念上の顧慮」「印刷資料747号1A・B」「印刷資料323号および972号」が議題となっている。
　印刷資料747号1A・Bは，Fehrenbach（Z），Leicht（BVP）[20]及び Mumm（DNVP）の各議員の提案に関する「第12委員会（教育部門）の報告」と題する文書である。それによれば，委員会は，ライヒ政府に対して「a）映画法の改正法［…］を可能な限り迅速に準備」し，及び「b）18歳までの青少年のための映画は，それがライヒ憲法148条1項の教育目標に違背するか，または現行の共和国の国制を軽蔑するものである場合には許可しない」旨を決議するよう，ライヒ議会の決議を要求する。【Bd. 399】
　印刷資料323号は，Müller（SPD）議員等による提案であり，「営業経営における児童労働に関する法律」に，「§ 6a 公の，及びそうでない映画撮影に於ける活動」と題する，児童が映画の撮影に従事する事を原則として禁止し（第1項），映画の内容に応じて「下級行政官庁または［…］青少年局（Jugendamt）が例外的に許可し得る（第2項）旨の規定を挿入する事を要請する。【Bd. 398】

---

[20] BVP = Bayerische Volkspartei（バイエルン人民党）は，1918年に結党されたバイエルンのカトリック政党で，1919年から1933年まで州議会の第一党の地位にあり，また一貫して同州の政権党でもあった。ライヒレベルでは，1925年には，同じカトリック政党であるZとは対照的に，ヒンデンブルクを大統領候補として支持した。Huber, 1981, S. 205によれば，1922年に採択された綱領に基づいて同党な連邦主義の色彩を濃厚に打ち出し，第二帝政期の連邦参議院のようにライヒ議会と同権の機関の創設やライヒ議会の権限の縮小，及びそのための憲法改正を主張した。

◆ 第二章　検討の前提：映画検閲をめぐる議論の概況

　A）Schreiber 議員（Z）は、「ドイツの再生は予算の項目や価額によってのみ果たされるのではなく、精神と心の再生、特に肉体的にも精神的にも優れた健全な青少年の鍛錬によっても果たされる」と訴え、映画法の問題にもこの観点から取り組むべきと主張する。「映画によって国民の保護に関する全く新しい問題が登場した」が、映画じたいを拒絶する事は現実的ではない」。「映画は多く［の資金・労力］を投入して助成を試みるべき、一つの文化的事実（Kulturtatsache）である。」

　又、映画問題はドイツ経済にも関連している。輸出部門に於て「映画は既に高度かつ重要な地位にあ」り、重大な責任が存在する。何故ならば、ドイツ映画の輸出は「ドイツの理念を輸出する」事をも意味するからである。

　映画部門は経済や外交の問題だけでなく、「重大な内政上及び国民教育上の意味も有している。」斯様な領域で映画法の有する意味は他の国家でも同様であり、「映画法は国民保護及び国民文化という重大な領域に組入れられている。」「映画部門は、粗暴な経済的個人主義や拝金主義に引渡されるべきではな」い。「映画部門をドイツの文化全体と深く絡み合わせ、［…］促進し、［…］有害なものを排除」する事が、映画法の意味である。

　併し、映画法は「適用に於て立法者の意思に適合していない」。「映画法の適用が国民教育的そして社会倫理的な思想を十分には表現していないという印象」は益々強まっている。低俗映画によって「ドイツ国民の健康の基本的な源泉とドイツの理想主義（Idealismus）が揺るがされるのを許してはならない。」

　第一選挙期に提出した映画法の事後審査を求める要請の他に、中央党は政府に対して、「不道徳化させる作用［という要件］をより精密に彫琢する事を要請」する形で、法第１条の拒否事由の明確化を要求している。

　又、宗教的感情が法律上保護されているにも拘らず、それを侵害する映画が検閲で認可されている事態にも批判が寄せられている。特にベルリン審査局がこれを軽視している事態が、他の都市や農村部から批判されている。「宗教的感情」という「融通無碍な」概念に代えて「宗教や宗教的慣習、宗教団体とその奉仕者に対する敬意」という文言が使用されるべきである。宗教は「ドイツ国民の重大な文化的事実であ」り、「宗教的感情という精神をドイツ文化の基本的事実として再生させ、発展させ」るべきである。

第一節　法実務に於ける議論：立法府の討論を素材として

審査に於て，経済的な利害関係者を参加させる事は適切ではない。「映画部門が鑑定的な審級として引き入れられる事」に就ては，その「理解と経験」を持ち込む点で同意するが，「裁判官（Richter）と同等の地位に座る事」は「ドイツの社会倫理的感情の重大で重要な原則」に基づいて許されない。

上級審査局に就ても「編成を合目的的かつ有意義なものにす」べきである。常任の委員を置く事で，「継続的な伝統が支配し，またそこで長きにわたって文化的に価値のある感情が生育し，凝縮され，組織的なものとなる」事が望まれる。

他の個別の要請に就ても賛同する。例えば「法律に低俗映画の概念を盛り込む」事は，「実際に国民教育活動，国民のための救済，健全化運動を提供」する為に不可欠である。何故ならば，低俗映画が「深遠な意味で非ドイツ的であり，我々ドイツ国民とドイツ文化に有害だからである。」又，「青少年運動を映画の鑑定に引き入れ」，「青少年保護を法律により提案する必要」があり，青少年と称される年齢層をより詳細に区別せねばならない。【Bd. 385, S. 1332-1334】

B) Mumm 議員（DNVP）は Schreiber 議員の指摘する映画法の問題が明白である事を確認した上で，上級審査局が「第一審の禁止が正当か否か」だけを審査する事に就て，第一審よりも緩慢な審査となる傾向を指摘する。決定に於ては「ドイツ人全体の感情が決定的」であるべきで，「所謂ベルリン市民の感情」だけを念頭に置く事は適切でない。【Bd. 385, S. 1337】

C) Schreck 議員（SDP）は，映画法の改正は「映画の文化的側面を強く促進」するものでなければならないと主張する。「今日では映画をドイツ国民の歴史から排除しようとする者は最早いない」。問題となるのは「映画それ自体」ではなく「映画の爛熟」である。「各種専門家の諸力を結集して，我々が全ドイツ国民の発展と倫理的な向上を達成するよう行動する事」が必要である。このために文化映画の助成が行われるべきである。又，映画部門が他の娯楽と同様に利潤ばかりを追求する状況は改善されねばならず，不道徳な映画を排除する事で文化的・宗教的な感情や活動を保護せねばならない。

これに対して，ドイツの「風景」や「郷土」を題材とする映画は，「ドイツの青少年が学校および職業生活に於て我がドイツ国土の壮大さと美しさを一層深く理解する」助けとなる。

◆ 第二章　検討の前提：映画検閲をめぐる議論の概況

　更に,「低俗映画」や「不快で刺激の強い」映画の問題を過度に強調すると,今度は「映画が政党政治的な意味でも如何に多く利用され濫用されているのかを忘れて」しまう危険がある。

　「教育委員会は［…］圧倒的多数によって,映画フィルムがライヒ憲法第148条第1項に抵触する場合には青少年に対して許可しない,という決議に賛同した。」「少なくとも,映画によるあらゆる民衆扇動（Völkerverhetzung）は回避されねばならない」。「共和国の国制を嘲弄する映画フィルム」に就ても同断である。「共和国の国制を嘲弄する事で青少年の憎悪を掻き立てる者は,［…］国民としての教育［に携わる者として］不適格である。」【Bd. 385, S. 1338-1340】

　尚,1925年6月15日の第146回会議では,「印刷資料1002号」としてSchreiber（Z）,Rheinlaender,Guerard議員等による,「映画審査手続の委員が可能な限りライヒ全土から選任されるよう,ライヒ政府に請願する」旨のライヒ議会の議決を求める議案が提出され,同日中に可決されている。【Bd. 401】

　[2]　第240回会議　1926年11月27日の第240回会議では,「青少年を低俗文書に対して保護するための法律案」に関する審議が行われたと記録されている。

　Seydewitz議員（SPD）は,映画『戦艦ポチョムキン』の取扱に言及する。即ち,同作品をめぐる紛紛は現在なお「政治的検閲」が横行している実情を示している。内務大臣は同作品の禁止が政治的な理由に拠るものではないと述べているが,ベルリン審査局は現に「何ら低俗な箇所を有さない」同作品を禁止している。映画法によって,同作品の上映が「煽動的な効果を持ち得るという理由で禁止され得るようになっている。」【Bd. 391, S. 8253】

　[3]　第243回会議　1926年12月1日の第243回会議では,1926年度予算案の補足（Nachtrag）に関する審議に際して,「1920年法の従来の保障」及び「印刷資料2588号」が論題となった旨が記録されている。

　印刷資料2588号は,Müller議員（SPD）等による「質問」であり,その趣旨は,『戦艦ポチョムキン』が上級審査局で上映を許可されたにも拘らず,バ

第一節　法実務に於ける議論：立法府の討論を素材として

イエルン及びヴュルテンベルクで更に官庁により禁止された事に就て，ライヒ政府がこれを容認する姿勢を糺すものである。【Bd. 410】

　A）Grispen議員（SPD）は，内務大臣が映画法に基づく検閲を「政治的検閲」だという「危惧に理由が無い」と述べた事に対して，「確固たる根拠が無い」と反論する。その証拠に，「中央［審査］局を通過した映画が，にも拘らずラント政府によって禁止され」る事例が頻繁に生じている。【S. 8319】

　『戦艦ポチョムキン』はその一例であるが，同作品は争う余地の無い「文化的価値」を有している。同作品が扱っているのは「ロシア革命の経過の中での出来事」という「歴史的事件」であり，その主張は，「権力が無制約に荒れ狂う所では，抑圧された大衆の中に対抗する力が喚起され，そして抑圧された者の対抗力（Gegenwehr）は倫理的に強く正当化される」というものである。この作品が「ボルシェビズムの行動（Aktion）を扱っている」との批判は不適切である。同作品は「芸術的に価値の高い」，「高度な倫理的内容をもった映画」である。

　同作品をめぐる禁止・許可の変転の背後には「公の秩序の保持に関するライヒ委員会（Reichskommissariat）やライヒ国防省（Reichswehrministerium）」が介在しており，それらは同作品が「国家の権威を掘り崩す」と評価している。更に，「上映によって直接に反乱が起こる虞が無いとしても，理論的には国家権力の権威に対抗するような出来事が何らかの時点で起こり得ると想定され，公の静穏と安全の保護の為にはこの映画に対する行動［＝上映の禁止］を採らねばならない」とも述べられている。又，ライヒ国防省の代理人は，同作品が「旧来の軍の権威という概念に反抗するものであり」，この権威を維持する事が国防省の責務であると述べている。

　ヴュルテンベルク政府による再度の禁止に際して，内務大臣は同作品が「歴史映画ではなく革命のための宣伝映画である」事を理由としている。併し，同作品は「偉大な革命」という歴史的事実を描写したものであって，禁止処分によってその事実を抹殺する事は許されない。「我々が共和国を確固たるものにしようとするならば，そこでは革命に関する伝統と宣伝をも認めねばならない。」

　内務大臣によれば，描写された「革命運動」は聴衆を同調させるようなもの

◆ 第二章　検討の前提：映画検閲をめぐる議論の概況

であったという。併し，かつて Hitler の主催する集会を許可し，結果として騒擾を経験した内務大臣自身が，その後ラント議会で「あらゆる政治的集会は，[…] その撹乱者から警察によって保護される」との私見を述べているのだから，一貫した態度とはいえない。

　映画法によれば，上映を「政治的，宗教的，倫理的または世界観的な傾向」によって禁止してはならない。『戦艦ポチョムキン』に就ては，「特定の国民階層が反動的策謀（Attent）によって宣伝活動を制約し」ているという事は明白であり，特に映画審査に対する国防軍の関与は厳格に拒否せねばならない。【Bd. 391, S. 8320-8322】

　B）Philipp 議員（DNVP）は，審査局には「数多くの批判が為されている」が，「決定は一般的には正しい」と評する。『戦艦ポチョムキン』に就ては，Gripsen 議員の如く作品の「高度な倫理的内容」と「革命的宣伝」という目的を並置する事に疑問を呈する。【Bd. 391, S. 8323】

　C）Torgeler 議員（KP）は，Grispen 議員に同意した上で，「市民芸術の保護者として市民文化を誇示する階層が，そうした高度な芸術的貢献をよからぬ仕方で迫害し，困惑させる」事態を問題視する。【Bd. 391, S. 8327】

[4] 第 289 回会議　　1927 年 3 月 18 日に行われた第 289 回会議では，「1927 年度の予算案の第二審議」の一環として，「ドイツ映画の意義に就て（第一回国際会議の結果）」及び「ドイツ映画の過度の外国化に就て」が議題になったと記録されている。

　A）Martin 議員（DNVP）によれば，「外国との厳しい競争に置かれている映画を支援する事」は有益であり，映画産業を法令により徒に圧迫すべきではない。併し「我が国民の心の健全さ」が最重要の視角たるべきであり，又映画それ自体よりも「宣伝や表題」による「損害」の方が大きいという推測も示される。【Bd. 392, S. 9680】

　B）Schreck 議員（SPD）は，「映画には娯楽的・芸術的そして学問的な意義が存在するだけでなく，経済的な観点からも利潤が生じる事には争いがない」とした上で，国内市場で国産映画と外国映画が拮抗している状況を踏まえると，輸出の経済的意義は大きいとする。「補助政策なしにはドイツ映画の発展の可

第一節　法実務に於ける議論：立法府の討論を素材として

能性は存在せ」ず，この発展が例えば「映画広告に対する検閲措置によって抑制されてはならない。」「予算委員会」では「映画によって新たな革命が喧伝され得る事」を懸念する声も出されたが，それは起こり得ない。【Bd. 392, S. 9686】

C）Matz 議員（DV）は，予算委員会に於ける映画問題に就て各政党により表明された意見は，「概して映画法の厳格で望ましい効果を承認」するものだったが，同時に映画法の改正による補完も強調された。ライヒ議会の提案に基づいて「ドイツの全部分［＝全地域］から委員が実際に引き入れられた」効果も大きい。何故ならば，ベルリン出身の委員の判断はドイツの「全部分にとって標準的なものではない」からである。

近年ではドイツ映画の意義が海外でも認められているが，他方ではドイツに対する反感を掻き立てるような「誹謗映画（Hetzfilm）」が製作・上映されている。この種の「一方的かつ虚偽の宣伝に対する対抗力」は「優良なドイツ映画」の製作である。

又，予算委員会では「ドイツ映画が過度に外国化している」という問題が提起された。特に浅薄なアメリカ映画の流入は無視し得ないのに，映画法はそれらを禁止できない状態にある。

併し全体としては，ドイツの映画産業は年々改善されており，映画法及び映画審査局は予防的かつ刺激を与える仕方で（anregend）」成果を上げている。【Bd. 392, S. 9697】

［5］第 409 回会議　1928 年 3 月 24 日の第 409 回会議では，1928 年度予算案の第二審議の一環として，「文化・教育映画の製作」が議題となった旨が記録されている。

Weber 議員（Z）は，映画が「文化（Kultur）」ではなく「文明（Zivilisation）」の問題であると位置付け，特に「強大な映画企業，アメリカ映画が甚大な衝撃を与えている事，ドイツ映画産業の殆ど全体がアメリカの映画産業に屈伏している事」を問題視する。これに対して，ドイツ映画は「文明映画（Ziviliations-film）」ではなく「文化映画（Kulturfilm）」でなければならない。従って，「特に高度な文化的位置を有する教育映画に有効な助成が存在しない」事態を改善

◆ 第二章　検討の前提：映画検閲をめぐる議論の概況

し，法改正によって青少年に有害な作品・広告を排除する事が必要である。
【Bd. 395, S. 13701】

　第三選挙期の審議の特質としては，第一に，引き続き映画を積極的に，優良な教育・娯楽へと改革すべきとの意見が盛んに表明されている。例えば映画の審査に各種専門家を招聘する，或いは（道徳的に頽廃していると考えられていた）ベルリン以外の地域の価値観を取り入れるといった提案は，映画法の枠内で，そうした改革を果たそうとするものと考えられる。又，検閲だけでは映画企業間の競争を思うような方向に仕向ける事は不可能であり，従って積極的な助成政策や専門部局の設置が必要である，といった映画法以外の提言が為されている点も，従前と同様である。

　第二に，この時期の出来事として特筆すべきなのは，『戦艦ポチョムキン』をめぐる対立である。議事録でも言及されている通り，同作品はロシア革命の光景を描写しているという点でその政治的側面が強調され，審査局・州政府・ライヒ政府関係者はいずれも同作品の政治的要素，及びそれが喚起する危険を，禁止の理由として挙げている。議事録の中ではSPD・KPDの議員が禁止に反対し，これに対してDNVPの議員が容認しているが，政治的事件を描いた映画の持つ危険性・影響力が明確に認識されるに至った事には留意を要する。

　第三に，この時期には映画部門の海外との関係が強調されている。一つは，ドイツの映画産業が海外との貿易関係に於ても基幹産業化しているという評価であり，この観点から検閲による過度の締め付けは回避すべきであるという意見が表明されている。もう一つは，海外映画特にアメリカ映画との競争関係に関する指摘である。これは単に経済的観点のみならず，ドイツ的な価値観をアメリカ的な価値観の浸潤から如何に保護するか，という関心とも関連していた[21]。

---

(21)　ハーケ，2010，80頁以下に拠れば，当時アメリカ映画は評論家の間で論争の的となったが，商業的にはドイツ映画の脅威となる程に好評を博しており，これに対しては貿易上の保護措置をはじめとする国家の庇護が，映画産業からも要請されていた。

第一節　法実務に於ける議論：立法府の討論を素材として

第四項　第四選挙期

1928 年 5 月 20 日の選挙に基づき召集された第四選挙期のライヒ議会は，SPD が得票数の 3 割を占める一方で DNVP が議席の 1/3 を失う結果となり[22]，連立政権の構成はブルジョア勢力中心から左派中心へと移行していた。尤も，同選挙では KPD も議席を漸増させている。SPD 躍進の背景には，従来の野党政策から政権参加に向けての方向転換とそのアピールが存在したとされる[23]。

この時期に成立した第一次 Müller 内閣は，SPD，BVP，Z，DDP，DVP を支持政党とする「大連立内閣」であり，更に議員団の拘束から自由な個人が政府の綱領に対する理解と支持を以て参加する「人材内閣」としての性格をも有していた[24]。同内閣が当面した重要問題としては，新型装甲巡洋艦（Panzerkreuzer）A 建造問題及びルール鉄鋼争議があるが，何れも「穏健派リーダー間の協調関係」により解決が図られ，政権が維持された【以上，平島，1991，61 頁以下及び 69 頁以下】。

尤も，斯様な Müller 内閣も世界恐慌の影響による財政問題の深刻化とその解決をめぐる政党間の軋轢，及び「自由法」請願を契機とする DNVP や

---

(22) 同選挙に於ける大敗を主因として DNVP の党首は Alfred Hugenberg に交替する。彼は党の方針として反議会主義，ボルシェビズムやアメリカ合衆国への抵抗を明確に打ち出し，更に自身の保有する宣伝手段（Hugenberg は既述の映画コンツェルン UFA のみならず新聞コンツェルンの経営権をも掌握しており，然も自前の通信社も保有していた。Mommsen, 2009. S. 315）をも利用しながら，党内では全権を掌握する。議会ではヤング案拒否を含む「自由法」運動に際して NSDAP との協力を断行し【該運動の概要に就ては Mommsen, 2009, S. 340ff.】，議会や大統領に対する非妥協的な反対へと党を指導した。この強引な姿勢は，特に十分な配慮を得られなかった農民層や労働者層から反感を買い，党内対立と相次ぐ離反者を生み出した。当時の首相 Müller にとっては，同党の反議会的な姿勢は却って連立維持の重要性を強く認識させる要因となり，NSDAP との協力行為は党勢を殺ぐ遠因ともなった。参照，Fricke [et al., Hrsg.], Lexikon, Bd. 2, S. 506ff.; Mommsen, 2009, S. 311ff.；平島，1991，八四頁。

(23) 第四選挙期のライヒ議会の状況及び国内外の情勢に就き参照，Mommsen, 2009, S. 305ff. 及び Winkler, 2014, S. 475ff.

(24) 「大連立内閣」成立の詳細な経緯，特に DVP の連立参加をめぐる経緯の詳細につき参照，平島，1991，51 頁以下。

◆ 第二章　検討の前提：映画検閲をめぐる議論の概況

NSDAP 等の反体制勢力の台頭・凝集化，及びライヒ銀行総裁の政府方針に対する批判（シャハトメモランダム）をめぐる対立により安定性を失っていく[25]。ヤング案の成立には辛うじて成功するが，財政問題特に失業保険問題をめぐる DVP との対立は解消されず，閣内不統一により 1930 年 3 月 27 日に総辞職に至る[26]。

Müller 内閣退陣後，3 月 30 日に Brüning 内閣が成立する。同内閣には大連立復活への要請が為されたが，Brüning 自身は意思決定の迅速性を重視し，議会やその外部に於ける利益や意見の集積を（財政再建に伴う幅広い階層への負担に鑑みれば不可欠であるにも拘らず）軽視する傾向にあり，又，WRV 第 48 条の使用に就ても抵抗感が小さかったとされる【平島，1991，168 頁】。増税を基軸とする経済改革案をめぐる審議は閣内でも議会でも紛糾し，7 月 16 日，ライヒ議会での否決による第 48 条を理由とする法案の発令，それに対する緊急令廃止動議の可決，そして Brüning による解散，という展開を経て第四選挙期は終了する。

[1] 印刷資料第 696 号　1928 年 12 月 13 日付で，Troilo 議員，Treviranns 議員，Schmidt 議員，Everling 議員（いずれも DNVP）等により，次のような質問が為されている。

映画上級審査局は，1928 年 11 月 31 日に，鉄兜団（Stahlhelm）[27]の映画の

---

(25) 平島，1991，146 頁は最後の因子が政党間の妥協を困難化し，特に DVP の協力を得難くした点で「大連立内閣の結束に多大な影響を及ぼした」と評価する。

(26) なお，1930 年度予算案関連法案をめぐっては，閣内から WRV 第 48 条を利用すべしとの意見が存在した【平島，1991，161 頁】。

(27) Stahlhelm = Stahlhelm-Band der Frontsoldaten は，1918 年に結成された準軍事組織である。人的構成は第二帝政期の当局関係者及びユンカー層を指導層とし，プチブルジョア及び労働者を主たる構成員とした。綱領は保守的でファシズムを志向し，帝国主義的独裁，非政党的な身分制国家を目標とした。政党との関係では 1928 年までは DNVP 及び DVP に同調したが，その後独自の政治路線を歩み，やがて NSDAP に組織ごと合流する。鉄兜団は宣伝活動の一環として映画を盛んに製作していた（Stahlhelm-film などと呼ばれる）。参照，Fricke [et al., Hrsg.], Lexikon, Bd. 4, S. 145ff.。Petersen, 1995, S. 266 に拠れば，この種の映画に対する審査局の決定は相互に矛盾しており，その

第一節　法実務に於ける議論：立法府の討論を素材として

上映を禁止したが，決定理由はライヒ国防省（Reichswehrministerium）および外務省の専門家の鑑定意見を無視しており，更に「現存する国家形態に抗する鉄兜団の政治的活動」の禁止に就き述べている。これに対して次の事項を質問する：

1．ライヒ内務大臣は，ライヒ国防省および外務省の専門家の鑑定意見を認識しているのか。

2．ライヒ内務大臣は，海外の映画企業の代表者が鉄兜団を含む大規模な上映会の為に映画作品を製作しており，又作品が未現像の状態で海外へと送り出されていることを認識しているのか，決定理由の中で引合いに出された海外への顧慮が不十分なものとなっているのは，いかなる理由によるのか。

3．ライヒ内務大臣は，以前よりライヒ参議院に提出されているライヒ映画法の改正法をライヒ議会に提出する用意を，いつになれば整えるのか。【Bd. 433】

［2］第80回会議　1929年6月8日の第80回会議では，概要次のような発言が為された。

A）Siegried 議員（WP）[28]は，国務大臣に対し，興行税（Lustbarkeitssteuer）に関する要望を行った。今日の映画館は「よく指導され，よく運営された成人

　　理由は決定が時々の政府の政治的傾向に依存していた為だと分析されている（更に，このことがWRV期の映画検閲じたいが一貫していなかった事の現れであるとも論じられている）。

(28)　WP = Reichspartei des deutschen Mittelstandes（ドイツライヒ中間階級党；旧称 Wirtschaftspartei des deutschen Mittelstandes）は，基本的には家主・地主・職人・経営者層を支持母体とし，その利益主張を目的とする政党である。1920年に結党後，1920年半ばに既存のブルジョア政党を離れた都市中産階級の支持を得て党勢を拡大し，特に1928年のライヒ議会選挙ではDDPに匹敵する勢力となった。党の方針は，社会化・公営化への反対と大資本による独占の規制であったが，後者は家主・地主階層の支持獲得との関係で後景化していき，然も世界恐慌に対して有効な救済策を提示する事も出来ず，1930年代には党勢を失っていく。参照，Fricke [et al., Hrsg.], Lexikon, Bd. 3, S. 723ff. 尚，Huber, 1981, S. 187によれば，WPは単なる「利益政党」ではなく「一定程度に於て世界観政党」であり，「自立性，リスクを引き受ける用意（Wagnisbereitschaft）及び個人的な業績を備えた中間層が社会の有機的構成にとって有する理念的意義を強調する事によって，社会倫理的諸原則に基づく［中間層］の保護の為の綱領」を備えていた。

◆ 第二章　検討の前提：映画検閲をめぐる議論の概況

の為の学校」であり，「映画によって趣味の洗練をもたらす可能性」が付与されるべきである。今日では「映画部門は強力な文化的部門となって」おり，国家の支援を要しない「一つの勢力」となっている。併し，映画部門の発展には興行税が足枷となっている。興行税は「純然たる精神の産物（Geistesprodukt）に負担を課する」という点で「不正」であり，映画部門の改善にはその廃止が要請される。

　審査局の実務に就ては，映画審査局・上級審査局には映画の上映の許否を決する権限が「完全な意味に於て」付与されるべきであり，個別の地域ごとに結果が異なる事態を存続させてはならない。

　又，教育部門との関連では，「今日の学校は映画なしにはその目的を果たし得ない。」ドイツの教育映画は他の国家に於ける教育映画の水準を凌駕している。併し此処でも，興行税と売上税の二重課税が「低俗映画に対する闘争」を担うべき該部門を圧迫している。

　興行税は映画部門の「質を落とし，芸術的発展への意思を殺ぐ」ものである。近年普及している「トーキー（Tonfilm）」，「立体映画（dreidimensionale Film）[29]」，「カラー映画（Farbenfilm）」の如く，映画部門には「無限の発展の可能性が存在し」ており，「文化的部門としての，及び重要な経済部門としての映画には，限りなく重要な意義が与えられねばならず，又ドイツ映画の発展が法律によって促進されねばならない」。【Bd. 425, S. 2234-2236】

［3］印刷資料1298号（映画法改正案）　1929年7月12日，Severing議員（SPD）によって映画法の改正案が提出された。以下の審議ではこの改正案に関する意見が頻繁に表明される為，先ず改正案の概要を示す。【Bd. 437, Nr. 1298】

　改正案は，映画法§1を次のように変更するものである：
「§1　映画フィルムは，それが官庁による審査局（§§8, 13）によって許可された場合にのみ，公に上映または公の上映の目的で流通させる事が許される。クラブ，協会および他の閉鎖的な団体（Gesellschaft）での上映は，映

---

(29)　ステレオグラムの技術を応用した映画作品を指すものと考えられる。

画フィルムの公の上映と同視される。専ら学問的または芸術的目的の映画フィルムを公の・または公に承認された教育・研究施設に於て上映する事は，許可を要しない。

　国内で製作された映画は，それが官庁による審査局によって許可された場合にのみ，公の上映のために海外へと流通させる事が許される。禁止された国内の映画フィルムは，それによってドイツの声望への危険が憂慮されない場合には，申請に応じて海外に頒布する事ができる。

　§1a　映画フィルムの許可は，申請に応じて行われる。その映画フィルムの上映が，公の秩序または安全に危険を及ぼし，宗教的感情を侵害し，粗暴にさせ又は倫理的に逸脱させるような効果を有し，ドイツの声望またはドイツと諸外国との関係に危険を及ぼす，様な効果を有すると審査の結果判明した場合には拒否される。粗暴にさせ又は倫理的に逸脱させる効果は，特に，その映画フィルムが低俗な本能を満足させる事が予期される場合に認められる。ドイツの声望への危険は，その映画フィルムが外国に於てドイツに不利な意図を以て上映される場合にも認められる；審査局は，この場合，本来製作された国に於て公開されたヴァージョンに関する海外の映画フィルムの審査に従属させる事ができる。許可は，政治的，社会的，宗教的，倫理的または世界観の傾向そのものによって拒否されてはならない。許可は，映画フィルムの内容以外の理由によって拒否されてはならない。

　許可の拒否の理由がその一部にのみ存在する映画フィルムは，問題のある部分が上映に供されるポジから削除されて映画審査局に移送され，かつ審査局に対して問題のある部分が頒布されない事の証明が為された場合には，許可されるべきものとする。併し，問題のある部分がその映画フィルムのほとんど主要な部分を形成している場合には，許可は拒否され得る。」

　又，§2に就ては，「無制限の上映に対して§1aに存する拒否事由が存在する映画フィルムは，特定の人的集団の前で，又は限定された上映条件のもとで，許可する事ができる」という文言にすべき事も提案される。

　改正案の提案理由は，概要次の通りである。【Nr. 1298, S. 5ff.】

　先ず§1，1aに就ては，既に1922年にライヒ議会には映画法の事後審査，低俗映画対策の強化が要望されている（204. Sitzung【S. 6957】；278. Sitzung【S.

◆ 第二章　検討の前提：映画検閲をめぐる議論の概況

9238］）。

　改正の在り方としては，法案の様に「低俗」映画を新たに禁止事由として法律に採用する事が適切である。

　又，従来の§1第1項の「国内および国外に於て」という文言を削除し，同第2項第2文の様に輸出に関する特別の手続を設けた事は「ドイツ映画産業の首脳団体（Spitzenverband）」の提案に基づく。その理由は，「大半の文化国家には映画検閲が存在し，従ってドイツの映画作品が海外に於て更なる審査に服する事になり」，然も輸出映画にとっては輸出先の国家の法律が決定的である事に在る。又「道徳的，社会的，審美的および倫理的見解は世界のあらゆる地域で様々であ」り，ドイツ国内では問題視される部分が他の国家では好意的に評価される場合がある。そうした映画の輸出が禁止されるならば，ドイツの映画産業は海外との競争に於て不利な状況に置かれる。

　§1a に就ては，「低俗映画の概念を可能な限り明確に書き換え，同時にそれ以外のものが低俗作品として禁止に服する可能性を排除す」る事が目的である。従来の§1第3項は，禁止事由に該当する箇所以外の部分に就ては映画フィルムを許可すべき旨を規定したが，実効的ではなかった。削除すべき部分が「余りに広範で，その映画フィルムの主要部分を成す」場合があった為である。§1a 第2項第2文はこの問題に対応している。

　§2は，「無制約の［人的範囲に対する］上映に適さない映画フィルムを特定の人的集団［に対する上映］に就て許可する可能性を予定している。」「学問的または芸術的意義のある映画フィルム」への限定は狭きに失しているが，一方で「他の許可条件を予定する必要がある。」条文の改正により，「例えば聖書に関わる真摯な素材がグロテスクや喜劇と結びつけて上映され，宗教的感情を侵害する契機となる，といった不都合に対処すべきである。」

［4］第 109 回会議　　1929 年 12 月 3 日の第 109 回会議では，「映画法改正法案に関する第一審議」が行われ，同時に「映画による政治宣伝」が論題となった旨が記録されている。

　A）Mumm 議員（DNVP）に拠れば，第一選挙期の決議（1922 年 12 月 23 日）に於て「低俗作品に対してより厳格な武器を与えるような新しい映画法」の制

定を要請する決議が為されているが，法案がこの要請を満たしているかは疑わしい。「キリスト教的なものとドイツ的なもの（Deutschtum）」に基づく「我が国民の倫理的基礎」が益々危険にさらされる中で，低俗作品に対抗措置する為に法改正に着手する必要がある。【Bd. 426, S. 3404】

　B）Maslowski 議員（KPD）に拠れば，WRV には「中央党と社会民主党との間での恥ずべき妥協（Schandkompromiss）」として，「映画部門の領域に検閲措置が導入され得る」旨が規定されてしまった。

　検閲の根拠として「映画部門の領域での低俗作品の排除」が挙げられるが，戦前・戦時中の状況に鑑みれば「映画の水準が本質的に悪化した」と評価するのは不適切である。「今日の映画は検閲措置を厳格化するほど価値の低いものではない」。「低俗」という根拠は虚偽であって，実際には「政治的かつ階級的な」動機から検閲が為される事が多い。階級対立は戦前よりも遥かに先鋭化しており，「文化問題も従来以上に階級闘争に引き込まれている。」映画は「以前よりも政治的な部門となって」おり，「単なる娯楽映画（Amuserfilm）から政治的な宣伝映画へ」変貌している。現実には，検閲は「純粋に政治的な行為」であり，「一般公衆の人道的─倫理的な憤慨を理由としては排除し得ない様な」，「政治的に評価されねばならない」措置である。

　政治の領域と同様，「映画製作の領域では二つの軸が対立している：価値の低いアメリカの娯楽映画と，あらゆる面で高い価値が承認されているロシアの宣伝映画である。」検閲は前者には寛容だが，後者には敵対的である。映画法の実態は「映画の利用に関するブルジョアの独占を擁護し，他面では革命的プロレタリア的映画に抗する武器を鍛える事を問題としている」。

　検閲は「共和国に生活しているが故に許容される」措置である。共和国は「資本主義国家（kapitalistischer Staat）」であり，映画検閲は「プロレタリアに対抗」する為に利用される。政府による大企業の買収は検閲措置の強化に過ぎず，UFA の映画作品の中で「政治的なニュース映画」が増加している事も，映画の政治化の証拠である。

　映画産業に於ても，プロレタリア組織による映画製作の試みに対抗して，「映画資本の自覚的な組織化」が生じている。映画産業に於ける独占状態は，プロレタリアによる映画の利用を阻止する為に利用されている。「とてつもな

◆ 第二章　検討の前提：映画検閲をめぐる議論の概況

く発達した映画資本のコンツェルン」，映画製作部門による劇場の買占め等はその現れである。

　映画法は「プロレタリアに対する文化反動的介入の網の分枝」，「反共主義的法律」，「ファシスト的抑圧法律」である。これに対して，「将来の階級たる革命的プロレタリア」だけが，映画の「途方もない技術的及び芸術的な可能性」を活用し得る。【Bd. 426, 3405-3407】

　C）Siegfried 議員（WP）は，映画産業全体が「新たな映画法草案をどうしようもなく後退した法律（Rückschrittsgesetz）と見ている」，と主張する。具体的には「趣向検閲（Geschmackzensur）」をもたらす§1と「地区検閲（Ortzensur）」を導入しようとする§5。双方はドイツ映画全体の衰退をもたらすものである。【Bd. 426, S. 3407】

　D）Schreck 議員（SPD）は，SPD が「旧来の法律によって完全にそして十分に，映画産業で生じている不都合に対処し得る」との立場であると述べる。問題なのは「何らかの産業が法律上の措置によって利益や危険を受けるか否かではなく，それによって国民に対する一般的な教育という責務が危険にさらされるのか，促進されるのか」である。

　「今日の大多数の映画が社会的・文化的活動に於て，窮めて価値のある貢献を果たすに適している」事は明らかであり，「誤った法律上の規定と警察の措置」によってその発展を阻害してはならない。「映画の有益性と積極的価値（Positiv）を承認し，映画によって，よりよい青少年とドイツ国民の教育を一般に可能とするようなものを全て動員する事」が最も重要である。【Bd. 426, S. 3407-3408】

　E）Schreiber 議員（Z）によれば，映画法の事後審査は「国民教育という［…］文化的利益の側から，及び映画産業自身からも，求められている。」映画法は「歴史的に評価するならば，多くの点に於て実験であ」り，「重要かつ大胆な企てであった。」映画法の制定当時は「国民自身の精神的な基礎を憲法上保障するために，積極的で創造的な諸力の体系が求められたのであり，またヴァイマール憲法の審議という緊急の場面で映画法が最終目標として扱われていた事は，偶然ではない。」映画法は WRV がもたらした「積極的な成果」であり，「文化的部門との内的な結びつきを有して」いる。

第一節　法実務に於ける議論：立法府の討論を素材として

　併し，映画製作は「単なる文化概念」に尽きるものではなく同時に「経済概念」でもあり，双方の「誠実な論争と調和」が必要である。「ヨーロッパの全ての諸国家では，教育映画産業が特別の助成を得ている」のに対し，ドイツだけがそのような助成を行っていなかった事は問題である。

　「我々の映画産業に対する態度は，積極的で，同時に学問的で，わけても国民的なものである。」「映画製作は単なる経済問題でも単なる財政問題でもなく，我が国民全体の精神的な問題でもある。」「我々は，一定の文化的原理や文化的理念が映画法の中に実際に確保するよう真摯に努めてきた。」「映画の重要な国民教育上の機能を際立たせねばならない。」【以上，Bd. 426, S. 3408f.】

　F）Lang-Brumann 議員（BVP）によれば，改正案§1に就て「ドイツで禁止された映画フィルムを場合によっては海外で上映する事を許可する」ものと理解される。ドイツ国内で映画が禁止される理由は「倫理的に善良でなく，それが我が公衆に上映するには適しない」為であるが，「我々自身に上映するのに適さないものは，外国に提供するにも有益ではない。」国内で禁止された映画は全て，海外でも「ドイツライヒの声望」に悪影響をもたらす。

　法案§1では「ドイツの映画検閲は，将来的には有害な（schmutzig）映画に対してだけでなく，低俗（schundig）な映画にも向けられる事になって」いるが，それでも統一的な判断は簡単には下さ得れない。「低俗（Schund）の統一的な概念」が存在しないからである。「こうした状況では，経営者も，何を提供できて，何を［提供］出来ないかを，決して知り得ない。」

　斯様に不安定な状況に対しては，審査委員の編成を「自動的かつ一貫した形で」行う事，「審査局の長に全権を与え，彼がその経験に基づいて委員会を編成し」，審査局に多様な意見が集約される様にする，といった対策が考えられる。

　審査局が果たすべき「責務の多様性」とその判断が公衆にとって許容される事が保証されるには，「検閲の道具」が「洗練」される必要がある。法案はその点で不十分であり，特に許可が映画の「内容以外の理由から拒否され得る」点は「危険」である。従来「公衆に対して有する効果」を理由として映画の上映が許されなかった事例は多いが，映画のもたらす効果は「一般的にも，また時点によっても，一様ではない。」従って「警察官庁が映画フィルムを［…］

◆ 第二章　検討の前提：映画検閲をめぐる議論の概況

その時点での作用によって禁止し得る」事には賛同し得ない。

　法案に拠れば，個々の部分が問題となる映画は，問題のある箇所の削除によって許可され得る。併し，削除によっても問題が解消されない映画も存在する。

　更に，検閲は「恒常性（Stetigkeit）と並んで明確性と確定性」が要請されるから，「一定の伝統が形成されねばならない。」その種の「伝統」が存在する場合にのみ，製作者・上映者にとって判断の基準が明確となり，「映画市場に明確さと静穏が得られる。」【Bd. 426, S. 3410-3411】

　[5] 第176回会議　1930年6月16日の第176回会議では「1930年度予算案の第二審議」が為されたが，これに先立って，ライヒ政府に対して映画法及び低俗文書撲滅の為の法律の廃止を求める旨の議案が提出された【Bd. 442, Nr. 2135，同13日提出】。

　議案の提案者の一人であるMaslowski議員（KPD）は，予算委員会で可決された「将来，国家権力は［…］宗教，倫理，秩序，権威，国家，学校，放送，映画，劇場等等の破壊に抗して更に適用されるべきである」という旨の提案を「文化反動的な意思」の表現と評し，これを支持する社会民主党をはじめとする諸政党が「文化的反動」を目指していると批判する。【Bd. 428, S. 5485-5486】

　[6] 第178回会議　1930年6月18日の第178回会議では，同じく「1930年度予算案の第二審議」の一環として，「映画法の改正」及び「映画の輸入」が論題となった。

　Kunkel議員（DVP）は，「ライヒ憲法の文化規定は部分的には消極的であり，部分的には積極的である」とし，「消極的」な側面の一例を第118条第2項第2文と映画法に求める。確かに，映画をめぐる状況・技術の流動性からすれば頻繁な法改正が必要となるが，併し時宜に適った法改正を怠るべきではない。更に，「憲法上の積極的な文化義務（Kulturverpflichtung）」に取り組む事もまた重要である。【Bd. 178, S. 5548】

　この時期の映画をめぐる論議は，映画の文化的意義，経済的意義（特に輸出

第一節　法実務に於ける議論：立法府の討論を素材として

をめぐる問題），租税問題，そして映画（及び映画検閲）の政治的性質に至るまで多様であるが，その特徴は次の諸点にまとめられる。

　第一に，低俗映画とその害悪に対する批判は，第三立法期ほど目立っておらず，保守政党である DNVP の議員から指摘が為されている程度である。寧ろ，映画が文化的・教育的意義を有する媒体である事は殆どの議員により承認されており，その望ましい規律・助成のありように就き相違があるに過ぎない（例えば第 109 回会議での DNVP 所属 Mumm 議員，SPD 所属の Schreck 議員，Z 所属の Schreiber 議員の各発言）。検閲法律である映画法も，専らその視角から検討されている。

　第二に，同じく映画に対する積極的な態度・評価に繋がる側面として，映画産業が産業として確立している事，更に海外への輸出によって得られる利益を如何に保持するか，という観点から改正法や租税に関する論議が為されている事を指摘できる。勿論，過度の商業主義による低俗化に対しては引き続き警戒が示されるが，映画が議会レベルで広く積極的な形で認知されている事は確かである。

　第三に，KPD 所属の議員によるものとはいえ，映画検閲に対する公然たる反対意見が登場した事が重要である（第 109 回会議 Maslowski 議員，更に議案 2135 号）。同意見によれば，映画の中で政治的色彩を有するものが主流になっていると言う。これが特定政党の世界観・政治思想と密接に連関した発言であるとはいえ，映画という媒体が政治的表現として受け止められつつあった事が伺われる。

　第四に，第三の点と関連するが，第三選挙期に『戦艦ポチョムキン』という特定の作品に関して仄めかされた，映画の有する政治的な意義・効果に対する認知度が相対的に高まった事を指摘し得る。DNVP 議員の鉄兜映画の禁止に関する質問，前出の KPD の Maslowski 議員の発言には，映画や映画検閲が有する党派的・政治的色彩，特に後者が自身の政治的立場と異なる仕方で運用されている事に対する敏感な反応が看取される。

　総じて，本選挙期に於ては，映画の娯楽・教育としての側面に加えて，政治的なメッセージを伝達する手段としての側面に就き認知度が高まった事が，重要な動きとして指摘し得る。尤も，この種の意見表明が DNVP 及び KPD と

◆ 第二章　検討の前提：映画検閲をめぐる議論の概況

いう反体制的政党からのみ行われ，これに対して体制内勢力に属する諸政党（の議員）が悉く従来の論調に留まっている事も，併せて注意を要する。

第五項　第五選挙期

　1930 年 9 月 14 日の選挙に基づき召集された第五選挙期のライヒ議会は，SPD が第一党としての地位を維持したものの（得票率 24.5%），その次に NSDAP と KPD が続いた。（得票率は夫々 18.3%, 13.1%）。SPD, DVP, DNVP は何れも勢力を後退させた。該選挙にあたっては既存政党の再編が生じ，DVP・DDP の合同による DStP（ドイツ国家党）の結党，DNVP からの離党者による諸政党の結成と連携の失敗，等が相次いだが，総じて与党勢力の結集に向けた動きは結実しなかった(30)。

　選挙の結果として成立した第二次 Brüning 内閣は，財政再建策の前提として，長期的な展望の下に国民の理解に基づく改革を行う方針を採った【平島, 1991, 234 頁以下】。併し，その方針は十分に実現されず，政党にもラント政府にも，又国民にも積極的な支持基盤を持たない同内閣は，財政再建の為の過酷な政策による国民の不満の増大と，それに対する Brüning 自身の無関心の悪循環の中で支持を喪失していく。然も，議会招集の要求を一貫して拒否し続けた事は，秩序維持という目的によるものだったとしても，却って反体制勢力や国防軍，及び大統領側近が非公式の場で接触する動きを活発化させ，結果としては議会に替わる権力基盤としての大統領の支持すらも失っていく。【平島, 1991, 294 頁以下】

　ライヒ議会では NSDAP と KPD が約 40% の議席を保有し，そのため大統領による緊急命令が多用され，会議数も立法数も激減している。更に NSDAP 及び KPD に加えて，Hugenberg の指導下で急進化した DNVP，その離党者から成る DL や CSVD，そして WP も緊急命令やヤング案の廃棄を求め，不信任案を提出する点で非協力的であった。【平島, 1991, 237 頁】

---

(30) 　以上の経緯に就き参照，平島, 1991, 206 頁以下。尤も，同 215 頁の注記は，得票率ベースから政党システムの変質を過度に強調すべきでないとする。第五選挙期のライヒ議会及び国内外の状況に就ては，Mommsen, 2009, S. 380ff. 及び Winkler, 2014, S. 491ff. を参照。

第一節　法実務に於ける議論：立法府の討論を素材として

　尚，第一章第一節で言及した1931年10月6日の緊急命令により映画法が改正され，「国家の存亡に関わる利益」が禁止事由として追加されたのは，この時期である。

[1] 映画法改正をめぐる主な議案
　A）1930年11月25日に提出された，Perlitins議員（Z）等による議案【Nr. 278, Bd. 448】は，以下のような議決を要請するものであった：
　「ドイツ国民の文化的に重要な（kulturbedeutsam）担い手としての宗教および宗教団体に対して十分な保護を保障し，低俗映画や倫理的に粗暴化させるような映画を許可せず，国家の権威や存立に危険を及ぼし空洞化させるような宣伝映画を上映せず，更に映画審査の分権化を行い，最後に広告のコントロールを実行するために諸ラントを討議に組み入れる，といった条件付で，映画法の改革の為の改正法を提示する事をライヒ政府に要求する。」
　併し，同議案が審議された形跡は無い。

　B）同年12月8日に提出されたMumm議員（DNVP），Simpfendorfer議員（CSVD）[31]，Lindeiner-Wildau議員（KVP）等による「映画法の改正に関する法律案」【Bd. 449, Nr. 476】は，概要下記の内容である。
　「第1条　1922年12月23日の文言における1920年5月12日の映画法は次のように改正される：
　1．§1は下記の規定によって置き替えられる
　§1　映画フィルムは，それが官庁による審査局（§§8, 13）によって許可された場合にのみ，公に上映するかまたは公の上映の目的で流通させる事が許

---

(31) CSVD = Christlich-Soziale Volksdienst（キリスト教社会人民奉仕党）は1929年に結党されたプロテスタント政党で，主にDNVPからの離脱者及び第二帝政期のキリスト教社会党（Christlich-sozialen Partei）の構成員から成り，農民・都市小ブルジョア・労働者層のプロテスタント勢力の支持獲得を目指した。党の方針はブルジョア的階級支配を宗教によって保護する事にあり，キリスト教信仰の伸長の為に教会・宗教団体の保護や低俗文書の撲滅を課題とした。同党は1930年のライヒ議会の選挙で一四議席を獲得したが，その後他の保守政党と同じくNSDAPの台頭を前に党勢を失った。参照，Fricke [et al., Hrsg.], Lexikon, Bd. 2, S. 464ff.; Huber, 1981, S. 175f.

◆第二章　検討の前提：映画検閲をめぐる議論の概況

される。映画フィルムの公の上映は，クラブ，協会および他の閉鎖的な集団（Gesellschaft）に於て上映と同視される。公のまたは公に承認された教育施設における学問的または芸術的な目的のために映画フィルムの上映は，許可を要しない。

　国内に於て製作された映画フィルムは，それが官庁による審査局によって許可された場合にのみ，公の上映のために海外に輸出する事ができる。禁止された国内の映画フィルムは，それによってドイツの声望への危険が憂慮されない場合には，海外に於て許可され得る。

　§1a　映画フィルムの許可は，申請に基づいて行われる。その映画フィルムの上映が，公の秩序または安全に危険を及ぼし，宗教や宗教上の慣習，宗教団体およびその奉仕者（Diener）への経緯を侵害し，粗暴にさせ又は倫理的に逸脱させる効果を有し，ドイツの声望またはドイツの外国との関係に危険を及ぼすような性質のものである事が審査から判明した場合には，許可は拒否されるものとする。粗暴にさせ又は倫理的に逸脱させる効果は，特に，映画フィルム［の内容］が低劣な本能を解放する事が見込まれる場合に，認められる。ドイツの声望への危険は，映画フィルムがドイツに不利な傾向を有する外国に於て上映される予定であるか，または上映される場合にも認められる；審査局は，この場合に，許可を原産国で上映されたヴァージョンによる外国の映画フィルムの審査にかからせる事ができる。

　更に，許可は，映画フィルムが価値の低い事柄，刺激欲または虚偽によって低劣な本能を充たす様なものである場合には，拒否される。

　許可の拒否の理由がただその一部にのみ該当する映画フィルムは，問題のある部分が上映に供されるポジから削除され，かつ審査局に提出され，又は審査局が問題のある部分が頒布されない事に就て保証を与えた場合には，許可されるものとする。併し，問題のある部分がそれ以上にその映画フィルムの主要な部分を成している場合には，拒否され得る。

　2．§2は下記のヴァージョンとなる：

　§2　無条件での上映に対して§1aの拒否事由が存在する映画フィルムは，特定の人的範囲（Personenkreis）の前で，又は限定された上映条件の下で許可され得る。」

第一節　法実務に於ける議論：立法府の討論を素材として

C）1930年12月9日にはFrick, Goebbels, Schemeer, Stöhr議員（いずれもNSDAP）等によって，下記の議案が提出されたが【Bd. 449, Nr. 502】，審議された形跡は無い。

「我々はライヒ政府に質問する：
1．今日の時代に於て特に崩壊をもたらし，国民の力を弱体化させる効果を持つ類の映画がこれ以上出現するのを不可能とするために，何を行おうと考えているのか。
2．その種の映画を公に上映する事を阻止するために，何を行おうと考えているのか。
3．ドイツ的な意識を有する (deutschbewusst) 国民をプロイセンの警察介入に抗して保護するために，何を行おうと考えているのか。
4．又ドイツ的な意識を有する国民のために，憲法に宣言されているデモンストレーションの自由を回復させるために，何を行おうと考えているのか。」

D）1931年1月26日には，Breitscheidt議員（SPD）等によって，下記の議案が提出されている【Bd. 450, Nr. 838】：
「第1条　映画法の§2は下記の文言とする：
　§2　無制限の上映に就ては§1の拒否事由が存する映画フィルムは，特定の人的範囲の前で，又は限定された上映条件の下では許可されるべきものとする。」

[2] 映画『西部戦線異常なし』をめぐる動向
　第五選挙期に具体的な問題として特に熱心に議論されたのが，映画『西部戦線異状なし (Im Westen Nichts Neues)』である[32]。同作品をめぐっては，議案だけでも下記のものが提出されている。
　A）1930年12月11日には，Spahn, Berndt, Schmidt議員（いずれも

---

(32) 同作品をめぐっては，UFITA, Bd. 4, S. 82ff. に，審査局の決定，これに対するラント政府・内務省等の関係者の意見，及び上級審査局の決定が掲載されている。

◆ 第二章　検討の前提：映画検閲をめぐる議論の概況

DNVP）により，により，下記の議案が提出されている【Bd. 449, Nr. 507】が，審議が為された形跡は見られない。

「ライヒ政府に対して，ドイツの声望に非常に深刻に侵害し，ドイツの国民感情を耐えがたい形で挑発する映画フィルム『西部戦線異状なし』の上映を終了させるために，直ちに必要な措置を講じる事を要求する。」

B）12月12日には，Breitscheid議員(SPD)等により，下記の「質問」が提出され【Bd. 449, Nr. 596】，1931年度予算に於て処理されたと記録されている。

「映画『西部戦線異状なし』を「ドイツの声望に危険を及ぼす」という理由で禁止する事は，共和主義者（Republikaner）や平和を支持する者（Friedensfreude）の大部分に憤激をもたらしている。多くの者によって，ナショナリスティックで憎悪を持った好戦主義者（Kriegshetzer）に抗する，平和や諸国民の和解の為の宣伝として迎えられたこの映画は，国内に於ても国外に於ても，世界大戦に於けるドイツ軍の品位を下げるものとして受け止められてはいない。ライヒ国防省，ライヒ外務省，ライヒ国務省の鑑定意見は，ドイツ国民の大部分の感覚に適合していない。」

「我々は質問する：
1．ライヒ政府は，上級審査局がそれに基づいてこの映画をドイツの声望に危険なものとするような材料を示す用意があるのか。
2．ライヒ政府は，この禁止がもたらした，海外に於けるドイツの深刻な政治的・経済的損害に対して，何を行おうと考えているのか。
3．ライヒ政府は，映画の新たな審査に際して，申請に応じて，ドイツ国民の平和と協調への意思に適合するような鑑定意見が制作者に与えられるように，その権限を行使する用意があるのか。」

C）12月16日にはDingeldey, Matz議員（いずれもDVP）等によって，下記の議案が提出されているが【Bd. 449, Nr. 604】，否決されている。

「ライヒ議会は［下記の様に］決議すべきである：
レマルクの映画『西部戦線異状なし』の上映の契機として示された，現行の映画法の欠陥を考慮し，できる限り速やかに映画法の草案を提案し，国家の名

第一節　法実務に於ける議論：立法府の討論を素材として

誉とドイツの声望を海外に於て有効に保護する事を、ライヒ政府に要求する。」

D）翌1931年2月26日には，Breitscheid議員（SPD）等によって，下記の議案が提出されている【Bd. 450, Nr. 838/839；前者は1931年3月31日の法律として成立，後者は可決】。

α）「ライヒ議会は［下記のように］決議すべきである：
下記の法案に憲法上の同意を付与する：
映画法の改正に関する法案／［…］／第1条　映画法§2は下記のヴァージョンとする：／§2　無制約の上映に対して§1の拒否事由が存在する映画フィルムは，特定の人的集団の前で，または限定された上映条件のもとで，許可されるものとする。」

β）「ライヒ議会は［下記のように］決議すべきである：
ライヒ議会は，映画『西部戦線異状なし』の禁止を，基本的に理由の無いものと解する。［ライヒ議会］は，製作者がこれを新たに提示した場合に，ライヒ政府がその映画の審査を速やかに行う用意を整えている事を期待する。」

E）1931年3月3日には，Gerecke, Thüngen, Dobrich議員（いずれもDL）[33]等によって下記の「外国映画によるドイツの声望の侵害に抗する法案」が提出され，第12委員会への移送が決定されている。

「映画フィルムは，その政策又はその流通に，ドイツの声望を侵害する様な映画フィルムを製作し又は流通させている企業が関与している場合には，ドイツにおける上映から排除される。ドイツの声望を侵害する映画が既にこの法律の施行前に製作され又は流通している場合には，その上映が以後継続されてい

---

(33)　DL = Deutsches Landvolk（キリスト教国家農民党），正式名称 Christlich-Nationale Bauern- und Landvolkpartei は1928年に，DNVPからの離党者が結成した政党の一つであり，農村部住民，特に中小農民の利益を代表していた。職能身分制による国家構成，私有財産の保護及びキリスト教的世界観の保護を主張し，反対に工業や農村部の支配階級や社会主義的な労働者運動を批判した。1930年代にはBrüning内閣を支持する勢力の一翼を構成し，また大ブルジョアによるファッショ化を支持したとされる。参照，Fricke [et al., Hrsg.], Lexikon, Bd. 1, S. 434ff.; Huber, 1981, S. 171.

◆ 第二章　検討の前提：映画検閲をめぐる議論の概況

る場合にのみ，排除される。」【Bd. 450, Nr. 861】

[3] 第49回会議　1931年3月23日の第49回会議では，「映画法の改正に関する第三審議」として，印刷資料838号の改正案（上記［1］D）に就て下記のような発言が為されている。

　A）Schreiber 議員（Z）は，上記印刷資料838号の映画法改正案に関して次のように意見を表明する。「議論の出発点となるのはレマルクの映画である。併し事柄を一般化し，禁止された映画を全て，特定の人的集団の前で，又は限定された上映条件の下で許可する可能性を付与する方向に向かわせるならば，この出発点は見失われてしまう。」「この法案によって検閲の崩壊がもたらされるという印象を禁じ得ない。」

　「ヴァイマール共和国では，広範な層の協力の下に映画検閲が創出されて」おり，又「全ての強大な文化国家が，国民的エートスという見地からも，公の秩序という見地からも，併しまた様々な国家的考慮からも，検閲を導入して」いる。

　「ドイツでは，映画検閲が検閲法律の個別の条項によって掘り崩され，妨害されている」。提案されている「Muss 規定」は「映画法を完全に骨抜きにする」ものであり，「Kann 規定によって代替されねばならない。」

　法案は次の様に修正されるべきである。「併し第1文の許可に就ては，倫理的に堕落させる効果を持つ，又は宗教的感情を侵害するという禁止事由に該当し，国家に対する危険をもたらし，又は一般的な刑法に違反する映画は例外とする。」

　「社会的集団なり政治的集団なり，特定の集団が［…］集会に集い，大集団を形成するならば［…］，どのような事になるか。二万から三万程の人々が，国家に危険を及ぼす性格の故に禁止された映画の影響を受けるとすれば，どのような事になるか。」「［映画］の機能を国民教育的に理解するなら，映画検閲の空洞化と崩壊に手を貸す事など出来ない。」【Bd. 445, S. 1876】

　B）Schmidt 議員（ChrSVP）[34]は，「［印刷物］838号の法案を教育委員会に移送する事を提案する。」「ここで問題になっているのは，ライヒ政府の政策全

第一節　法実務に於ける議論：立法府の討論を素材として

体に完全に違背するような法案である。」「年々，映画が公論に影響を与える重要な手段になってきている事は御存じだろう。最近でも，極端な［政治的内容の］映画の上映に際して警察が動員されており，［映画が公論に影響を与える事は］明確に示されている。」

　提出されている法案は，「極端な者達（Extremen）」に映画によって公論に影響力を行使する可能性を与えてしまう。法案は「Muss 規定」の体裁を有し，「§１によって禁止された映画は§２によって，特定の人的集団の前での上映を許されねばならない」。映画法の制定過程に拠れば，「特定の人的集団」には「特定の政党も含まれる」。即ち「あらゆる革命的なロシア映画を共産主義者の前で上映する事や，あらゆる反ユダヤ主義的な類の映画をナチスの前で上映する事，を許可する事が当局の義務とされる。」「今日，社会民主主義（Sozialdemokratie）が共産主義者やナチスによって苦しめられている時に，このような贈り物を与える事は理解し難い。」【Bd. 445, S. 1877】

　このほか，立法技術上の問題，倫理的に有害な映画が仮に不許可とされても，一定の人的集団で上映され得るならばさしたる経済的損失が生じない実態，」「煽動映画（Hetzfilm）や反宗教的映画，堕落的な映画」が増大している状況等に照らすならば，「映画法は実際には大部分が廃棄されている。」【Bd. 445, S. 1877-1878】

　Ｃ）von Lindeiner-Widlau 議員（KVP）は，「レマルク映画をめぐる紛争から生じた」この法案が「他の方面でも妥当する場合」に，「法律と立法府の声望を疑わしめる」「即席立法（Gelegenheitsgesetzesmacherei）」になる事に懸念を示す。同作品に対する態度は様々であり得るが，問題は「街頭闘争の外部に居る者に判断を委ねなければならない。」

　又「この提案によって，一定の種類の映画から生じる紛争の調停を達成出来ず，まさにその反対［の結果］になる事」にも懸念を表明する。最も重大なのは，映画法§２に関する「特定の人的集団」「限定された上映条件」という文

（34）　議事録には斯様な略号が記載されているが，これは CSVD（Christlich-Sozialer Volksdienst）の別表記又は誤記であり，本発言は同党所属の Albert Schmidt 議員によるものと推測される。

◆ 第二章　検討の前提：映画検閲をめぐる議論の概況

言が「行政警察の恣意」を抑止し得るほど明確ではなく，「行政規則による敷衍を要する」事である。行政による施行規則は「地域ごとに様々であろうし，［…］警察に不可能な労務提供を強いる事になる」。何故ならば，「場合によっては何千人という観客に就て，個々の客が特定の人的集団に属するか否か，を審査する事になる為である。」

「映画宣伝の領域での拘束を今放棄するならば，［…］最重要の一般公衆への宣伝手段に対する国家の影響力をも放棄する事になる」。「今日では，宣伝の手段は二つしか存在しない［…］それはラジオと映画である。ラジオでは公権力側が広範な影響力を確保しており，又様々な機会にこの宣伝の手段を利用する事に熟達している。」そのうえで，「現在の内政上の状況に於て，映画という宣伝の手段の利用に対する影響力を本当に諦めるつもりなのか」と問いかける。【Bd. 445, S. 1878-1879】

D）Löwenstein 議員（SPD）は，法案が「最近の上級審査局の活動」に由来する事を指摘する。「上級審査局が政治的理由から映画を禁止し，映画を不自然に短縮し，映画ではあり得ないようなものにしている」という経験が，背景には存在する。「政治的な理由に基づく一方的かつ政治的な上級審査局の決定」に照らして，「映画法が全く存在しなかった時代よりも悪い状況になっているのではないか，真剣に審査せねばならない。レマルク映画の禁止は，政治的に考えれば［…］国家を維持する要素の強化に資する事はない」。尤も，SPD もまた「粗暴な作品が上映される事が望んでいない」し，「公的生活の純粋性を希望している」。【Bd. 445, S. 1879-1880】

E）Wirth 国務大臣は，法案に就て，「限定された人的集団」に対してさえ上映に適さない映画が存在する事を指摘した上で，「Kann 規定」に修正する必要性を強調する。【Bd. 445, S. 1880】

F）von Thüngen 議員（DLP）は，「レマルク映画を［上映禁止］にも拘らず，限定された集団に対して上映する可能性をもたらす様な提案」に就て理解を示すが，「レマルク映画」以外にも「将来に於て何らかの人的集団が要求するな

第一節　法実務に於ける議論：立法府の討論を素材として

らば，［無制限の人的範囲に対する上映を禁止された］映画の上映を一般的に許す」可能性を指摘する。法案に拠れば，「ナチスもこの種の映画を例えばスポーツ宮殿（Sportpalast）で上映する自由を得る事にな」る。「共産主義者」等が要求した場合にも同断である。「状況によっては国家的利益の侵害が問題になる事を解っていながら，傍観せねばならない。」例えば「スポーツ宮殿で三千或いは四千の人間が［…］コントロールし得ないような集会を開催し，その集会で映画が上映される」場合が，これに該当する。【Bd. 445, S. 1881】

　Ｇ）Matz 議員（DVP）は，改正案が「映画法を骨抜きにする」ものだと評する。
　禁止事由の中でまず「外国におけるドイツの声望を危険にさらす事」に就ては，その意味は，該事由により禁止された映画が「国内で［…］特定の人的集団の前で上映される場合に明らかとなる」。その際，法案が人的集団と上映条件の両要件を「かつ」ではなく「又は」で連結している事を挙げて，後者の条件しだいでは前者の条件が無意味になる旨を主張する。
　次に「考え方を異にする者（Andersdenker）の宗教的感情の侵害」という禁止事由に就ては，この事由によって禁止されている映画が特定の集団の前で上映される事も排除されると主張する。此処でも，ナチスから「窮めて反ユダヤ的な映画を特定の人的集団［…］の前で上映するよう申請のあった場合」が例として提示されている。
　第三に「公の安全および秩序を危険にさらす事」という禁止事由に就ては，この事由に基づいて「映画審査局の同意が得られなかった映画」は「特定の人的集団の前でも上映が許されない事は［…］難なく賛同を得られるだろう」とする。
　第四に「道徳的・倫理的に堕落させる効果」という禁止事由に就ては，「医学映画」を例に挙げて，一見不道徳に見えても実際には「学問的性格」を有する映画が，「特定の人的集団に対して」窮めて有益である事を強調する。尤も，「映画の上映が［…］全く恣意的に集められた人的集団に対して許可される場合」には，審査局の「同意を得られないであろう」とする。
　更に，特に問題とすべきなのは「Muss 規定」，一般公衆に向けた上映が禁

◆ 第二章　検討の前提：映画検閲をめぐる議論の概況

止された「映画フィルムが［特定の人的集団又は上映条件の下で］許可されねばならない事」である。Z による「Kann 規定によって代替する」という提案には同意を表明する。【Bd. 445, S. 1882】

　H）Torgler 議員（KPD）は，「レマルク映画」や医療映画が禁止される一方で，「どうしようもないキッチュ映画」は許可されるという映画検閲の状況を批判する。更に国務大臣を含む政府関係者の関与した映画を「文化的反動の最も甚だしい現れ」と評し，映画をめぐる措置が「ドイツの文化的反動が社会的反動と並行している」と指摘する。「唯一の可能な解決は，この信じがたい反動的な映画法を排除する事だけである。」
　改正案に就ても，「禁止された閉鎖的団体で上映され得る事，そして要請が為される限り上映されねばならない事が［…］決定されるならば，映画の上映を要請する利害関係者，諸団体または政党が，いっそう警察の恣意に依存するようになる」。改正案によっても，一度禁止された映画が「閉鎖的な団体」で上映できるという保証は無い。【Bd. 445, S. 1883】

　I）Lemmer 議員（DStP）(35) は，「レマルク映画の解禁によって生じた事態」は映画法の欠陥から生じたものであり，「同法の改善により排除し得る」とする。又同作品の「上映を解禁する事が，我が国民の大多数の見解に合致する」とも述べる。併し，特に Z の要請する「Kann 規定」の導入は不要である。というのは，それによって「Z の提案が［…］含む前提条件をライヒ政府が常に考慮し得る状態になる」からである。【Bd. 445, S. 1883-1884】

（35）　DStP = Deutsche Staatspartei（ドイツ国家党）は，1930 年に DDP が保守系団体である国家人民ライヒ同盟（Volksnationalen Reichsvereinigung）と連携して，同年のライヒ議会選挙を目的として結成された政党である。同党は従来の共和国の政治に抗して「真の社会的国民的なドイツ国民国家」の設立を綱領に掲げ，そのほか私有財産の保護と経済に対する国家の統制の縮減，ドイツ文化にとってのキリスト教の基底性，等を主張した。併し党は結党直後から内部対立を抱え込み，離党者が続出する一方で，民主制や労働者階級への無理解から，NSDAP に対して他の政党と協調して抗する事もできなかった。参照，Fricke [et al., Hrsg.], Lexikon, Bd. 1, S. 574ff. 特に S. 604ff., Huber, 1981, S. 223ff., 更に前身であるドイツ民主党の歴史も含めて長尾，1998，146-182 頁。

第一節　法実務に於ける議論：立法府の討論を素材として

　以上の討論を経て採決が行われ，「許可されるべきものとする」という文言がKann規定即ち「許可され得る」と修正された上で，法案は可決されている。【S. 445, S. 1892】

　以上，第五選挙期の映画問題をめぐる提案及び討論を概観した。この時期の論議の中で重要と考えられるのは，次の諸点である。
　第一に，映画が公論の形成や宣伝の手段として承認されるに至った事が重要である。この点は第49回会議のSchmidt議員，von Lindeiner-Widlau議員の発言に最も明瞭に現れているが，同会議における上掲の諸議員の発言，更には『西部戦線異状なし』をめぐる提案・質問もこの事態を認識していると解される[36]。従来，映画が主に教育又は娯楽と関連して論じられ，特に公共部門の支援による文化的・教育的価値の向上（及びそれによる低俗作品の撲滅）が要請されたのに対して，この時期になると映画は，諸々の政治的党派・集団がその世界観・意見を伝達するものとして認識されるようになる[37]。

---

(36)　なお，同作品の公開の可否をめぐっては，公的機関による許可・禁止の繰り返しや意見表明があった外にも，DNVPやNSDAPによる反対運動，特に1930年12月には後者による集会や実力による上映妨害が行われた。参照，Petersen, 1995, S. 263f., クライマイアー, 2005, 343頁。更に同作品への反感の背景を含めて参照，Mommsen, 2009, S. 367ff.

(37)　斯様な動向は上級審査局の決定に於ても見受けられる。例えばUFITA, Bd. 4, S. 91で報告されている映画『Ins Dritte Reich（第三帝国へ）』は，SPDの関連団体が製作した映画で，また党員の集会での上映を目的として審査に付されたが，NSDAPを揶揄する内容が原因となって禁止処分を受けている。決定理由の中では，仮にこの種の映画の上映を許可するならば，他の政党や団体も同種の映画を製作・上映するようになり，NSDAPもまた同様の活動によって公の安全を害する事態になり得る事を指摘している（尤も，他の箇所では，NSDAPの反体制的な性格じたいは考慮すべきではないと述べている）【S. 92f.】。又，UFITA, Bd. 5, S. 399ff. では，映画『Kuhle Wampe（冷たい喉皮）』に関して，SPDの政策を風刺する内容が国家の扶助制度に対する信頼を失墜させ，ひいては共和制・民主制に依拠する国制の基礎を掘り崩すものである，という理由で上映を禁止されている。これらは個別の事例に過ぎないが，映画が政治的な表現の手段として用いられ，かつ政治過程・国家体制に対する害悪の可能性を理由として上映を禁止されていた事，の実例として位置づけられよう。

◆ 第二章　検討の前提：映画検閲をめぐる議論の概況

　第二に，映画検閲に対する発言も，第一の点との関係で変化が見られる。即ち，第四九回会議での Schmidt 議員，von Thüngen 議員，Matz 議員の発言に見られるように，極端な政治的態度，具体的にはナチス及び共産主義者による映画の上映に対する警戒感が明確に示されている。のみならず，同会議での Schreiber 議員や von Thüngen 議員の発言に見られる様に，極端な政治的内容の映画の上映に大量の観客が集う現象じたいの危険性も指摘される。

　印刷資料 838 号の改正案 §2 のような「一定の人的集団」「一定の上映条件」を付した上での上映許可を，義務的なものとするか（Muss 規定）否か（Kann 規定）に就て，上掲の第 49 回会議で盛んに議論されているのも，この事と関連している。つまり，Muss 規定とした場合には，極端な内容の映画でも一定の限定・条件を付すれば上映を許可せねばならなくなり，結果，そうした映画の含有するメッセージが引き続き少なからぬ観客に伝達される事になる，という危惧が背後に存する。

第四款　小　括

　以上，第二帝政期から WRV 末期までの議会に於ける映画問題をめぐる論議を，映画検閲の問題を中心として概観した。既に個々の時期毎に議論の概況に就て略述してきたが，此処で改めて全体を俯瞰すれば次のように言い得る。

　議会に於ける映画論議は，普及・大衆化と同時に大量に流通し始めた低俗映画を如何に撲滅するか，という問題関心に導かれてきたが，こうした低俗表現への対応という問題そのものは特に珍しいものではない。寧ろ重要なのは，この低俗映画への対応策として，単に警察による措置や検閲によってそれを排除していくだけでなく，映画館の設置段階に於ける審査や各種助成を通して積極的な貢献を行う，即ち国民特に青少年の教育に貢献し，あるいは健全な娯楽となる様な作品の製作・上映を促進すべき事が，盛んに提唱され続けた事である。

　こうした論議の動向は，1920 年映画法の制定後も直ちには変化せず，映画法の改正論議に於ても，審査に於ける考慮事項（地域ごとの倫理観の差異等）や人員の構成（各種専門家の参与）といった個別問題の改正提案という形で，公衆に供される映画作品の質的向上が考慮されていた。

　斯様な動向に変化が生じるのは，1920 年代中盤・第三選挙期の事である。

『戦艦ポチョムキン』という，政治的事件を扱った具体的作品をめぐる論議を契機として，映画が政治的問題を喚起する可能性，更には映画による政治的宣伝という問題が意識され始める。この問題関心は，WRV 体制の末期に近づくにつれて深刻なものとなり，KPD 及び NSDAP・「鉄兜団」をはじめとする各種団体の宣伝映画の上映，又上映に際して生じる群衆をめぐっても警戒感が示される。尤も，この種の問題が主流を占める事になるのも，第五選挙期になってからの事であり，その際にも映画の文化的意義は念頭に置かれていた。

　ライヒ議会に於ける論議の推移は，総じて，新規の媒体である映画に対する警戒感と期待感とが綯交ぜになった状況の中，それが既に発展・浸透している事態を前提としつつ，作品の水準の向上・低俗作品の撲滅という方向性に一貫して基礎づけられており，時間の経過と共に政治的な効果に対する警戒感が表明されるに至っても，この基本的な傾向には変化は無い。映画検閲の当否に就ては，第二帝政期からほぼ一貫してその許容性は自明の事とされており，ただその論拠が，議論全体の趨勢と連関して変化したに留まる。

第二節　学　説

　第二に，第二帝政期及び WRV 期の法学者・実務家による見解を概観する。
　既述の様に，映画検閲に関して法学の文献が詳細な議論を行う事例は多くない。これは当時の公法学の状況，特に基本権各論の問題が現在ほど詳細に論じられない状況，を踏まえれば異常ではなく，又映画検閲自体がさほど深刻な基本権の侵害として考えられていなかった，という状況の反映とも考えられる。併しそれでも，単なる法令上の与件という以上に映画検閲を実質的に肯定する理由を論者が見出しているとすれば，それは如何なる点であるのかを明確にする事が，本節の課題である。

第一款　第二帝政期

　先ず第二帝政期の学説を概観する。この時期の公法学の文献で，映画検閲の実質的な論拠に関する叙述を含むものは僅少である。この事態は，抑々映画が検閲を要する程に普及したのが 20 世紀，就中 1910 年代になってからであると

◆ 第二章　検討の前提：映画検閲をめぐる議論の概況

いう事実にも因るが，19 世紀半ばから実施されていた劇場検閲（Theaterzensur；劇場で上演される演劇に関して上演前に脚本・演出等に関して行われる事前審査）に就ても，事情は同様である。

　1）教科書・概説書のレベルでは，執筆された当時の法令上の与件，就中意見表明の自由・プレスの自由・検閲禁止を規定した憲法条項に関する解説に於て，その実質的な根拠に言及する事なく説明するに留まるものが殆どである。
　例えば，1850 年プロイセン憲法第 27 条は意見表明の自由を保障し，就中同第 2 項が「検閲は導入されてはならない；他のあらゆるプレスの自由の制約は立法の方法によってのみ［導入が許される］」と規定するが，その文言等に鑑みてプレスに対する検閲だけを禁止され，それ以外の表現媒体に対する規律を見出さないものが殆どである。1872 年の Hermann Schulze『ドイツ国法に基づくプロイセン国法』第 1 巻は，検閲とその禁止に関する歴史を略述するが，叙述の対象はプレスに限定されている【S. 393ff.】。又，1912 年の Gerhard Anschütz『1850 年 1 月 31 日のプロイセン憲法典』第 1 巻も同様に解釈し，演劇に対する検閲を除外する【S. 502f.】(38)。
　又，1819 年 9 月 25 日のヴュルテンベルク憲法第 28 条は「プレスと出版業（Presse und der Buchhandel）の自由」を規定するが，検閲禁止に関する文言は存在しない。そのためか，例えば Otto von Sarwey『ヴュルテンベルク王国国法』（1883 年）は「プレスの自由」と題する節の中で，カールスバート決議に於て検閲が復活したという文脈でプレス検閲に触れているが【S. 209ff.】，その外には言及は見られない。
　ライヒレベルの教科書・概説書では，例えば Georg Meyer『ドイツ国法教科書』（但し Gerhard Anschütz の改訂による第 7 版，1919 年）では，「行政の国内的事務」と題する章節に於て「治安警察（Sicherheitspolizei）」の一環としてプレス検閲と 1874 年 5 月 7 日のプレス法による廃止に言及され【S. 823】，ま

---

(38)　その前提として，演劇や映画を「意見表明」に含める事は「用語法に反する」としているが【S. 502】，この点は次章第 1 節で詳述する；尚プロイセンでは 1906 年 5 月 5 日の命令によって劇場検閲に関する規定が映画に拡大されているが，Anschütz はこれに言及していない。

第二節　学　説

た「臣民の法関係」と題する章節でもプレスの自由をめぐる歴史が略述される【S. 967】。これに対して，劇場部問は「行政の国内的事務」のうち「精神生活に関連する行政部門」に区分され，「学問及び文化の促進に資するべき施設」の一環として列挙されるに過ぎない【S. 825】。更に映画検閲に関する記述は見られない[39]。

　2）行政法の教科書・概説書では，例えば Edgar Loening『ドイツ行政法教科書』（1884 年）が「治安警察及びプレス」という章節でプレスの自由とその（特に刑事法上の）制限に関して叙述するが，劇場検閲に関する記述は見られない【S. 278ff.】。これに対して，Fritz Fleiner『ドイツ行政法提要』（1911 年）では，プレス及び演劇に対する警察上の措置が「公の法，公の秩序及び公の習俗を保護する責務」として位置づけられる。「個人の自由の無制約な活動」によって「個人及び公衆の法益」の「存在又は無瑕疵性を脅かす危険」が生じる事態を抑止する為に，「プレス警察」と「劇場警察」が必要とされる【S. 318f.】。警察上の許可に関する章節でも，劇場検閲がその一環として例示される【S. 325】が，劇場検閲の実質的な根拠には言及されず，更にこの段階では映画検閲にも言及は見られない。

　以上の如く，第二帝政期の教科書・概説書は，その媒体としての量的・質的な制約はあるにせよ，せいぜいのところ劇場検閲が行われている事実を摘示するに留まる。映画検閲に言及するものも，劇場検閲を含めた実質的な根拠に言及するものも，管見の限り皆無である。但し，Georg Meyer の様に，プレス検閲と劇場検閲を体系上異なる箇所に配置し，然も後者を精神生活に関する行政事務と位置付けるものが存する事は，前節で通覧した論議のうち初期のものと接続し得よう。

　3）以上に対して，映画検閲をめぐる法令や実務を解説・論評した文献も少なからず存在する。

---

(39)　なお以上の記述・体系上の配置は Anschütz が改訂を施す前の版（本稿製作に際して参照したものでは 1895 年の第四版）でも同様である。

◆ 第二章　検討の前提：映画検閲をめぐる議論の概況

　例えば Fritz Manasse『劇場及び映画検閲の法的基礎』(1913 年) は，映画検閲の法的根拠に就て同時代の他の論者の見解を比較しつつ検討を加える。その論述の焦点は，劇場検閲と映画検閲はその対象が生身の人間の演技か投射された映像かという相違がある事，従って双方には異なる法的根拠が求められる事にあり，それ以上に映画に対して検閲を行う必要性を具体的に検討するものではない。【S. 63ff.】

　併し，この種の文献には映画検閲の実質的な理由を提示するものも在る。

　例えば Hamm「映画の検閲」(1913 年，DJZ, 18. Jg., S. 430ff.)[40]は，命令に基づいて行われている映画検閲の法的根拠を法律，然もライヒ法律に替えるべき旨を提案する。その理由は，地域ごとの検閲では審査の結果に不平等が生じ，映画製作者側にとって演劇以上の損失を及ぼす虞がある事，又，より根本的には映画の爛熟によって生じている国民の習俗や文化に対する危険を抑止すべき事，特に低俗な商業的関心に基づく・児童に悪影響をもたらす映画の排除，にある。

　また Hans Müller-Sanders『プロイセンの映画検閲』(1912 年) は，Manasse と同様に映画検閲の形式的・法的な根拠に関する諸学説の検討を主な内容とするが，「道徳的に問題無しと言えない映画」の流通により「劇場を訪れる公衆との関係で重大な危険が生じて」おり，「教育的な内容の真面目な作品」が稀にしか上映されない事態を打開して，「上演が専ら高尚な芸術や教育に奉仕し」，映画館を「実際に国民教育の場」とする為には，検閲が必要であると述べる。【S. 1ff.】

　4) 更に，この時期に映画部門の改革をめぐって多くの著作を公表した Albert Hellwig は，繰り返し映画検閲の実質的な根拠に言及する[41]。

───────────

(40) 執筆者である Hamm のファーストネームは不明である。
(41) 尚，Hellwig は次款及び次章第一節でも取上げる様に，Hans Carl Nipperdey の編集によるハンドブックで「意見表明の自由」の項目を執筆している【Hellwig, in: Nipperdey [Hrsg.], 1930, S. 1ff.】。Hellwig の著述活動は主に犯罪学と映画問題を主題としており，実務では 1909 年に Frankfurt am Odel の区裁判所判事，1919 年に司法省の刑法・刑事訴訟法課長を歴任し，1921 年にはポツダム・ラント裁判所長に就任している（以上

第二節　学　説

　例えば1910年の論文「映画検閲」【Annalen des deutsches Reiches, 1910, S. 32ff., 96ff., 893ff.】では，映画の上映がプロイセン憲法及び諸法律上の意見表明の自由・プレスの自由や集会の自由に該当するか否かに就て，文言の意味や制定過程を引合いに出して否定的に解する[42]。そのうえで「この種の問題を純粋に法学的な側からのみ考察しようとし，且つ実務の側から問題を見ようとしないならば，それは適切ではなかろう」と述べる【S. 909】。具体的には，性的描写や犯罪を賛美する描写を含む低俗映画が特に青少年を堕落させる効果をもたらしており【S. 909f.】，映画を鑑賞する側の「公衆がいまだ成熟していない」事態に鑑みて，「問題の余地が無い映画が十分な理解を得る」ような状況を作り出す為に映画検閲の実施が必要とされる【S. 912】。然も，検閲による映画改革の必要性に就ては，映画製作者を含む利害関係者の賛同も得られている【S. 913】。「低俗映画が上映され得ないよう配慮するならば，改革は非常に容易になる。」確かに，検閲が「不合理な仕方で行使される場合には，映画関係者に対して不当な損害を少なからず与える」可能性も存する。併し，先ず必要なのは映画製作者や映画館所有者が「特定の映画が上映してよいものか否かを事前に知っている」事であり，従って「映画検閲がドイツ全土に於て統一して行使され」るべきである。【S. 914】[43]

第二款　WRV期
　次にWRV期の映画検閲をめぐる言説を取り上げる。前款と同様，此処では

　のプロフィールに就てはWeber, 1951, S. 124f. を参照した）。Hellwigはこの外にも映画問題に関する著作を数多く公表しており，1920年映画法の逐条解説も執筆している【Lichtspielgesetz, vom 12. Mai 1920 : nebst den ergänzenden reichsrechtlichen und landesrechtlichen Bestimmungen, 1921】。

(42)　S. 101ff. 及びS. 893ff. プレスの自由との関係に関しては，更にHellwig, 1912aが詳細に論じている。主な論拠は，プレス法に云う文書は読み手たる公衆が直接に内容を読み取り得る事を前提とするのに対して，映画フィルムから直接に内容を読み取る事は不可能であり，フィルムとは別個の上映された像を通して初めてそれが可能となる点に求められている。

(43)　なお，ドイツ全土に対する統一的な検閲の必要性はHellwig, 1912bでも強調されており，地域毎に不平等な検閲の不当性が理由とされる【S. 571】。

◆第二章　検討の前提：映画検閲をめぐる議論の概況

対象を法律学の文献に於ける論述に限定するが，映画検閲の実質的な正当化に関して論述を行うものは少数であり，他は憲法上の与件及び映画法の概観を示すに過ぎない。以下では，前者に属する Hermann Heller, Albert Hellwig, Kurt Häntzschel の三者の議論を取り上げる。

１）Heller

Heller は 1924 年の論文「基本権と基本義務」[44]で，検閲の禁止に関して次のように論じる。

「劇場に対しても，その俳優が何らかの自分自身の見解を表明しなければ，検閲は行われない。あらゆる意見の表明に何の制約もなくなる事は，まさに政治的および道徳的に過渡期の時代には，特に厚顔な営利心が脆弱で卑しい本能を専ら当て込んでいるような場合には，窮めて危険である。憲法は映画の検閲や低俗作品の撲滅に憲法上の基礎を与え，こうした認識を考慮している。」【GSII, 1971, S. 294f.】

即ち，Heller にとっては，映画の主たる問題は低俗作品にあり，映画検閲はこの悪影響から国民を保護する役割を果たす。この見方は，1920 年代前半までライヒ議会に於て優勢であった，国民の道徳的保護のために映画に対する措置を要求する意見と共通する部分を有する。

２）Hellwig

Hellwig は WRV 期に，Nipperdey の編集によるハンドブック『ライヒ憲法の基本権と基本義務　第 2 巻』（1930 年）の第 118 条に関する論稿【同書 S. 1ff. に掲載；以下，頁数のみを示す】で，次の様に論じる。

19 世紀の法発展に鑑みると，意見表明の自由は益々強く保障されるようになっており，「予測しうる期間のうちに，様々な方向性で自由な意見表明の権利が高度に制約される可能性がありそうにない」。併し，当該自由が如何に発展していくかは判然としない。又，「新しい強力な意見表明の方法とそれに因

---

(44)　以下では Gesammelte Schriften, Bd. 2, 1971 に収録されたヴァージョンを参照しており，頁数を GSII, 1971 の略号と共に示す】。

る,一般公衆に対する高度に危険な意見表明の濫用の可能性が生じた」事態に鑑み,それに起因する新たな制約もこの傾向から除外すべきである。従って,意見表明の自由の発展の基本的傾向を評価する際には,「印刷術が発明されてからの書籍検閲,劇場制度が取るに足らない端緒から高度に発展し,精神生活に於て役割を演じ始めてからの劇場検閲,映画の発明が何百万人という人間に強力な心理的作用により影響を与える事が可能になってからの映画検閲の導入は,除外せねばならない。」「放送による意見表明に対する何らかの制約措置」も同様である。併しそれらを除けば,「自由な意見表明は益々高度に承認されている」。【S. 1f.】

又,意見表明の自由の発展は,「一般公衆への危険」をもたらす「高度の可能性」を伴っており,これを排除する「公の利益」に鑑みて,この自由の制約に起因する「損失が甘受され得る」。「全ての近代的文化国家に於て近年為されている」映画検閲により「危険な低俗映画に対抗する」試み,「低俗文書を撲滅するための法律」,及び「興行」に於て「少なくとも青少年保護の利益に於て一定の保護措置を従前よりも広範囲に行おうとする努力」は,この観点から説明される。【S. 3f.】

斯様に,Hellwig は映画検閲を意見表明の自由の発展の例外として位置づける。この権利の歴史的発展に於ては,その時々に新しく発明された強大な影響力を有する表現媒体に関しては例外的な取扱=検閲等の国家による規制が行われてきたのが常であり,一般公衆に対する危険という観点からも正当化される。映画検閲が「危険な低俗映画に対抗する」試みとされている点を重視するならば,彼も Heller と同じ様に低俗作品からの保護という点に,映画検閲の実質的な根拠を求めていたと考えられる。

3)Häntzchel

Häntzchel は,Anschütz 及び Thoma の編集による『ドイツ国法ハンドブック第 2 巻』(1932 年)に収められた「§ 105　自由な意見表明の権利」【S. 651ff.】に於て,次のように論じる。

「多数の複製が同時に頒布される事による映画の強い精神的効果を除くとしても——劇場に於ては劇場経営者の経済的損害なしに事後検閲によりいつでも

◆ 第二章　検討の前提：映画検閲をめぐる議論の概況

変更が命じられ得るが，これに対して一度多数の複製がライヒ全土に頒布された映画は，回収されて命じられた変更が実行されるまでの間，上映計画の全期間にわたって［上映が］中断されねばならない事にも留意すべきである。それによって映画産業界および映画館は深刻な損害を被るから，映画検閲の維持は映画産業界自身の利益でもある。」【S. 668f., Anm39】

Häntzchel は，Hellwig と同じように映画の強大な影響力に言及するが，加えて映画産業界の利益を強調する。即ち，映画が膨大な費用をかけて制作される以上，事後的に警察の介入によって上映を禁止されるよりも，事前の検閲によって上映が可能か否かを知り得る方が，経済的な損失を回避し得るというのである。これは映画法制定以前の，統一的な検閲制度の創設を求める意見と類似している。

4）その他の文献

以上の外，1920 年映画法を前提として映画検閲の制度及び実務を主題とする文献に於ても，映画検閲が要請される実質的な理由に言及するものが存在する。

例えば，Ernst Eckstein『ドイツ映画法』（1924 年）は，「映画法はまことに困難な法及び文化政策をめぐる闘争の結果そして妥協である」と評し，映画部門での「ライヒ立法の課題」を「検閲の統一」「映画経営に対する事後的な介入に対する映画産業の確固たる基礎と保護の創設」，「その範囲が窮めて疑わしい警察上の権限の拡大」，「有害な映画の禁止を可能とする事」及び「青少年保護」と整理する。【S. 134】併し同時に，映画検閲に関する法令の解釈に際しては，映画が「演劇やプレスと同様の権利」を享受し，「映画の価値が低いからといって異なる基準［の適用］が正当化されてはならない」事に注意せねばならない。更に，映画が低俗な欲求に訴えかける場合があるとしても，検閲によって「映画が芸術的に注目すべき新たな領域へ発展する事が阻」まれてはならない。【S. 136】

又，Hennig von Boehmer/Helmut Reit『経済と法の中の映画：その成り立ちと評価』（1933 年）は，「映画検閲の正当化」と題する節で，次の様に述べる。映画検閲は「映画の特に強烈な作用」により正当化される。映画は「新聞や，

演劇に対してさえ，本質的により強力な作用を発揮し，然もその広範な伝達と強大な<u>示唆力（Suggestivkraft）</u>に於て，公の秩序と安全との関係で及び国民の倫理との関係で災厄をもたらす性質が有る」。更に，映画検閲を廃止すれば「文化的に価値のある映画を製作する制作者が，競争の中で厚顔無恥な映画を製作せねばならなくなる」から，検閲を実践してこれを抑止する必要がある。【S. 32f.】

第三款　小　括

本節では，第二帝政期から WRV 期までの学説を概観した。

学説・文献のレベルでは，議会とは異なり，第二帝政期の教科書・概説書に言及しないものが多いという点を除けば，その関心・視角は WRV 末期までさしたる変化は見られない。即ち，第一には映画という媒体の有する強い心理的影響力，特に倫理的に問題のある影響力に対する個人の保護という観点，第二にそうした影響力の淵源である低俗作品の撲滅という観点，第三には分散的・地域的な措置が為される事による制作者・上映者の（演劇の比にならない）経済的損失の回避，という諸点に集約される。

此処で取り上げた学説は，殆どが教科書や概説書，ハンドブックの一節として映画・映画検閲の問題に言及するに過ぎない。その為，引用した部分の叙述を前節で取り上げたライヒ議会の審議過程とを比較して，前者の思考が浅薄であったと推定する事は適切ではない。併し，学説，更に広く法実務に関する文献を探索しても，それ以上に詳細な論述が見出されない事も事実である。特に第五選挙期のライヒ議会の審議に見られるような，映画の有する政治的な影響力・問題に対する関心・考慮は，仮に為されていたとしても，文面には現れていない。

◆ 第三章　分析 1：映画検閲と「討論」の観念

　本章からは，前章で概観した映画検閲をめぐる議論の概況を前提として，第一章で設定した課題に関する分析を行う。具体的にはテクスト A，即ち 1928 年刊行『憲法論』の論述が此処での分析対象である。

　具体的には，第一章第二節で抽出された個別の問題を踏まえ，先ずシュミットが明示的に前提とする「意見」概念の確定と比較検討を行い（第一節），次にシュミットの基本権の中で意見表明の自由が有する位置（第二節），更にその基本権論が位置付けられる処の市民的法治国家論，就中その基本原理とされる「討論」の概念，に関する検討を行い（第三節），テクスト A の終盤に登場する「政治的なもの」がこの時点で有する意味に就て検討を行った後（第四節），以て映画検閲論が（単なる基本権各論の問題としてではなく）市民的法治国論・自由主義論との関係で有する意義を検討する（小括）。

第一節　「意見」の概念

　検閲禁止及びその例外を含有する WRV 第 118 条は，自由に「意見」を表明する権利を保障するが，シュミットはテクスト A に於て，映画検閲が許容される謂わば法文上の根拠として，抑々映画が「意見」の表明に該当しない旨指摘する。この主張を正面から受け止めるならば，映画に対して検閲を行う事も，意見表明の自由に対する制約の問題とはならない。

　既述の様に（第一章第二節），シュミットは Karl Rothenbücher の見解に依拠しつつ「意見」を「公表された根本的な種類の態度決定」と理解するが，この規定が同時代の，及び前時代の規定との関係で如何に位置づけられるか，が第一の問題である。

　尤も，WRV 第 118 条第 2 項第 1 文に映画検閲を許容する旨が書かれている以上，「意見」の文言にまで遡って法文上の理由付けを行う必要は存在せず，

◆ 第三章　分析１：映画検閲と「討論」の観念

従ってこの文言に関する検討を行う必要は無いかに見える。併し，検閲禁止が意見表明の自由と密接に関連しているとすれば，或る表現手段・媒体が「意見」の表明とされない事は検閲を許容する論拠となり得るから，該問題を考究する意義は否定されない。

以下では，WRV 第 118 条，及びそれに先行する第二帝政期の各憲法に於ける意見表明の自由に関する主な釈義を概観し，シュミットの「意見」概念の位置を測定する。

第一款　第二帝政期

第二帝政期の学説で「意見」に関する釈義を与える文献としては，前出の Anschütz『プロイセン国憲法典』第 1 巻（1912 年）が挙げられる。

同書は，第 27 条第 1 項（「全てのプロイセン人は，言葉，文書，印刷物および図像による描写によってその意見を自由に表明する権利を有する。」）に含まれる「意見」という文言に関して，次のような釈義を与える。

「『意見』とは，それが如何なる形式で為されるかは関係なく「表現（Äusserung）」がそこから発する所の思想の表現である。それゆえ，確かにそこで言葉が話されたり，或いは歌われたり，あるいは図像による描写が作出されるとしても，併し，話者等がその思想を表現しようとするのでないものは，「意見表明」ではない。それは表現ではあるが，意見表明ではない。ここには，娯楽を目的とするあらゆる種類の興行（Aufführung）や見世物（Schaustellung）が属して居り，そこに高次の芸術的利益が存在するか否かは関係がない。劇場での上演，コンサート，朗読，映画の上映を「意見表明」の活動としようとするならば，それは語の慣用にも反するであろう［…］。それゆえ，その種の上演（Darbietung）に対して公の安全・倫理および秩序を保護するために介入する警察の権限，特に所謂劇場検閲は，第 27 条によって変更されていない。」【S. 502】

1912 年の出版である事に鑑みて，Anschütz は映画及び映画検閲の存在を知った上で以上の箇所を執筆していると考えられるが，映画（の上映）は第 27 条で保障された意見の表明に該当しないと述べられる。此処で消極的な見解を導く鍵となるのは「思想」の概念であり，その具体的な内容は敷衍されていな

第一節　「意見」の概念

いものの，娯楽を目的とする諸々の表現物がそこから排除されている。

又，第２項の検閲禁止に就ても，「ただ歴史的意味の検閲，プレス検閲（印刷物検閲）だけが『検閲』のもとに理解すべきであ」り，「劇場警察」は検閲禁止と関係がないとされる【S. 502】。明示的には言及されていないが，如上の第１項の釈義と併せれば，映画検閲も「歴史的意味の検閲」ではないものとして許容される事になろう。

尚，Anschütz は WRV 期にも逐条解説『1919 年 8 月 11 日のドイツライヒ憲法』を刊行しているが（初版 1921 年；第 14 版 1933 年），此方ではその最終版まで，「意見」概念に関する釈義は示されていない。

第二款　WRV 期

１）Giese

Friedrich Giese は『1919 年 8 月 11 日のドイツライヒ憲法』（1921 年）で，「表現する者自身の思想が主張されねばならない」と述べる。そして「「意見」の表明」に属さないものの実例として，「コンサート，朗読，演劇の上演」が挙げられる。【S. 278】

此処では，映画に直接の言及こそ無いが，「思想」という要件に加えて，その思想を有する主体と表現する主体との一致が求められている点が注目される。

２）Heller

Hermann Heller は，前出の論文「基本権と基本義務」に於て，意見表明の自由を「官憲（教会，国家）の許可なしに自らの思想を公表する自由」と規定する。又，検閲の禁止に就ては，「劇場に対しても，その俳優が何らかの自分自身の見解を表明しなければ，検閲は行われない。」併し，先に見た通り（第二章第二節第二款）「政治的および道徳的に過渡期の時代」であることを理由として，憲法は映画の検閲や低俗作品の撲滅に憲法上の基礎を与えている。【GSII, 1971, S. 294f.】

つまり此処でも意見表明の自由は「思想」の概念を指標としており，「自分自身の見解」である事を要件とする口吻を見せる点で Giese にも通じる。尤も，前款の Anschütz とは異なり，映画検閲が「政治的及び道徳的に過渡期」であ

◆ 第三章　分析１：映画検閲と「討論」の観念

るという社会情勢及び低俗作品の横行という現実に鑑みて容認されている事は，前章で見た通りである。

　３）Rothenbücher

　以上に対してより立ち入った論述が行われるのが，「意見表明の自由」を論題とする 1927 年の第四回国法学者大会の Karl Rothenbücher 及び Rudolf Smend の報告である。【以下，両者の論述に就ては，Veröffentlichungen der Vereinigung der Deutschen Staatsrechtslehrer Heft 4, 1928 の頁数のみを示す。】

　Rothenbücher によれば，意見表明の自由の基礎づけをめぐっては，二つの意見が対立している。即ち，第一に，「この自由が個人のためにではなく，何か客観的なもの，真実のために，人権としてではなく，社会の構成のための原理として要請されて」おり，意見表明は「根本的な種類の意見，神，世界，国家，社会に関する何らかの見解だけである」という理解【S. 11】，第二に，「自由に意見や感情を表明する事を許される事は，生得で不可譲の，国家のあらゆる許可から独立の，万人の，全ての人間それ自体の権利」であり，「それが重要ではなくとも，何らかの精神的な実体（geistiges Wesen）の表現に及ぶ」という理解である【S. 13f.】。

　この対立が生じる原因は，「他の意見をそれが真実でない，倫理的でない，それが危険だから抑制してよいという見解が益々発展している」事だけではない。「歴史的な状況は決して持続せず，絶えず変化する」為に，「法思想は新しい状況に対して常に新たに態度を取り，従来の法思想をそれに対して主張し得るか否か，可能とすればどの程度かを明らかにせねばならない」からでもある【S. 14】。

　具体的には，第一に，「技術的な発明」によって常に新たな問題が生じる。「自由な意見表明の権利という思想は，専らプレスのうちに存する可能性という観点によって形を与えられ，限界づけられており，多くの場合はプレスの自由と本質的に連関している様にすら見える。」併し，「劇場が専ら教会や宮廷の施設である事を止め，資本主義的な企業となるや否や，劇場検閲の問題が生じた。」同様に，「精神的内容の伝達の新たな可能性としての映画と放送部門は，我々に新たに態度を決する事を求めて」いる。併し，意見表明の自由という

第一節 「意見」の概念

「権利の行使をどの程度限界づけねばならないのか」は未だ明らかではない【S. 14】。

又，第二に，法思想や法命題は特定の事情の下で成立するが，現実の状況が変化してもそのままの形式・内容である事が多い。このため，同じ法思想や法命題の効果や機能が変化した可能性があるにも拘らず，なおそれが妥当するか，という問題が生じる。意見表明の自由は元来，「真実や精神的な価値に関する学問的および宗教的闘争の必要」から生じた権利であるが，その権利を単に「好奇心」や「低劣な欲求」に訴えかけ，或いは「低俗作品」によって利益を上げる為に利用する様な事が許されるか，が問われる事になる。「プレスの自由は認識（Erkenntnis），宗教的洞察（Einsicht），国家の自由のために同胞（Mitmenschen）に語りかけようとする者のために規定されていた。」併し「今日では，その者が何か［有益な事柄］を言おうと言うまいと，そうした事柄のためであろうと，あからさまに金銭のためであろうと関係なく，万人に有利に帰属する」権利となっている。【S. 15】

ドイツに於ける意見表明の自由に就て先ず問題となるのは，権利の内容，特に「意見」の意味である。「あらゆる言葉，あらゆる冗談，あらゆる下品な歓談（Zote）が意見の表明なのか。名刺，新聞広告，求人広告は意見の表明なのか。活動写真（Aktphotographie），所謂「レヴュー」での裸の女性や男性の見世物（Schaustellung）は意見の表明なのか。」【S. 15】

プレスの自由と意見表明の自由は部分的に重なり合うが，前者で保護される印刷物が全て意見を内容とする訳ではない。新聞の報道は，意見ではなく「事実」に属する。「意見（Meinen）は，せいぜいのところ，報道を行う者がその事実を重要だとか，注目すべきだとか，真実であると考える限りで存在するにすぎない。つまり，報道は確かに精神的内容の表明ではあるが，本来は意見の表明ではない。」【S. 15】。これに対して，新聞の社説では「特定の歴史的な出来事が如何にして起こったのか，ある政治家が正しく，又は間違った仕方で行動した事」が表現されている。併し「非常に多くの場合，抑々如何に行動すべきであるのか，何か政治の正しい目標であり正しい手段なのか，といった様に基本的な種類の意見が実際に存在する」【S. 16】。

斯様な考察に基づいて，「精神的内容の表現」の範囲を広狭に区別する必要

◆ 第三章　分析１：映画検閲と「討論」の観念

があると論じられる。即ち，第一に「何らかの精神的内容又は感覚を表現した人間の表現，何らかの精神的内容の言葉および言葉のイメージ（Wortgebilde），語られたもの，書かれたもの，要するに何らかの伝達されたもの」。此処には，身振りや「何らかの仕方で，何らかの道具を用いて「上演される」音楽作品」も含まれる。これに対して，第二に，表現の中でも「根本的な種類の態度決定，何か一般的に妥当すべき態度決定を認識させる事によって特徴づけられる表現」が存在する。この種の表現は「『抑々世界が如何にあるべきか』に関する見解，何が『存在する』かに関する見解，『抑々何が存在し，常に存在し続けるべきか』に関する見解』」等に於て最も明確に現れる。此処には「あらゆる学問的な学説，倫理および法学説，広義の世界観が属する」が，更に「[本来の意味が]包み隠された形での」，例えば旗・色彩等による「象徴的な（sinn-bildlich）」表現も含まれ得る。【S. 16】

映画に就ては，「あらゆる場合に第118条第１項の意味での意見表明の権利の問題となる訳ではな」い。「非常に多くの映画フィルムは，単なる何らかの精神的または感覚的内容を表現してはいるが，此処で扱った意味での［根本的な態度決定としての］「意見」を背後に有さないか，少なくとも認識できる形で際立たせていない。」「併し，そこに『意見』が表現される事もあり得る。我々は，まさに映画が，公の精神に特定の政治的または世界観という意味で影響を与える為の卓越した手段である事を知っている。」映画に関する規律を行う際には「自由な意見表明の権利が［…］確保されねばならない。」【S. 20】

以上の様に，Rothenbücher は「意見」の文言を詳細に「根本的な種類の態度表明」と解釈し，単なる「精神的内容の表現」と対比する。双方のうち WRV 第118条の解釈に於て採用すべき立場は明確に表明されていないが，狭義の見解を妥当させようとするものと推測される。映画に就ては多くが「意見」の表明に該当しないとされるが，「公の精神に特定の政治的または世界観という意味で影響を与える」場合がある事，従って意見表明の自由の保護を受ける場合がある事も承認される。

又，映画との関連では，その影響力が承認されているだけでなく，それが「意見」に該当し得る事が認められ，映画の法的規律（映画検閲をめぐる規律も含むと考えられる）に於て基本権を尊重すべき旨を明言している事が，注目さ

第一節　「意見」の概念

れる。
　尚，既述の通りシュミットの「意見」概念の直接の典拠はこの見解である。尤も，シュミットが映画のカテゴリカルな排除を承認しているのに対して，Rothenbücher があくまで個別の場合による事，従って映画法制に関しても該権利を尊重する必要性を訴える点に差異が存する。

　4）Smend
　同じく国法学者大会で報告を行った Rudolf Smend は，所謂「精神科学的方法」に基づく憲法解釈論，及び，WRV 第118条第1項の「一般的法律」に関する比較衡量論に基づく解釈，を提唱しているが，本稿にとっては特に次の論述が重要である。
　WRV 第118条によって保護される対象は，同条が「個人」という表題の付された第二編第一章に置かれているために，誤解されている。即ち，「意見表明の自由は従来より良心や思想の自由と緊密に連関しており，個人の人格的価値として保護される基本権からの帰結として正当化され」ており，「真実を語る事が許されるという，個人にとって倫理的に不可欠な生活の過程（Lebensluft）の一部分」と理解されている。併し，この自由の意味はそれに限られない。啓蒙思想が「意見の自由と公開性のうちに，正しい意見と政治的倫理性の自動的で実効的な組織化を見ていた」のと同じく，「今日の解釈」は該権利を「政治的な共同生活そのものの最重要の前提及び形式」と理解している。この「社会的性格」は，プレスの本質を「公的な制度（Einrichtung）」と見る「制度的解釈」にも，集会・結社の自由との関連でも，当てはまる。「ヴァイマール憲法が象徴，記章（Abzeichen），旗，及びそれと同種のものを用いた示威行動による（demonstrativ）意見表明をもこの基本権に編入しているとすれば，憲法はそれによって基本権のこうした性格を強めている。なぜなら此処では特に，明白にその種の形式に於て表現され，それによって宣伝される（werben）集団生活の表現が問題となっているからである。」
　「意見表明の社会的，集団形成的（gruppenbildend）機能は，この基本権の動機及び意味であるというだけでなく，それによって保護された構成要件に属する。この基本権が誤解を招く事に個人の基本権として位置づけられているにも

◆ 第三章　分析1：映画検閲と「討論」の観念

拘らず，集団意思や集団生活の極めて様々な作用形式，特に集団の名における宣伝，アジテーション，示威行動がこの基本権に含まれる。」【以上，S. 49-50】

　Smend の報告はそれ以上に詳しく「意見」の概念を規定していないが，少なくとも象徴・記章・デモンストレーション等も意見表明の自由に含まれる事，又単に個人の権利のみならず「政治的な共同生活一般の最重要の前提及び形式」という社会的性格を有する事，は重要である。

　なお，報告では映画に言及する箇所は存しない。併し，以上の言明からすれば，Rothenbücher の述べるような「意見」を含まないとしても，象徴による表現等として意見表明の自由の保護を受ける，という解釈が成り立つ。

5）Hellwig

　Hellwig は，前出の Nipperdey 編集のハンドブックに於て次のように論じる。【以下，Die Grundrechte und Grundpflichten der Reichsverfassung, Bd. 2, 1930 の頁数のみを記す。】

　前章で引用した様に，意見表明の自由の保障は強固となる傾向にあるが，一方では技術の発達に応じて劇場検閲・映画検閲等の措置が採られてきた。【S. 2】該自由は全ての国民の為に保障されており，その動機や関心は問題とならない。併し，技術の発達に起因する一般公衆への危険を排除する為に採られる制約は甘受すべきものであり，映画検閲もこの一環を成す。【S. 3f.】

　過去一世紀の発展に鑑みれば，自由な意見表明の権利は益々強固に保障される様になっており，「憲法に於て，自由な意見表明という原則は，生来で不可譲の，国家によるあらゆる許可から独立した，然もその者の述べる所が意義のある事か無意味な事か，真実か虚偽かに関係なく，その意見や感情を自由に表明し得る権利そのもの」という形式を採っている。【S. 5f.】

　併し「人権宣言に表現された思想」が共通だとしても，「歴史的発展の特殊性によって，また実定法の規定によって，個別の国家における基本権の形姿は様々である。」前者の思想が妥当するのは，「ドイツの法，特にまたライヒ憲法として現行法となった限りで」の事に過ぎない。又，「この基本権は立法によって基本的に任意に制約され得る。」「意見表明の自由が如何なる範囲で存在し，如何なる範囲でそうではないのか，それは時々に於て妥当する実体法の規

第一節 「意見」の概念

定の連関から初めて明らかとなる」。【S. 10f.】

　尤も，法令による制約が許容されるとしても，意見表明の自由を憲法に規定する事には，Smend が述べる通り「その標示によってドイツ国民が憲法に向けて一つであろうとする」「高次の政治的利益」を示す意味がある。意見表明の自由は「直接に実際の法的帰結」をもたらし，「現行の法秩序の基本的傾向を表示する。」即ち，該自由の表明は，「ドイツの法秩序が，疑わしい場合には意見表明の自由が無制約である所から出発する旨の表現である。」【S. 11】

　併し，該自由の承認は「あらゆる不道徳に対して自由を許す」ものではない。「社会的秩序の枠内に於ける倫理的自由」という考え方の下，WRV は個人が「社会に拘束されている事」を「厳格に考慮している」。「個人の基本権が問題となる場合でも，最終的には［…］一般公衆のために存在する価値の為に付与された権利が問題となる。」その行使に対する制約は該自由に「原則として内包されたもの」であり，個別の制約の在り方は「具体的な政治的及び文化的事情に依存する。」【S. 12】

　意見表明の自由はその「行使が公の利益にとって望ましく価値があるか否かに関係なく保護される」。これに対して「新しい立法に於ては，一般公衆に対して何らかの価値を創出し得るような意見表明だけが顧慮に値する，という思想が台頭している。」【S. 12】併し「意見表明の自由はそれが良く利用されるか悪用されるかに関係なく基本的な自由権の核心を成し」，「それによって諸力の自由な競争が最終的に真の進歩を保障し，又真実がこの方法で最も確実に実現され，結局は善なるものが勝利する」という「希望」に支えられている。

　更に，「意見」の文言に就ては次の様に論じられる。「言葉等により何らかの価値判断が表明されるべき場合，裸の事実が伝達されるのではなく其処から結論が引き出される場合，事実により感覚が引き起こされた場合，第三者に伝達者の主観的な態度表明の認識が伝達されるべき場合，及びそれがもしかすると何らかの方法で悟性または感性による態度表明を促す場合，にのみ意見が存在すると言える。」「表明された意見が価値のあるものか否か，それが態度表明として何か一般的に妥当しようとする根本的なものか，学問，国家・社会・世界観または芸術の分野における狭義の意見が問題となるのか，或いは何ら注意を惹くものではなく何か全く任意の領域に於ける他愛のない表現が問題となるの

◆ 第三章　分析1：映画検閲と「討論」の観念

か，といった事はどうでもよい」。又，意見表明と事実の伝達とを厳格に区別する事は不可能である。「意見の表明として性格づけられる表現は，原則として思想の表明であり，又，第一次的には第三者の理解に向けられている。」【S. 15f.】

併し，或る表現が「端から第三者に何らかの価値判断或いは行動を引き起こす傾向を追求せず，感覚的な雰囲気を第三者に引き起こす事を自己目的として基本的に満足する様なもの」である場合には，意見表明に該当しない。従って，「原則として音楽の上演，喜劇，他の多くの劇場での上演，大半の映画や他の興行の上映・上演は，それが芸術的な価値を有していようとも，意見の表明ではない。」併しそれでも，個別の場合ごとに結論は異なり，「例えば政治的な歌を歌う事，性病の撲滅のために宣伝を行うとか，アルコールと闘うとか，ソヴィエト・ロシアを宣伝するとか，戦争を称揚する様な映画を上映する事［…］は，一貫して意見の表明であり得る。」【S. 16】

以上を要するに，意見表明の自由の保障が強固となる傾向は承認されるが，その為の技術の発展に伴う一般公衆への危険を抑止する為の制約も承認される（映画検閲も此処から正当化される）。然も，権利の具体的な形姿は最終的には個別の国家の法制によって様々であり得る。併し，意見表明の自由が憲法上規定される事には，「疑わしい場合」には自由を優先すべしとの原則を表明する意義がある。又，その根底には，諸力の自由な競争が最終的に真理を保障するという思考が在る。

「意見」の概念に就ては，それが先ず表現者の主観的な態度表明であり，且つ受け手の側で「理解」を喚起するものであると論じられる。此れはAnschützよりも詳細な釈義であり，「一般的に妥当する」「根本的な」ものである事を要求しない点でRothenbücherよりも広範といえる。更に，個別の表現が「意見」の表明に該当するか否かは最終的には個別の事例に依存するものとされ，映画の上映も「大半」はそれに該当しないが，併し意見表明に該当する余地がある事は承認される。

6）Häntzschel

Kurt Häntzschelは，前出のAnschütz/Thomaの編集によるハンドブック

第一節 「意見」の概念

に於て次のように論じる。【以下，Anschütz/ Thoma[Hrsg.], Handbuch des deutschen Staatsrechts, Bd. 2, 1932 の頁数のみを示す。】

　意見表明の自由は，「個人の精神の自由に対する要求と国家権力によるその権威の自己主張と，支配的な国家的・社会的形式の維持への努力との間の絶えざる闘争」の結果として成立した。【S. 651】この権利は当初は個人主義的だったが，WRV を「全体として」考察するならば，「もはや純粋に個人主義的な思想ではなく，[…] 一般公衆（Allgemeinheit）への考慮も同程度に，ヴァイマール憲法の全規定の最終目的である」。意見表明の自由は「もはやそれ自身のために保障されているのではなく，個人の精神の自由によって国民の精神的な発展を全体として保護し促進するという，より高次の，更なる目的を伴っている。人間の諸力の成長にとって，精神的・文化的生活のあらゆる領域に於て，新しい思想や新しい精神的な方向性が発展の余地を有する事は不可欠であり[…]，従ってヴァイマール憲法は国家および共同体生活の最も重要な基礎として意見表明の自由の原則を設けた。」【S. 652】「意見表明の自由は，他の一連の基本権および自由権，例えば，結社・集会の自由や学問および教授の自由と同様に，精神の自由という偉大な法益の流出物である。」【S. 653】

　WRV 第118条は「意見表明だけを保護する」。併し，「意見表明とその他の表現との境界線は流動的であ」る。【S. 654】同条の「精神」に照らせば，「この基本権の目的，即ち意見を形成しつつ，説得しつつ全体に作用するという個人の権利の保障に，又精神的な力の発展を全ての生活領域に於て促進するという全体の利益に適合するような」解釈をすべきである。【S. 655】

　斯様な見地からすれば，Rothenbücher の解釈は，意見の概念を「基本的な性質」の「一般的に妥当する」ものに限定する点で狭きに失する。尤も，「如何なる点でも説得，教示あるいは方向性を示すような精神的作用を外界に対して有しない，又は有し得ないものは，意見表明とは見做され得ない」。例えば「単に感覚的な，娯楽の為の，又は性的な効果を目指した上演，見世物」，「低俗文書」，「意見を形成する精神的な影響力が欠けているために精神的には全く傾向性がない」情報の提示，「営業上の広告の様にその精神的な効果が専ら非精神的な目的に向けられているようなもの」が，除外される。

　意見表明の自由は「精神生活に必要な思想的価値（Gedankengut）の伝播を

◆ 第三章　分析１：映画検閲と「討論」の観念

保護しようとするものであり、理念や意見の伝達に全く属しないものは含まれない。」「あらゆる事実の伝達が意見表明として118条で保護される、とは言えない。」併し「外見上の、伝達に関する状況から引き離して」、ある表現が意見表明なのかを判断する事は不適切であり、「あらゆる状況を考慮しつつ、意見を形成する効果に向けられていると見られるのか」を判断すべきである。【S. 655】

　以上の様にHäntzchelに於ても、「意見」の概念は説得・教示、或いは「方向性」の提示を全く含まない表現を除くものとして広範に解される。然も、その限界は「流動的」であり、意見に該当するか否かの判断は事例ごとに異なり得る。Rothenbücherの解釈は此処でも否定的に評価される。

　論述の中に、映画や映画検閲に関する明示的な言及は存在しない。併し、以上の内容から推測するならば、映画が「単に感覚的な、娯楽の為の、又は性的な効果を目指した」ものでなければ、一応は意見の表明に含まれると考えられる。

　以上に、意見表明の自由をめぐるWRV期、及びそれに先行する第二帝政期の学説を概観してきた。

　シュミット（及び、彼が言及するRothenbücher）の「意見」概念を以上の諸説の中に位置づけると、彼の解釈は相対的に狭く解するものに属する事が判る。併し、此の解釈はそれ自体としては特異ではなく、又、1928年という時点、及びVLが逐条解説や個別の解釈問題に関するモノグラフィではない事を考慮するならば、Hellwig及びHäntzchelの様に詳細な解釈論が書かれていないとしても、不当ではない。

　尤も、Rothenbücherが自身の概念規定を踏まえてもなお、映画の上映内容を「意見」の範疇に含める可能性を個別の場合に承認するのに対して、シュミットはそうした口吻も見せず、カテゴリカルに除外している。この点は無視し得ない相違であるが、その背景を探究する為には、WRV第118条の文言に留まる事なく、更に検討を進める必要が存する。

　尚、基本権の性質を理解するに際しては、それを国家や社会との関係で考究し、その意義や制約につき検討する見解が存在しており、意見表明の自由に関

しても個人の次元を超えた精神的発展に寄与する面が，少なからぬ論者によって考慮されている。特に Smend が集団を単位とする意見表明や，意見表明による集団形成に関して肯定的な態度を採っている事は，以降の考察にとっても重要である。

第二節　基本権論に於ける意見表明の自由の位置

　前節では，シュミットの「意見」概念が当時の憲法論に於ける概念規定の中で有する位置を測定した。結果として，その概念規定が相対的には狭小であるにせよ特異なものではない事，併し映画に就て個別の事例に応じて判断されるか，カテゴリカルに排除されるかは，その概念規定を踏まえても確定し得ない事，及び，映画をカテゴリカルに排除する根拠に就ては更に考究を行う必要が存する事，が判明した。

　次に，「意見表明の自由」と云う基本権がシュミットの基本権論に占める位置付けを検討する。テクスト A に拠れば，意見表明の自由はその「不明確で成功しているとはいえない表現」にも拘らず「真正の基本権」であるが，一方で映画検閲は「自由主義的な基本権の発展にとって格別の意義があ」り，「伝達技術の変革」が「個人の無限定な自由という観念が単なる擬制となる」事を示している。

　斯様な叙述に拠れば，意見表明の自由が基本権の中で有する地位に照らして，映画とその上映がそこから排除されざるを得ない事になる，という仮説が立てられる。以下では同著の中に於けるシュミットの基本権論を中心として，この仮説を検証する作業を行う。

第一款　WRV 第二編に関する基本的態度

　1）　テクスト A を含有する『憲法論[(1)]』は第 14 章第 3 節で，「基本権のザハリヒな分類及び区別」と題して WRV 第二編[(2)]に規定された諸々の「権利」

---

(1)　第一章注 14 で指摘した通り，VL は 1928 年版と 1954 年の復刻版（即ち現在流通している版）とで強調の仕方に差異が存する。本書では，前者の版を参照し，強調の仕方もこれに拠っている。

◆ 第三章　分析１：映画検閲と「討論」の観念

の分類を試みている【S. 163ff.】。具体的には，「真正の基本権」（下位区分として「孤立せる諸個人の自由権」及び「他の諸個人との結合に於ける自由権」），「諸個人の国家に於ける国民としての権利」，「国家の給付に対する個人の権利」に分類され（これらの分類・呼称に就ては VL, S. 170 の表を参照），更に第四節では表面上は主観的権利ではあるが基本権とは性質を異にする所謂「制度体保障」のカテゴリが提示される。

２）斯様な分類が為される背景には，次の様な考え方が存在する。

WRV は「ドイツ人の基本権及び基本義務」と題する第二編に於て，法律の前の平等や人身の自由，所有権をはじめとする「[基本権として] 通常数えられる諸権利」を含有するが，他方では「様々な種類の個別諸規定，プログラム規定等」をも含有する。【S. 160】(3)

「基本権の荘厳な（feierlich）宣言には，ある国民の政治的統一が依拠し，且つそれが妥当する事がその為の重要な前提として承認される様な諸原理が定立され，この統一が常に新たに設立され，形成され，[…] 国家という単位の統合がそこから発する，という意義がある」。【S. 161】

WRV に関しては，「ドイツ国民がその意思により，この憲法が「そのライヒを自由と正義のうちに刷新して確定し，内外の平和に奉仕し，かつ社会の進歩を促進する事」によって生気を付与される，という事が前文で宣明されている。その第二編には「所謂基本権のカタログ」以外にも「更なる原則的な宣言」が為されているが，此処で「新しい国家エートス」の宣言がどの程度提示されているか，が問題になる。【S. 161-162】

併し，基本権の諸規定によれば，この問に肯定的に答えることはできない。確かに，起草者である Friedrich Naumann は，1918 年ロシア憲法の「労働を行い且つ搾取されたる人民の権利」を意識しつつ，「市民的―個人主義的」で

---

(2)　WRV 第二編の制定過程に関しては，概説として Christoph Gusy, Die Weimarer Reichsverfassung, 1997, S. 62ff. 及び S. 272ff.，更に制定過程に於ける諸草案と議論の状況を追跡した文献として Walter Pauly, Grundrechtslaboratorium Weimar : Zur Entstehung des zweiten Hauptteils der Reichsverfassung vom 14. August 1919, 2004.

(3)　プログラム規定の例として，此処では WRV 第 105 条第 2 文の法律による裁判官に対する権利に言及される。

第二節　基本権論に於ける意見表明の自由の位置

も「ボルシェビズム的―社会主義的」でもない「社会的国家」を新しいドイツのありかたとして志向した。併し国民議会は「この思考の政治的パトス」に与せず，「様々な諸原理の並列，党派間の妥協プログラム」にしか到達しなかった。故にWRVの諸規定は「［基本権に関する宣言の］偉大な先例」と同列ではあり得ない(4)。【S. 162】

又，別の箇所では，「固有の基本権と並んで様々な種類の個別規定［…］，更に社会改革的なプログラムが定立された」事により，「市民的法治国の基本的な配分原理」が「承認されたという印象が弱められ，曇らされている」と評価する。【S. 128】

以上を要するに，WRV第二編の法文からは一貫した法的性格や政治的態度決定を読み取る事が困難である，というのがシュミットの評価である(5)。

３）尚，同種の評価はVL以降の著作でも表明されている。

例えば1929年の「ライヒ憲法の十年 Zehn Jahre Reichsverfassung」【Juristischen Wochenschrift, 58. Jg. S. 2313ff.；VA, S. 34ff.】では，「［WRV］第二編は多

---

(4)　同じ箇所では更に，基本権・国家原理の偉大な宣言は「ある国民がその宣言によって，全く新しい政治的な，つまり友及び敵への集結を引き受け，その国家の新しい原理を強大な外交上の敵に対しても闘争して擁護するだけの決意が存在する事が前提となる」が，「ヴァイマール国民議会の宣言にはヴェルサイユ条約が先行していた」と指摘される。

(5)　Pauly, Anm. 1, S. 3ff. が指摘する様に，この種の評価は既に国民議会に於ける審議段階から各党派の議員から表明されていた。S. 4, Anm. 20 に拠れば，「党派間の政党綱領」という表現は，既に1919年7月11日の国民議会第54回会議でKoch議員により用いられている。WRV第二編の雑然とした性格は学説の側でも早くから指摘されており，例えばAnschütz, 1921, S. 183ff. は，制定過程での多様な提案を参照し，更にWRV第二編には「ドイツ人の基本権及び基本義務」という表題に包摂され得ない諸規定が含まれると指摘する。Heller, 1924 は一般的に「憲法は，政党の綱領とは違って，闘争する集団利益や理念の妥協を目指すものであり，論理的な諸要求を充たすには全く十分ではなく，特に現在の［憲法］は激しい対立の時代に生まれたものであるから，しばしば全く矛盾する基本権の諸命題の中での避けがたい妥協という性格が特に明らかとならざるを得ない」【GSII, S. 291f.】と述べる。更にPoetzsch-Heffter, 1928, S. 396 も，第二編の「多様で多義的な内容を彫琢するには［…］統一的な指針に向けて尽力する強力な手腕と，プログラム命題の帰結を熟考するだけの一定の静穏が必要であった」が，現実にはそれらが欠けていたと評する。

◆ 第三章　分析 1 ：映画検閲と「討論」の観念

義的であり，「一貫して」等質でもなければ，区別なしに「裁判の対象となる（justiziabel）」ものでもない」と評される。更に「「国家形態を担う組織上の憲法規範」が，他の憲法律上の規定から区別されるべきものとすれば，第二編の枠内では，形式的な妥当の強度だけでなく，内容面でも，従来一般的であったよりも首尾よくグループ分けをする事が不可避である」と論じられる。【S. 2314 ; VA, S. 36】

更に 1932 年の「基本権及び基本義務 Grundrechte und Grundpflichten」に於ても，「[WRV] 第二編はその異質性，非一貫性そして貪欲さ（Pleonexie）に於て，しばしば言及される様に「党派間の政党綱領（interfraktionelles Parteiprogramm）」としての効果を有しており，数多くの承認，保障及び目標設定から，彼等の利益のために有用な諸命題を我が物にしようとする様な，あらゆる方向での競争を解禁したという以外の事は殆ど認められない」と評する。【Anschütz/Thoma, 1932, S. 582 ; VA, S. 195f.】 (6)

　4）併し，シュミットは様々な「基本権」の羅列を放置せず，なおそれらの中に一貫した「決定」を見出そうとする。

即ち，「ヴァイマール憲法の第二編で定立されている諸原理は，ドイツライヒの憲法及び国法にとって基底的な意義を有する。それはドイツ国民の実存のありかたに関する政治的な全体決定を含有しており，現在の形姿に於けるドイツライヒに対して立憲民主制の，即ち民主制原理に基づいているが併し市民的法治国の原理によって修正された立憲国家の，性格を付与している。」【VL, S. 162f.】此処から，既述の基本権の分類が導かれる。

斯様な評価も以後の著作に継承されており，前出の GUG では「法実務は，基本権を全体としてまさに自由主義的法治国への決定という意味で発展させている」，「明らかに一義的な，新しい原理への決定が下されていない場合には，現存の秩序がその原理と共に引き続き効力を有」すると論じたうえで，WRV 第 2 編が具体的には「ボルシェヴィズム的社会主義に抗する」ものであると分

---

(6)　続けて「全体的決定」の理解に関する例として，Franz Neumann による社会主義・「経済民主主義」に有利な解釈，Albert Hensel による「自由主義的経済秩序に有利な一義的な全体的決定」という解釈，更にカトリック・改革教会派・農民運動・左派社会主義による解釈を挙げる（S. 196f.）。

第二節　基本権論に於ける意見表明の自由の位置

析する【Anschütz/Thoma, 1932, S. 584 ; VA, S. 198】[7]。又、「プログラム規定か実定法か」という「単純な二者択一」を維持する事は不可能であり、「伝統的な形式に於ける自由権のカタログ」と並んで、「単純法律の中に同様に含まれる事があり得るような」「憲法律的規定」も見出される。【Anschütz/Thoma, 1932, S. 586 ; VA, S. 201】「憲法上の保障のザハリヒな区分」としては、VLの分類を継承しつつ、「個人の、しかも孤立せるものとして考えられた、又は他の諸個人との関係に於ける個人の自由権」、「国民の政治的諸権利」、「社会的又は文化的な種類の積極給付に対する個人の権利」、「公の団体それ自体の国家に対する権利及び請求権」、「制度体保障、つまり公法上の制度体それ自体の憲法上の保障」、「法制度保障、つまり典型的で伝統的に確定された規範複合体及び法関係という意味での法制度の憲法上の保障」、「特定の法もしくは事実状態又は特定の請求権の現状の保障」、という区別を提示している。【Anschütz/Thoma, 1932, S. 590, VA, S. 206ff.】

第二款　「真正の基本権」とその分類・限界

１）本稿にとって問題となる「意見表明の自由」は、以上のカテゴリのうち、基軸を成す「真正の基本権」に（後述のように一定の留保を付してではあるが）分類される。

「真正の基本権」は「他の、憲法律によって保障された、又は保護された権利とは区別せねばなら」ない。WRVがその方向に決定を下したと解釈される（第三節第一款）「市民的法治国に於ける基本権は、国家以前の、そして［国家を］超えたものとして妥当し得るのであって、法律の尺度に基づいて付与されるのではなく、それ以前に付与されたものとして承認され且つ保護される、そこでは［法律］が原理的に測定可能な範囲でのみ、且つ規律された手続に於てのみ介入し得る、ような権利でしかない。」基本権は「法益ではなく、そこから権利、しかも防御権が生ずる自由の圏域である。」【VL, S. 163】

斯様な「真正の基本権」の根拠は、市民的法治国の基本原理の一つとして提

---

(7)　最後の部分の根拠としては特に、婚姻（第119条）、宗教活動の自由（第135条）及び所有権（第153条）を挙げている。

◆ 第三章　分析１：映画検閲と「討論」の観念

示する配分原理（Verteilungsprinzip），即ち「個人の自由の領域は，国家以前に付与されたものとして前提され，然も個人の自由は<u>原理的に無限定</u>であり，これに対して国家のこの圏域への介入の権限は<u>原理的に限定</u>されている」【VL, S. 126】という原理に依拠している。

　こうした基本権の主体となるのは「自由な個々の人間」であり，基本権は「個人の自由主義的な人権」である。真正の基本権は「全ての人間に対して，国籍を顧慮する事なしに妥当する」のであり，それは「個人権，つまり孤立せる諸個人の権利（Rechte des isolierten Einzelmenschen）である。」この種の権利の例として，「良心の自由，人身の自由（特に恣意的な逮捕からの保護），住居の不可侵，信書の秘密及び私的所有権」が列挙される。【VL, S. 163-164】

　２）この「孤立せる個人」の基本権と並んで，「他の諸個人と結合した個人の権利もなお真正の基本権と考えられねばならない」。但し，この種の権利の保障に関しては，「個人が非政治的な単なる社会的なものの状態を超え出る事なく，且つ諸個人の自由な競争と自由な討論が承認されるべき限りで」という限定が付される。「そのような諸権利は容易にその非政治的な性格を喪失し，個人主義的な自由権である事を放棄し得る」のであり，「そこで，これらの権利が私的な圏域に留まらず，社会的な活動を含有する事から，規律と規範化（Normierung）の必要性が生じる。」この種の権利の例としては，「演説の自由とプレスの自由を伴った意見表明の自由，宗派の自由，集会の自由，結社の自由及び団体の自由（Vereinigungsfreiheit）」が挙げられる。【VL, S. 165】 (8)

　３）以上の論述は，後者のカテゴリに属する基本権が「単なる社会的なものの状態」に留まる限り前者と同等の保障を受けるべきものとしながら，「社会的な活動を含有する」事を根拠に制約を許容する点で，矛盾しているかに見え

---

(8)　以上の如き区分は，本文でも触れた通り，1932 年公表の GUG でも踏襲されている。但し，以上の「孤立せる個人」の基本権と「他者との結合における」基本権との明確な区別・対置は後退し，「個別の人間，然も孤立せるものとして考えられた，又は他の個別の人間との関係に立ち入る個人の基本権」として一括されている。【S. 207】又，基本権条項に付された「法律の留保は，決して条件付与又は内容付与の留保ではなく，常にただ，例外の留保，然もそれ自体原理的に限界づけられ，計算可能で，事後的に審査可能な例外の留保，でなければならない」と述べられる。【S. 209】

第二節　基本権論に於ける意見表明の自由の位置

る。又，前者の基本権に関しても，配分原理を踏まえてもなお，「原理的に限定され，測定可能で，一般的に規律された例外」としての制約は許容されるのだから，この限りで両者の基本権に質的な差異は無い。

　併し，後者の場合，他者との結合に於ける基本権に於て登場する「社会的なもの」(この具体的な内容に就ては説明されないが，列挙された諸権利に鑑みると，その行使に際して他者と共同して行うか，もしくはその作用・影響が他者に及ぶ事を意味すると考えられる)が「政治的なもの」にまで昂進し得る点は，「孤立せる個人」の基本権と異なる。「孤立せる個人」の権利が原則としては他者との関わりを持たない，もしくは排除する者である以上，それらが「政治的なもの」どころか「社会的なもの」にすら至らない事，がシュミットのテクストから導かれ得る。

　此処で「真正の基本権」であり得るか否かの境界線となる「政治的なもの」の詳細に就ては，後述する。但し，VL とほぼ同時期に執筆され，かつ内容面でも密接に関連する論文「政治的なものの概念」【BP1927, S. 1ff.】に於ける，「友と敵の区別」【S. 4】，「闘争が現実的に起こり得る事が敵の真正の概念に属する」【S. 6】，「実際の闘争に於て初めて，友と敵への政治的な結集の最も明瞭な帰結が現れる」【S. 7】という論述が参照に値する（詳細は第四節を参照）[9]。こうした，いわば現実的な武力による衝突，あるいはその可能性を潜在的に有する状態，にまでエスカレートする可能性を秘めているが故に，規制が要請されるものと考え得る。

　この事を例解するのが，団結権に関する論述である。即ち，「団体の自由が連合（Koalition），即ち相互に闘争し，ストライキやロックアウトといった特

---

(9)　VL の中で参照に値する記述としては，例えば S. 234 の「階級が闘争組織の基礎となり，それが真正の友と敵の結集を基礎づけるならば，階級は最早純粋に経済的な概念ではない，何故ならば実際に闘争する階級はもはや本質的に経済的ではなく，政治的な存在だからである」という論述，S. 247 の「国民が政治的意識を有する，即ち友と敵を区別し得る限り」という表現，及び S. 377 の「敵とはその概念によれば何かその存在そのものに於て（seinsmäßig）他なるもの（Anderes）や異なるもの（Fremdes）であり［…］，紛争事態に於ては固有の態様に於ける政治的実存の否定に至る」という論述，が挙げられる。但し，後一者が第四編の連邦制を論じる文脈での主張である事に留意すべきである。

◆ 第三章　分析1：映画検閲と「討論」の観念

殊で社会的な手段によって相互に対立する団体，に至るや否や，政治的なものの地点に到達し，その結果として個人主義的な基本権や自由権はもはや存在しない。団結権（Koalitionsrecht），ストライキ権あるいは罷業権（Stillegungsrecht）は自由主義的法治国の意味に於ける自由権ではない。」【VL, S. 165】

同様に，「或る社会的集団が，明文の憲法上の規定によってであれ，実務に於ける黙示の許容によってであれ，そのような闘争の手段を委譲されるに至った場合には，まさに自由主義的な法治国の基本的前提は消失し，その場合「自由」はもはや個人の原理的に無制限の行動可能性ではなく，社会的組織による社会的手段の放縦な（ungehindert）使用を意味する。」【VL, S. 165-166】

団体の自由・団結権を論じる文脈である為でもあろうが，此処では明確に，「他者との結合による」基本権が「社会的集団」「社会的組織」による「闘争」の道具として「使用」される可能性が指摘されている。本稿にとって重要なのは，場合によっては集団・組織に闘争の手段を付与する可能性を有するものとして，意見表明の自由が性格づけられている事である⁽¹⁰⁾⁽¹¹⁾。

---

(10)　Böckenförde, 1994, S. 359f. は，「自ずから政治的にレレヴァントとなり得るような基本権の自由領域に就ては，国家の無関心や干渉禁止は許されない，なぜなら［そのような自由領域］は［政治的単位］の諸前提や相対的同質性の維持という点で，政治的単位に直接に関連するからである」と述べ，WRV 第118条第2項及び1920年映画法を具体例として提示する。Böckenförde は VL, S. 168 の該当箇所を引用した後，更にテクストBを含む1933年の二論文に言及し，「新たな技術的伝達手段を利用した大衆感化の実態を見た事から‐態度表明を一層先鋭化させたのだろう」と論じる。

VL の段階で映画検閲の問題が「政治的なもの」と関連していたという指摘，及び1933年の段階で映画検閲に対する態度が変化していたという指摘，更には映画の如き「集合的な意見形成の為の新たな手段を他者に委ねる」事になれば「政治的単位としての国家は自己崩壊するだろう」という解釈は，本稿の考察全体に重要な示唆を与える。尤も，既に此処までの検討からも明らかであるように，VL の段階でのシュミットの映画検閲論は，必ずしも「政治的なもの」の抑止という観点からのみ展開されていたのではなく，寧ろこの段階ではこの観点は副次的なものに留まっている。又「政治的なもの」という観点が前景化する1933年の段階に就ても，その変化を「先鋭化」の一言で説明し得るかは疑問である。後者に就ては，次章に於ける検討全体を以て応答する。

(11)　毛利，2008，6頁以下は，「シュミットの理論構成は，自由の行使から発生する政治性への強い警戒感に支えられている」と述べ，又，意見表明の自由の行使，特に「影響力のあるメディア，団体」によるそれが「「公共的」ではなく「社会的」と性格づけ

第二節　基本権論に於ける意見表明の自由の位置

第三款　「一般的法律」の解釈と「真正の基本権」

　1）WRV 第 118 条は，意見表明の自由に就て「一般的法律」による制約を認めており，その解釈如何によっては広範な制約が行われ，そのため自由の制約を例外とするはずの「配分原理」が空洞化する虞が生ずる。シュミットは「「制約の範囲内で」という文言は最初から限界づけられた権利を示すものに見え，それに従えば［…］自由な意見表明の権利は絶対的な基本権としては扱われないであろう」と指摘するが，併しそのような帰結は正当化されないと述べる。【VL, S. 166-167】

　これに続けて，シュミットは「一般的法律」という文言の解釈をめぐって制定過程，Häntzchel, Rothenbücher, Smend の解釈論，及び Anschütz と Thoma の「通説」を逐次検討していく[12]。このなかで特筆すべきは Smend の見解に対する論評である。Smend が第 4 回国法学者大会での報告で提示した，「保護された社会的法益が意見の自由よりも重要である」場合に当該法律が「第 118 条に優位する」という解釈論[13]に対して，シュミットは「自由な

　　られていることは，シュミットの Öffentlichkeit 概念がまさに自由な政治活動を öffentlich とは認めないことをその主眼としていることの現れである」と評する。併し，後述する通り（本章第四節），シュミットにとって「政治的」とは実力による闘争（の可能性）を意味しており，一般に「政治的表現」と言われる際の「政治的」の語義とは異なる。従って，「政治性への強い警戒感」も，シュミット固有の意味に於ける「政治」性を招来する事への警戒感と理解するのが相当である。斯く理解する限り，所謂「政治的表現」も，その程度が穏健である限りは「社会的なものの領域」に留まると解釈し得る。公論を形成するプレスや他の古典的な手段による意見表明が許されている以上，「政治的表現」はシュミットの主張の枠内でも基本権の行使として容認されていると理解すべきであろう。尤も，そうした表現をシュミットが積極的に評価したとか，その保障を重視した形跡が見られない以上，単なる容認以上の意図を読み取る事は確かに困難である。

(12)　WRV 第 118 条第 1 項の「一般的法律」の解釈をめぐる概況に就て参照，石村，1992, 238 頁以下。

(13)　Smend 自身の論述として VVDStRL, Heft 4, S. 51ff. を参照。同箇所に拠れば，例えば刑法上の規定で意見表明の自由を制約するものは，それが「社会の存在条件の保護」という優越する法益を保護するが故に，第 118 条に適合する。この論点に関する Smend の主張は，報告を承けた討論【S. 74ff.】でも盛んに言及されている。

◆ 第三章　分析1：映画検閲と「討論」の観念

意見表明という価値を容易に相対化し得る」点を指摘し，更に「自由権とは，他の諸利益と利益衡量にかけられ得るような権利又は利益ではない」，「基本権という原理にとってこの自由よりも重要なもの」は存在しないと論じる。「『一般的法律の範囲内で』という文言は一般的な法律の留保（der allgemeiner Gesetzesvorbehalt）を意味するに過ぎない。」「一般的な」という文言には，「基本権一般に於けるのと同様に」という意味の他に，「真正の法律の留保に属するところの法律の一般的性格の認識」及び「自由な意見表明それ自体に対する法律は許容されない，という認識」が含まれている，というのが「正しい理解」とされる。【S. 167】 (14)

2）これに先立つ第13章「法治国的法律概念」では，「法治国の組織的な貫徹は，法律の一般的性格が保持され続ける事に依拠している」と論じられる。【VL, S. 151】

市民的法治国に於ける「市民的自由」及び「個々の組織的徴表」は，「或る特定の法律の概念」を前提とする。「法律の支配」という「市民的法治国の基本観念は，歴史的及び思想的に，［…］その<u>意思</u>が万人に対して平等な，事前に規定された一般的規範の代わりに登場するような<u>人間</u>による支配の拒絶を含有する。法律の支配は，特に，そして第一に，<u>立法者自身が法律に拘束</u>され，且つその<u>立法権限</u>が意思による支配（Willkürherrschaft）の道具とならない事，を意味する。併し，立法者の法律への拘束は，法律が正しさ（Richtigkeit），合理性（Vernünftigkeit），正義等の一定の性質を伴った規範である限りでのみ可能である。こうした性質は全て，法律が<u>一般的な規範</u>である事を前提とする。」【VL, S. 139】

法治国的な法律概念が依拠する「特定の伝統」は，「自然法がその明証性を失う事によって問題を含んだものとなる」が，「一つの性質だけは，法治国自

---

(14) この点で，Rothenbücher の「意見表明それ自体に対して向けられた全ての法律及び行政措置」が「一般的法律」の文言により排除される，という見解にシュミットは「重大な意義」を認める。尚1932年の GUG の段階では，Rothenbücher と同様 Smend の見解に就ても，「特定の意見それ自体に向けられた法律が禁止される」という解釈は「一般的な，基本権による自由の保障の本質から導出される原則［…］の適用事例の一つに過ぎない」と評価される。【VA, S. 209, Anm. 76】

第二節　基本権論に於ける意見表明の自由の位置

身が消失する事なしには放棄し得ない。」それが「法規範の一般的性格」である。「此処に，法律と命令，理性と意思という旧い法治国的な区別の最後の保証，そしてまた市民的法治国そのものの理念的基礎の，最後の残滓が存在する。」【VL, S. 141-142】

斯様な法律概念に依拠してシュミットは，「可能な限り全ての政治的に重要な行為」に就て「それが立法という行為でないにも拘らず，立法行為と同様の関与と権限を人民代表（議会）が有する事」に汲み尽くされる形式的法律概念【VL, S. 147】，及び，「自由主義的な運動」に於て「先ず国家全体（Staatganzen）の政治的意思形成に対する決定的な影響力を市民に獲得させようと試み，併しその次には国家の活動の客体として益々問題となりつつある市民の個人的な自由の圏域を実効的に尊重させるために[15]」利用される実質的・政治的法律概念【VL, S. 148-149】，の双方を批判する。

3）WRV 第 118 条の解釈に援用される「法律」の概念の背景は以上の如きものである。特に，単なる意思決定手続に対する関与や時々の政治的状況に対する要求から区別された，「一般性」という指標によって規定されている限り，法文が「一般的法律」とだけ規定しているとしても，国家による制約が限定的で測定可能な例外でなければならない，という配分原理の要請には必ずしも違背しない。従って，意見表明の自由を真正の基本権として位置づけるシュミットの議論は一貫していると言い得る。

併し既述の通り，意見表明の自由は「真正の基本権」とはいえ「他の諸個人との結合に於ける」基本権であって，「単なる社会的なものに」留まる限りで保障されるに過ぎない。その行使が「政治的なもの」に到達した場合，又はその可能性を有する場合には，「真正の基本権」の性格を喪失する。この場合，或る表現が「意見表明」に該当するとしても，「一般的法律」の限界を超えた制約が許容されると考えられる。映画に就ては，「意見表明」に該当しない点で既に第 118 条の埒外に在るにせよ，その製作が集団で為され，或いは上映が集団に対して作用する点では，「一般的法律」を超えた措置（尤も此処までは出

---

(15)　この部分は，VL 本文中で摘示されているように，Günther Holstein, Die Theorie der Verordnung im französischen und belgischen Verwaltungsrecht, in : Bonner Festgabe für Ernst Zitelman, 1923, S. 307ff.［S. 362］からの引用である。

◆ 第三章　分析１：映画検閲と「討論」の観念

版物や演説も理論的には同様であるが），更にいえば第２項の検閲禁止をも逸脱した映画検閲という措置が許容される余地が生じ得る。

　尚，前節で検討した他の論者の見解との関係に就き一言すれば，以上のシュミットの基本権論は，個人（然も「孤立せる」個人）の前国家的な自由を基軸とし，意見表明の自由は「他者との結合」を含有するが故にその基軸との緊張関係に置かれる。このため，例えば Hellwig や Häntzschel の様に「一般公衆」や「全体」の利益との関係は考慮されず，Smend の様に集団との関係を調和的に解する姿勢も見受けられない。

第三節　市民的法治国に於ける意見表明の自由・「討論」の原理

第一款　基本権と市民的法治国・自由主義

　１）次に，以上の如く整理される基本権論とその背景にある市民的法治国，及びその思想的基盤である自由主義との連関に就き検討する。既述のように，基本権，少なくとも「真正の基本権」は，「市民的法治国の根本的な配分原理の承認」を意味すると論じられるが【VL, S. 164】，同原理を含む市民的法治国の理念は先行する第12章「市民的法治国の諸原理」で論じられている。

　同箇所によれば，「近代の市民的法治国」は「先ず以て自由の憲法，然も市民的自由という意味に於ける」それであり，その目的は「権力の濫用からの市民の保護」にある。この市民的法治国は二つの基本理念に基づいている。即ち，「個人の自由は原理的に無限定であり，一方でこの圏域への介入の為の国家の権限は原理的に限定されている」という「配分原理」，及び「この配分原理の実現に資する」「（原理的に限定された）国家の権力は分割され，かつ一つの体系に書き改められた諸権限に於て把握される」という「組織原理」，の二つである。そして近代憲法の具体的な構成要素としては，基本権が前者に，権力分立が後者に対応する[16]。【S. 126】

　２）この種の法治国は，「現行の客観法及び現存する主観法を無条件に尊重

---

(16)　VL, S. 126-127：同年公表の BR に於ても，同じく「配分原理」「組織原理」による説明が為されている【SGN, S. 45】が，以後の著作では市民的法治国に言及される場合でもこれらの「原理」は挙げられる事がない。

する」,「現に妥当している現状（status quo）を正統化し，永続化し，また「既得権」［…］を国家の政治的実存及び安全よりも重要と考える」「一般的な語義」に於ける法治国【VL, S. 129】とは区別される。

　市民的法治国は，「権力国家に対する対立」という「抗争的な（polemisch）意味」を有しており，更に「警察［国家］，福祉［国家］，あるいは，単に法秩序を保持する事に自己を限定しない他のあらゆる種類の国家への対立」という意義を有している。加えて，市民的法治国の「精緻な意味」は，「特定の組織上の指標が定立され，かつ真の法治国の徴表へと高められる」事によって獲得される。【VL, S. 130】この具体的内容としては，「個人の自由の圏域への介入が法律の根拠に基づいてのみ企てられる」事,「国家の権力の発現の一般的な計測可能性」・「一般的な統制可能性」,「裁判官の独立」, 等が挙げられる。【VL, S. 130ff.】

　３）こうして，一般的な意味での法治国から区別された市民的法治国の観念は，「市民的自由主義」と密接に連関している，とシュミットは論じる。

　「近代の市民的法治国の憲法は，その歴史的生成と今日支配的な基本的枠組によれば，先ず以て自由の，然も市民的自由の意味に於ける憲法である。その意味と目標，その目的（Τέλος）は，第一次的には国家の力や栄光（gloire）ではなく［…］, *自由*（liberté）, 国家権力の濫用に対する自由の保護である。」【VL, S. 126】

　同じく 1928 年公表の「市民的法治国」に於ても，市民的法治国は，「自由主義的思考の直接の影響」の現れと理解される。即ち，該思考の根幹は，「個人の人格の自由は無限定であ」り，法律により制約される事は原則として無く，「避けられない例外は，事前に定められた規範を必要とする」という点であり，更に「国家の全面的な統制可能性」,「権力分立」という国家組織に関する原理が並立し，そこから議会制という具体的な制度が生じる。尤も，斯様な思考は「あらゆる政治形相に敵対的」である。特に議会制は，「貴族政と君主制の要素を含有し，要するに政治的なものに固有のものを，それらが出現した場合には阻止する為の，自由主義の利益に由来する，形相の混合」である。【SGN, S. 45f.】

◆ 第三章　分析1：映画検閲と「討論」の観念

第二款　自由主義の基本原理：「討論」の観念

1）市民的法治国の中心的な制度として位置付けられる議会制に就て，その思想的な基盤と当時の状況に関して最もまとまった論述を含むのが，1923年公表（1926年第二版公表）の『現代議会主義の精神史的地位』である。

同書は「議会主義の*存在理由*（*ratio*）は，［…］正しい国家意思を結果として生み出すような諸々の対立と意見の対決の過程のうちに存在」しており，「論拠と反対論拠の公開の審理，公開の討議と公開の討論，審議」が「本質的なもの」と位置付けられる。【GL, S. 43】議会とは「人々の間に散在しており，不平等に配分されている理性の断片を結集させ，公的な支配がもたらされる場所」である。この，議会主義の「最終的な正当化とその画期を成す自明の理は，この合理主義が絶対的且つ直接的なものではなく，特殊な意味で相対的なものである。」【GL, S. 45】

この相対性という観念は，自由主義そのものの根幹を成す観念である。シュミットに拠れば，「自由主義を一貫した，包括的な形而上学的体系として見る事が必要である。」「私人の自由な経済的競争から［…］諸利益の社会的調和と最大限の富が自ずから生ずる，という経済的帰結」が通例論じられるが，これは自由主義の原理の「一適用事例」にすぎない。自由主義の「精神的核心」は，「真理に対する特殊な関係」，真理が「意見の永遠の競争の単なる函数になる」という観念である。この観念に拠れば，言論の自由やプレスの自由，「意見の自由」は「有益で合目的なものではなく，自由主義の固有の死活問題」と位置付けられる【GL, S. 45】。又，「政治的生活の公開性」及び「権力分立」という「自由主義的合理主義に特徴的な二つの政治的要求」も，「対立する諸力の均衡」を説くものであり，「そこから正しいものが平衡そのものとして自ずから生ずべきものとされている。」【GL, S. 46】

こうした「均衡理論という相対的な合理主義」は，「議会」然も其処での「相対的な真理」にその通用範囲が限定される。「諸党派の対立から得られる意見の均衡は，［…］決して世界観という絶対的な問題には及ばず，その相対的な性質によれば，その種の過程に適した事柄だけに関わり得る。」「互いに矛盾する（kontradiktorisch）対立は議会主義を放棄する」結果を招く。「討論は共通の，討論の余地の無い基礎を前提とする。」「全ては意図的に複雑化された均

第三節　市民的法治国に於ける意見表明の自由・「討論」の原理

衡の過程の中で媒介されなければなら」ず，議会は討論に於て「論拠と反対論拠との検討によって，相対的な真理を獲得する。」【GL, S. 58】[17]

　以上のように，GL に於てシュミットは，議会制という具体的な制度に力点を置いてではあるが，自由主義の核心を「討論」の観念，つまり諸力の均衡から真理が生じ，然もその真理が絶対的なものではなく相対的なものに過ぎないという観念，またその前提として，意見の対立・交換に際して一定の前提が当事者の間で共有されている事が要求される。

　２）こうした自由主義・「討論」の観念は，後に GL 第二版の「序論」として収録される論考「議会主義と大衆民主主義の対立[18]」に於て，より詳細に規定される。

　即ち，「討論」は「単なる交渉」とは異なり，「対立する者を真理や正義に関する合理的な論拠により説得するという目的によって支配された，意見の交換」という「格別の意義」を有する。「討論の要素は，前提となる共通の確信，説得される用意である。」これに対して「討論」ならざる「交渉」とは，「利益や獲得の機会を計算して達成し，可能ならば自身の利益を主張する事」であって，「様々の言葉や論究を伴っているが，併し的確な意味に於ける討論ではない。」【PB, S. 63-64】議会に就ては，個々の議員が「政党による拘束から独立である事，利己主義的な利益に捉われていない事」が要求される。【PB, S. 63】

　３）「討論」の観念とその系としての「意見の自由」をめぐっては，「意見の公開性（Öffentlichkeit）」という表現が解釈に若干の困難をもたらす。なぜなら，「公開性」は確かに「現代議会主義の精神的中心点を認識する為に必要な」「理念」の一つ【GL, S. 47】，「議会にとって本質的な」要素と位置付けられており【GL, S. 43】[19]，又，意見の自由に関しては「公論（öffentliche Meinung）」

---

(17) 古賀，2007, 39-40 頁は，シュミットに於ける「討論」の目的を「単なる合意ではなく，討論の参加者誰もが承認しうるような理性的な合意であり，普遍的な真理であった」とする。併し，本文の検討に徴するならば，シュミット自身は「普遍的」という程の強い意味を想定していないと考えられる。

(18) 前注で示したように同論文は先ず雑誌 Hochland, Jg. 23, Juniheft に掲載され，その後 GL 第二版に序文として収録され，更に PB, S. 60ff. に収録されている。このうち第二者は内容面でさしたる変更は無いものの，節の見出しが削除され，且つ冒頭部分に修正が施されている。

よりも「意見の公開性」がレヴァントな問題だとされている。【GL, S. 47】併しその直後で、今度は「意見の公開性」が自由主義の思考に於て「意見の自由」を意味し、然も該自由が「私人の自由（Freiheit von Privatleuten）」であり、意見の「競争に於て最良の意見が勝つ」事を意味する、と論じられる。【GL, S. 49f.】

　該箇所の解釈に際しては、Öffentlichkeit/öffentlich という語の意味のヴァリエーションと相互の関係もさる事ながら（「公開されている」事と「公的な」事の差異と関係）、上記の最後の部分で選挙権の行使に関して「私的なものから公的なものへ移行する境界点にあっては［…］、選挙の秘密という対立する要求が生じる」という秘密選挙に関する言明が為されるために、様々な批判・理解が為され得る。

　本稿の問題関心との関係では、ひとまず次のように理解される。

　先ず、意見の自由が「私人の自由」であるとの言明に関しては、次の様に云える。即ち、シュミットに於て意見の自由と経済的な競争は同じ「討論」の観念に発しており、然もシュミットの各著作でも主張に照らせば後者が「公的」との位置づけを得るとは考え難い。そのため、意見の自由に就ても同じく「公的」ではない、その意味で「私人の」自由と云う位置づけが与えられる事は不自然ではない。又、VL の論述との関係では、市民的法治国や基本権の考え方は「社会的なもの」の枠内でしか及ばない（第二節第三款）事に鑑みれば、意見の自由もまた「社会的なもの」「私的なもの」に留まるという位置づけは、その当否はともかくとして、一貫している。

　次に、意見の「公開性」とは何を意味するのか。議会制との関係に限れば、その意味する処は何より本会議に於ける審議の公開であり、だからこそ委員会での非公開の決定が厳しく批判される事になる。然も、この「委員会」は「政党や政党連合」から構成され、然もそこには「大資本家の諸利益団体」の利害が反映される【GL, S. 62】。此処から物理的な意味での「公開性」に限定されない意味を汲み取るとすれば、自由な個人・独立した議員【G, in: Hochland, S.

---

(19)　この記述に付された注【S. 43, Anm. 2】では、Esmein 及び Laski の著作が参照・引用されている。併し、少なくとも GL に引用された箇所では「討論（discussion）」には言及されていても、「公開性」に関する言及は見受けられない。

第三節　市民的法治国に於ける意見表明の自由・「討論」の原理

258】の意見のやりとりが，部分的にであれ政党や諸利益団体の内部に部分的に済まされてしまう（その限りで「公開」の場から引き離される）事なく，行われる状態を意味すると考えられる。

第三款　「討論」の衰退

1）ところが，以上の如く理解された自由主義，その制度的な表現である議会主義，及び基本的な原理である「討論」は，既に衰退しているというのがシュミットの判断である。

議会に於ては，「重大な政治的及び経済的決定は，もはや［…］公の言論と反対言論による意見の均衡の結果ではなく，また議会の審議の帰結でもない。」これに代わって「委員会，しかも小規模な委員会」が主な活動を担い，公開の本会議はもはや「単に表面的なもの」に過ぎなくなる。こうして議会主義がその「精神的基盤を放棄」すると共に，同じく自由主義の「死活問題」である「言論・集会の自由及びプレスの自由」もその「*存在理由（ratio）を喪失する*」。【GL, S. 62-63】又，「旧来の自由主義的な自由，特に言論・プレスの自由を放棄しようとする者は多くはない」が，「少なくとも，新聞の論説や集会の演説，また議会の討議から真にして正しい立法と政治が成立するという信念は，もはや存在しない」。【GL, S. 63】

2）Gでは，やはり議会主義を中心として同様の判断が，併し既述の「討論」概念に従って，より詳細に述べられる。即ち，「現代の大衆民主主義は，論拠を提示して為される公の討論を空虚な形式にしてしまった」。「諸政党は［…］今日ではもはや討論を行う諸々の意見としてではなく，社会的又は経済的な権力集団として対峙し，双方の利益と権力の可能性とを計算し，そしてこの種の事実上の根拠に基づいて妥協と連合を取り結ぶ[20]。大衆は宣伝装置

---

(20) 前款及び本款で概観したシュミットの政党論に関しては様々の面で批判が可能であるが，同時代のドイツの公法学の文脈の中で如何に評価されるかはまた別個の問題である。本稿の直接の論題ではない為詳述は避けるが，林（二），2003，250頁以下によれば，WRV期の与件となった第二帝政期の公法学で政党論が展開されなかった事態は，学問の「理論的枠組」じたいに起因していた【258頁】。これに対して，WRV期の公法学は民主制への転換により「社会ないし国民の中から実質的な国家の担い手を創出するとい

◆ 第三章　分析１：映画検閲と「討論」の観念

（Propaganda-Apparat）によって獲得され，その強大な作用は身近な利益や熱情に向けられる(21)。」こうして政党・大衆双方のレベルで「固有の意味に於ける論議（Argument）は消滅する」。【Hochland, S. 261, PB, S. 64】

　こうして真正の「討論」が消滅するのと引き換えに，「諸政党間の交渉に於ては利益や権力への機会を目的とした計算」が，「大衆の取扱いに於ては広告（Plakat）の形式による強力な示唆［…］又は「シンボル（Symbol）」が登場する。」「今日問題となるのは，もはや対立者を公正や真実に関して説得する事ではなく，支配を行う為に多数派を獲得する事である。」【Hochland, S. 261f., PB, S. 65】

　３）以上のように「討論」の原理が現実には変性・衰退しているという分析はテクスト A にも現れているが，同じ VL には，WRV 第54条が不信任投票に就て「それが如何にしてこの多数派を形成するかを顧慮する事なく」，「多数の不信任」による決定を認めているという問題を指摘している【VL, S. 345】。

う課題」に当面し，政党国家化という現実への対応とも連関して，政党の憲法上の位置づけをめぐって多様な回答を提示する事になる。林, 2003（三），486頁によれば，シュミットの政党論は，民主制という与件の下で「形式的な国法の枠を超えた政治的意思形成」を「国民の自己支配の実現をめぐる問題として主題化」し，政党政治の現状と弊害に対峙した試みの一つとして，Gerhard Leibholz や Ernst-Wolfgang Böckenförde に連なる系譜に位置づけられる。当然ながら WRV 期の全ての公法学者が政党という事実を肯定的に捉え，又，憲法上積極的な基礎付けを与え得た訳ではない。細かな学説の分岐に就ては，Song, 1996, S. 134ff. を参照。Maschke, 1988, S. 55ff.【S. 64】は，シュミットの批判それ自体は Gaetano Moska, Moisei Ostrogorskij, Robert Michels と同様であって，独自のものではないと評価する。これら三者のうち，Ostrogorski と Michels の名は1926年版 GL の序文でも挙げられている【GL, S. 30】。Mommsen, 2009, S. 241 は，シュミットの議会制批判を「現実と乖離した，ヨーロッパの議会制の伝統に矛盾するモデルに基づいて判定し，非難する」ものと評する。

(21)　WRV 期の主要政党の組織及び利益集団との関係に就ては，飯田・中村・野田・望田, 1996, 245頁以下及び平島, 1991, 10頁以下を参照。このうち前者では SPD, DNVP, DDP／DVP, Z が官僚・大ブルジョアジーから労働者・農民層に至るまで多様な利益集団と連携しつつ，一方では党内に官僚的な組織や婦人・青年を対象とする支分組織を形成した状況が明らかにされている。特に SPD は内部に自身の出版社，映画部門，福祉・娯楽施設，そして（DDP／DVP との連携の下で）実力組織「国旗団」をも有していた。

第三節　市民的法治国に於ける意見表明の自由・「討論」の原理

意思決定の麻痺しか帰結しない不信任決議に対して，シュミットは，次の選挙の後に新たな政府が形成されるまで現政権が存続するとし，以て政治権力に空白が生じる事を回避しようとする【VL, S. 356ff.】。この論述は，直接には政党の性質に関するものではない。併し，諸政党がこぞって現政権に反対しながら，他方では相互に協調して政府を形成する能力を有さず，相互に非妥協的な対立にあった事を，シュミットは少なくともVLの時点で認識していたと考えられる[22]。

第四款　補論・シュミットの自由主義論に関する評価

　シュミットの（少なくともVLの段階での）自由主義観は，ひとまず以上の様に整理される。尤も，此れに対しては，それが従来の自由主義との関係で適切なものか否か，或いは実践的な主張として妥当か否か，等の点から批判され，或いは否定的な評価を受けてきた。シュミットの主張の当否を論じる事は本書の課題ではないが，補論として若干の検討を行う。

　１）第一に，前款までに整理した自由主義論，就中その中心に「討論」の観念を据える考え方に就て，シュミットはその由来や出典を明示していない。このため，その考え方が如何なる論者の影響を受けた者なのか，凡そ自由主義の思潮に於てどこまで標準的と評価し得るか，と云う疑問が生じる。

　確かに，シュミットの主な関心は自由主義の整理やその肯定的な継承ではなかったのだから，従って特定の論者に言及したり，オーソドックスな自由主義に合わせた主張を行う動機は乏しく，従って読者がこの種の問題を探究する意

---

[22]　こうした「非建設的多数派」を形成する政党の代表例として，VL, S. 345ではDeutschnationale（DNVPと考えられる）とKPDが挙げられている。前章第一節第三款第三項で略述した様に，VLが執筆された時期は「相対的安定期」と考えられ，政党間の協力関係は円滑でなかったにせよ，利益団体の影響力によって重要問題の処理は一応果たされていた。尤も，1928年のMüller内閣の成立までに内閣が頻繁に交代し，その半数が議会の不信任投票を原因とした（その外は閣内不統一が原因であった）事（参照，平島，1991，25頁），更には議会の意思決定じたいが既述のように政党よりも利益団体の力に与るところ大であった事に鑑みれば，本文中の様な判断に至るだけの材料が特に不足していたとは言えない。

◆ 第三章　分析1：映画検閲と「討論」の観念

味はない、と云う推測も可能である[23]。又、本書の関心に照らせば、仮にその自由主義論が特異なもの、或いは先行する主張を無視したものだとしても、ひとまずそれを前提に彼の主張の内容や背景を解明し得れば十分とも云える。併し、先の「意見」概念と同じく、その考え方が他の論者や過去のテクストとの間に如何なる相違を抱えているのか、どこまで標準的と云い得るものであったのかに就て解明を試みる事は、なお一定の意義を有すると考えられる。

尤も、従来の研究でこの点を明確にしたものは存在しない。以下では、ひとまずシュミットの参照する論者やその主張を手掛かりとして、部分的にのみ解明を試みる。

GL に於て、シュミットは自由主義を論じる際に Le Mercier de la Reviére, Guizot, Kant, Bentham, Mill 等の名を挙げているが、具体的にどの叙述がどの論者・著作を参照したものかは殆ど示されていない。

これらの論者のうち、まとまった引用が為されているのは、Guizot だけである【GL, S. 43f., Anm. 3】[24]。Bentham に就ては、1821 年の On liberty of the

---

[23] Gusy, in : Mehring[Hrsg.], 2003, S. 140 に拠れば、シュミットの分析や主張は「他の著者により展開された政治哲学」に対応したものではなく、又、「学問的な討論にとっては、シュミットが自由主義的な著者の理解を的確に模写しているか否か、或いはシュミットによって記述された「自由主義」が抑々何れかの著者によって［…］シュミットにより記述された意味内容を伴って主張されたのか否かは、些末な事柄である。」(ebd., Anm. 3)

[24] 該箇所で引用されている Guizot の言葉によれば、議会制は「事実上の権力を規制するべき真理、理性、正義を、常に如何なる場合でも全ての市民に追及させるような、絶対的な権力の正統性を決して承認しない」制度とされ、その要素として討論、諸権力の公開性、プレスの自由が挙げられている。「絶対的な権力」を承認しない事、及びそのために諸個人による「討論」を挙げている点は、如上のシュミットの自由主義観に通じる部分を有する（尤も本稿は、寧ろ本文で以下に取り上げる Mill の方が近い見解を提示していると考える）。

シュミットの主張と Guizot との関係に就ては、Pócza, 2014, S. 152-172 が検討を行っている。Pócza に拠れば、Guizot の考える代表制に於ては政治的な真理が相対的なものであり、如何なる個人も絶対的な真理を発見する事はできず、従って物事が絶えず議論に開かれている旨を論じており、シュミットはこの主張を的確に解釈している【S. 161】。尤も、同書は Guizot の主張をそれなりに詳しく分析しているものの、それがシュミットの著作のどの部分に影響を与えているのか、までは解明し得ていない。

第三節　市民的法治国に於ける意見表明の自由・「討論」の原理

Press and Public Discussion が挙げられており【S. 49, Anm. 3】，この著作では政府の構成於ける討論の重要性を指摘しているものの，それ以上にシュミットの主張に近しい叙述が含まれる訳ではない。

此れに対して，シュミットの主張により近しいと考えられるのが，Mill の On Liberty である。同書には例えば次の如き論述が見られる：[25]

「およそ論駁すべき機会があり，論破されていないが故に或る意見を真であると推定する事と，その論破を許さない為にそれが真理だと推定する事との間には，とてつもない差がある。」【p. 22】

「［人間］には議論と経験とによってその誤りを修正する能力がある。経験だけによってではない。経験を如何に解釈すべきかを示すためには，議論がなくてはならない。間違った意見や実践は，事実と論拠を前にして次第に譲歩していくものである。」【p. 23】

「自身の意見と他者との意見を照合しつつ［前者を］修正し完全なものとしていく確固たる習慣は，それを実践するにあたって疑念や躊躇をもたらすどころか，それに正当な信頼を置く為のただ一つの安定した基礎なのである。」【p. 24】

「［議論に於ける］境界（lists）が開かれているならば，たとえより完全な真理が存在するにせよ，人間の精神がそれを受け取り得るならば必ずその真理は発見されるだろう，という希望を持つことができる。そしてそれまでの間は，私達は現在可能な限り真理に接近したと信頼できるのである。」【p. 24】

「或る意見の有用性（usefulness）は，それ自体が意見の分かれる事柄（matter of opinion）である。［意見の有用性をめぐる問題は］意見それ自体と同様に，論駁され，議論に開かれ，論争される事を必要とする。」【p. 25】

以上は，「人間の誤謬性（fallibility）」【p. 22】を基礎として思想・言論の自由を擁護する文脈で為された言明である。いかに堅固な支持を得ている意見であっても，それが誤っている可能性を承認し，そのうえで意見の交換を通して誤謬を正していくという主張は，相対的真理の追究を目指す「討論」と云う

---

(25)　以下，同書からの引用は，J. S. Mill, On Liberty and other writings, 1989 [2010], edited by Stefan Collini から訳出した。

◆ 第三章　分析１：映画検閲と「討論」の観念

GL の主張に（少なくとも表面的には）類似している。

又，1930 年の講演「フーゴー・プロイス」でも，同じ Mill の Considerations on representative government の次の一節が引用されている：

「巧みに構成された社会に於て，正義と一般的利益が大抵は最終的にその要点を最終的に実現する事になる理由は，人類の別々の利己的な諸利害関心が，殆ど常に分裂している事である：或る人々は誤った事柄に利害関心を有するが，併しまた或る人々は正義に適った事柄にその私的な利害関心を有する：そして，より高次の考慮により律された人々は，それだけで優位に立つには余りに少数で弱小であるとしても，通常は十分な討論と説得を経て，彼等と同じ立場の利益団体に有利に天秤を傾かせるに十分なほど強力となる。代表制は事物のこうした状態を維持するよう構成されるべきである。」(26)

シュミットはこの叙述に就て，「均衡に対する信頼といい，それ自体としては無力であるが正しい事物の勝利に対する信頼といい，討論と理念の詭計（List）への信頼といい，自由主義の形而上学に関する啓発的な説明はこの一節を措いて外に無い」と評する。【HP, S. 34, Anm. 27】

これら諸点に鑑みれば，シュミットの自由主義論は Mill から，他の論者よりも強く影響を受けたと推測する事が可能である(27)(28)。無論，影響の強さが

---

(26)　J. S. Mill, Considerations on representative government, in : Collected Works of John Stuart Mill Volume XIX, Essays on Politics and Society, 1977, p. 447.

(27)　尚，VL には On Liberty に就て「Mill の論文はとりわけ特徴的である，何故ならば，それが 1848 年の感銘の下に，自由主義と民主主義の原理の対立，そうこうするうちに社会主義と民主主義の結合によって更に強く意識されるようになった対立，を示しているからである」と述べる箇所が存する。【S. 201】該論述は，市民的法治国の理念が特定の政治形相を志向する事なく，ただ個々の政治形相を制限する事だけを志向し，その限りで如何なる政治形相とも結合し得る事を例証する文脈で為されている。その際，Constant や Tocquieville 等の名も挙げられるが，Mill に就てのみ斯様なコメントが為される。この事を，Mill の著作がシュミットの自由主義理解に特に影響を与えた事の傍証と位置付けることができよう。

(28)　尤も，GL 以前の著作である 1922 年の Die Staatsphilosophie der Gegenrevolution に於て既に，反革命の政治哲学に於ける自由主義像が提示されている。これに拠れば，Donoso Cortés が自由主義の担い手たるブルジョワジーを「議論する階級」と定義した事を踏まえ，それが「あらゆる政治的活動を言論，プレスと議会へと移転させ」る人々

第三節　市民的法治国に於ける意見表明の自由・「討論」の原理

シュミットのテクストに明確に現れている訳ではない[29]。又，以上に指摘した箇所で，Mill はプレスの自由，言論の自由及び議会制に言及しているが，シュミットの考える自由主義の問題全体を論じている訳ではないし，他方で特に議会制に就てシュミットが Mill の問題関心を全て継承している訳でもない。飽く迄 Mill の表現が影響を与えたと云えるに留まる。

　2）次に，シュミットの自由主義論をめぐっては，その見解じたいの適切さをめぐっても議論の余地が存する。その「形而上学の体系」を構成する際の方法もさる事ながら，より重要なのは，その「体系」の内容が十分に具体的な形で展開されていない点である。GL や G の様に，確かに議会制や政党論に関しては自由主義の具体的な制度として論じられているが，他に自由主義の要諦とされていたはずのプレスの自由や意見表明の自由に関しては詳細に論じられていない。意見表明の自由が自由主義の要諦を成すとして，それが議会での「公開の討論」以外に如何なる形で発現し得るのか，に就て具体的な像は殆ど示されていない。

　　　であり，特に七月王制期には「議会によって君主を麻痺させながら，併し王位を奪う事がなかった」「非一貫性」や「自由と平等を要求しながら，にも拘らず選挙権の制限を財産を有する階級に［…］制限しようと試みた」事を指摘する。【ARWP, Bd. 16, S. 125f.】斯様な見解は VL にも継承され，その意味で同論文もシュミットの自由主義観を明らかにする上で，重要な意味を有する。尤も「討論」の内実をはじめとして GL 程には凝縮した叙述を成してはいない。従って，同論文及びそれが参照する言説を，直接の起源と考える事はなお困難である。
(29)　Pócza, 2014, S. 173-175, 197-207 はシュミットの主張を Mill との関係を検討しているが，シュミットのテクストとの関係で具体的に如何なる影響があるのかは，解明されていない。又，同書 S. 174-175 は，シュミットが Mill の議会制に関する考え方を誤解している，と指摘する。即ち，シュミットは国家（公共の福祉）と社会（自己利益）とを対立させ，議会の主な任務を政府の統制ではなく立法に求め，政党の積極的な役割を認めない点で，Mill とは異なっていると論じる。確かに，VL の論述を見る限り，Considerations on representative government で示される様な Mill の議会政治論，特に社会に於ける意見の対立（其処では既に階級対立の問題が生じていた筈である。この点に就ては小田川, 2014, 42 頁以下を参照）を議会政治の様々な工夫を通して積極的に調停・統合していこうと云う態度は見られない。

◆ 第三章　分析１：映画検閲と「討論」の観念

　この事は VL に於ける意見表明の自由をめぐる論述に就ても当てはまる。確かに，VL では他の基本権に比して詳細な解釈論が WRV 第 118 条をめぐって論じられており，また議会制や民主制との関係に於ても言及されており【S. 247ff.】，その限りでは相対的には重視されているとは言い得る。併し，既述の「意見」「一般的法律」に関する釈義の他には，テクスト A の映画検閲論が論じられている程度で，論述は簡素なものに留まっている。

　斯様な叙述の不足・欠落に関しては，抑々シュミットが自由主義や市民的法治国に関して批判的な，又は少なくとも距離を置いた姿勢を採っている事からして，当然の帰結とも言い得る。まして，斯様な姿勢が，その学問的生活の最初期から一貫して有していた近代という時代そのものに対する批判意識と結合していたとすれば，積極的な姿勢や詳細な論述を期待する事は困難であるとも言える (30)(31)。

　尤も，原因をシュミットの思考だけに帰する事は必ずしも正当ではない。WRV 期の「通説」を形成した第二帝政期以来の「実証主義的」方法に基づく

---

(30)　単なる議会制や自由主義に対する批判を超えた，「近代」という時代そのものに対するシュミットの姿勢に関して参照，和仁，1990, 141-167 頁。同書 151 頁注 62 は，Habermas と対比する形で，1918 年公表の Die Buribunken でシュミットが「公共にリファーされた私的圏域を理解することができ」ず，「市民的公共性はせいぜい「討論の公開性」への硬直的な信仰によってのみ可能となるにすぎない」と指摘する。

(31)　尚，この点で問題となり得るのが 1912 年の Gesetz und Urteil, S. 71ff. の論述である。此処では「或る司法的決定が正しいとされるのは，他の裁判官でも同様に決定しただろうと想定し得る場合である」と論じられ，更に，裁判に於ける合議制が他の裁判官による検証としての意義を有し，これにより決定に「他の裁判官が同様に決定したと予測し計算し得る様な高度の蓋然性」が付与されると論じている。

　大竹，2009, 47 頁以下は，此の箇所でシュミットが「決断の普遍化可能性」を問題としており，「決断が，他の裁判官も同様の結論に至るだろう正当な根拠をもった決断として承認されうる」事を要求しているのだと論じる。確かに，此処では，個人の間で意見の交換が為される事により（相対的な）真理に到達・接近するというモデルの実例を提供しているかに見える。尤も，公職者として司法権の行使に携わる裁判官に関する論述と，基本権論に於て想定された個人に関する論述を等置する事が，適切とは考え難い。従って，上記の論述を直ちに意見表明の自由を支える「討論」の実例と位置付ける事は難しいと考えられる。

第三節　市民的法治国に於ける意見表明の自由・「討論」の原理

解釈論はもとより[32]，所謂「方法論争（Methodenstreit）」に於て従来の方法に批判を加えた論者に於ても，基本権は論者の方法を展開・例解する一つの問題領域を形成こそしたものの，今日描かれるような詳細な「各論」が提示された訳ではない[33]。斯様な状況を踏まえるならば，現在から見れば不十分な内容であるとしても，当時の学説としては特異なものではない。

　3）最後に，以上のようなシュミットの自由主義論から，意見表明の自由の行使のありかたに就て具体的な像を取り出す事ができるのか，という点が問題となる。
　既述の様に，シュミットは意見表明の自由を市民的法治国の枠内に位置づけ，

---

[32]　主な文献として，Anschütz, 1933, S. 505ff.; Thoma, 1925; ders., 1930 等。これらが必ずしも基本権の背後に存する理念や実質的な意味を等閑視している訳ではないにせよ，最終的には基本権の保障の程度を憲法典の文言（Thoma, 1925, S. 191ff.）やそれに依拠した「効果の強度」（Anschütz, 1933, S. 517）に求める限りで，「形式的」と評し得る。加えて，Thoma, 1925, S. 196 は，ドイツが共和制であり独立の命令権を有する「官憲（Obrigkeit）」が存在しない事を理由として，基本権の制約が「法律であるという事の保護の下にしかない基本権条項は，ここに至ってまさに空転しているというべきである」と論じており，更に Anschütz, 1933, S. 551 は第118条第1項に就て「法律による行政の原理という一般的な法治国の原理の確認であり具体化」であると論じている。

[33]　所謂「実証主義国法学」の解釈方法に対して独自の基本権解釈論を提示する文献が特に1920年代後半以降簇生するが，此処では代表的かつ本稿にとってレレヴァントな文献として，シュミット自身の基本権論の他，Heller, 1924 及び Smend, 1928a 及び ders., 1928b を挙げるに留める。「実証主義的」傾向を含め，WRV 期の基本権解釈論の趨勢と分岐を，法解釈の方法論一般にまで遡って詳細に検討した文献としては，Ule, 1931 が存在する。Ule 自身は，該論文の中で，特定の解釈方法論への明確な支持を表明してはいないが，基本権解釈に際して目的論的観点の導入が不可欠であると論じている。更に WRV 体制の末期に公刊された Huber, 1933 は，シュミットの学統に属しながらも「精神科学的方法」を用いて，基本権が自由主義的な個人の自由としての意味を消失して「民主的な国民国家」の「基本秩序」に馴致され，国家と私的領域の「中間領域」を形成するという基本権の「意味変遷」を論じている。このほか WRV 期の基本権をめぐる学説の状況に就ては Gusy, 1997, S. 427ff.; Stolleis, 2005, S. 109ff. 及び Groh, 2010, S. 409ff. を参照。「方法論争」（特にその端緒となった1926年及び1927年の国法学者大会での報告・討論）に関する邦語文献としては，日比野, 1986 がある。

◆ 第三章　分析１：映画検閲と「討論」の観念

また少なくともその枠内では自由な行使を容認していると一応は考え得る。併し，議会と政党の活動以外に，この自由がどのような形で行使されるのかに就き，詳しい叙述は見られない。このため，彼が市民的法治国や意見表明に対して真摯にコミットしていなかったのではないか，と云う疑念も当然に生じる。

併し，VLの論述をも併せて考えれば，シュミットに於ても次のようなプロセスは容認されていたのではないか，と云う想定は可能である。即ち，個人がWRV第118条所定の方法によって「意見」を表明し，その態様が一般的制約の範囲内であり，然もその行使が「政治的なもの」の領域に達しない「社会的なもの」の領域に留まる限りでは，議会外の政党に属しない個人による意見表明は（積極的な意義が承認されないとしても）容認されている。又，GLやGで提示される自由主義の像に照らせば，「討論」の原理に依拠した意見の交換と相互の妥協を介して，相対的な真理に到達する過程の一環として，例えば個人のプレスの自由の行使は容認されていた筈である。

尤も，第一節及び第二節の検討から判るように，シュミットは意見表明の自由に於ける「他者との結合」を（他の論者とは対照的に）消極的にしか捉える事ができない。このため，より積極的な意見表明の自由・「討論」の像を構成する事は，もとより困難であった（又は意図されていなかった）と言わざるを得ない。

又，以上の様な想定が許されるとしても，シュミットの観察に拠れば，意見表明の自由が「討論」の原理に基づいて理想的に行使される事は現実には稀であり，寧ろ「広告」や「シンボル」による，「説得」ならぬ暗示や示唆が台頭していた。GLやGではこの状況が議会制や政党によって例解されるが，更に映画もその一環として観察していた可能性がある。即ち，「図像や演技による表現にすぎない」映画がこの「暗示」の一例として位置付け得るとすれば，映画という媒体の普及・浸透は，まさに「討論」の理念の後退と評すべき状況として映ったと考え得る。

第四節　「政治的なもの」の概念

１）最後に，テクストA及び上述の基本権論の中に登場する「政治（的）」

第四節 「政治的なもの」の概念

という概念の意味と，該テクストの中で有する位置を検討する。
　「政治（的）」という概念，及びそれをめぐる問題は，テクスト A の末部で言及される。即ち，

　「映画による大衆感化という政治的な問題は非常に重大な意義を有するので，如何なる国家もこの強力な心理技術的な装置をコントロールせずにおく事はできない：国家はそれを政治から引き離し，中立化せねばならない，つまり本当のところ——政治的なものは回避しえないのだから——現存する秩序に奉仕させざるを得ない，国家がそれを公然と社会心理学的な同質性という統合の手段として利用するだけの勇気がないとしても。【VL, S. 168】

　議論を先取りすると，此処には次章で検討されるべき問題が概括的に述べられているのだが，その骨子は，映画の強力な「大衆感化」・「心理技術的な装置」という観点を理由として，国家が統制を行う事が不可欠である，というものである。併し，その大衆感化は「政治的な問題」であるとか，映画を「政治から引き離し，中立化しなければならない」とか，或いは「政治的なものは回避しえない」といった叙述は，単に表現の社会的影響力に対する警戒感には還元し得ない意味を含んでいる。特にそこで言われる「政治（的）」の意味を，VL の分析に必要な限度で解明し，映画検閲論との連関を示す事が，本節の目的である。
　2）シュミットに於ける「政治（的）」の概念が最も明確に論述されている著作は，周知の如く 1927 年公表の論文「政治的なものの概念」である[34]。一般

（34）　同論文は，先ず① Archiv für Sozialwissenschaft und Sozialpolitik, Bd. 1, 1927, S. 1ff. に掲載され（その後 PB に一部が，FP に全文が収録されている），② 1928 年に，Verlag Dr. Walther Rotschild から単行本として刊行され，その後，③ 1932 年に大幅な加筆修正を経て単行本として Duncker&Humbrot から刊行され，④ 1933 年に更に大幅な改訂を経て Hanseatische Verlag から刊行され，⑤ 1963 年に 1932 年版のテクストに Vorwort と三つの Corollarien を付して再度 Duncker&Humbrot から刊行されている。
　　現在の普及版⑤は名目上③の復刻とされているが，Meier, 1998, S. 34, Anm. 27 が指摘する通り，若干の変更が為されている。実際に確認された限りでは，改行箇所の増加，注番号の整理，強調の方式の変更（ゲシュペルトと斜体が併用されていたところが斜体

◆ 第三章　分析 1：映画検閲と「討論」の観念

に「友―敵区別」[35]と称される彼の「政治的なもの」の概念は，概要次のような理路で提示される。

　論文は「国家の概念は政治的なものの概念を前提とする。国家とは人民（Volk）の政治的状態（Status）である」という言明で始まり，国家が「特別の態様の人民の状態」であり，然も「状態及び人民」という観念は「政治的なものの本質が誤解されれば，理解できなくなる」と論ずる。併しシュミットの見るところ「政治的なもの」の様々な定義は不十分であり，特に国家に関連づけられた定義は，「国家が明確且つ確定した存在として前提とされ得る限りで」正当であるに過ぎず，もはやその前提は自明ではない。【S. 1ff.】

　斯様な状況に対して，シュミットは続く第二節に於て自らの「政治的なもの」の概念規定を提示する。即ち，その概念規定は「特殊政治的なカテゴリの解明と確定」により獲得され得るのであり，それは「道徳的なもの，審美的なもの，経済的なもの等」と並んで「独立して固有の領域」として存在し，「相対的に独立で，相対的に最終的な固有の区別を有さねばならない」。この「特殊政治的な区別」の内実が「友と敵の区別」であり，且つそれは道徳的なものに於ける善悪や審美的なものに於ける美醜といった問題とは独立に適用される指標である[36]。「政治的な敵」とは「実存的に何か他なるものや異なるもの」

　　に統一されている），及び新たに斜体による強調が施されている（次章で 1932 年版として引用を行う際には，この差異にも配慮する）。本稿は①と③（及び⑤）を分析対象とするが，双方の体裁が雑誌論文と単行本という差異を有する事に鑑みて，以下では「初版」「第二版」ではなく「1927 年版」「1932 年版」という表現を用いる。

　　　尚，上記のうち①③④のヴァージョンに就ては，三者のテクストを比較対照が容易な形で収録した Der Begriff des Politischen: Synoptische Darstellung der Texte. Im Auftrag der Carl-Schmitt-Gesellschaft hrsg. von Marco Walter. が Duncker&Humblot から 2018 年に刊行されている。

(35)　「友」「敵」は夫々 Freund と Feind の訳語である。前者に就ては同論文が戦争の問題に端々で言及している事に鑑みれば「味方」と訳する選択もあり得る。併し，同論文でも 1932 年版でも「敵」に関する概念規定は入念に行われるが，Freund の内実を明確化する箇所は見受けられず，後者の訳語を再考する為の手掛りに乏しい。このため，通例に従い「友」の訳語を用いる。

(36)　「政治的なもの」に関する友・敵という指標に就て，シュミット自身は PB, S. 75ff. で，1925 年から 1926 年にかけてボン大学で行われたゼミナールに於て着想を得たと述

第四節 「政治的なもの」の概念

であり，「紛争状態にあっては固有の態様での実存の否定を意味する」。【S. 3ff.】

続く第三節では，「政治的な」対立の内実が更に具体化される。即ち「友・

べている。

　BP1927 を基点とした場合，そこに結実する発想は確かに部分的にはそれ以前の著作にも現れている。例えば 1925 年の Römischer Katholizismus und politische Form では次の様に論じられる。「政治は，単に経済的なもの以上である事を要求するため，生産と消費以外のカテゴリに依拠せねばならなくなる。［…］奇妙な事に，資本主義の企業家と社会主義のプロレタリアートは，双方とも一致して政治の要請を不遜なものと見做し，経済的思考に立脚して政治家の支配を「ザハリヒでない」と感じる。併し，政治的な見地を一貫させるならば，これはただ，一定の社会的権力集団が国家権力を手中に収める為に，生産過程での自身の地位を利用する事を意味するに過ぎない。彼等が恰も政治家や政治そのものに対して抵抗しているように見える場合でも，実際に念頭に置いているのは彼等を当面のところ妨害する具体的な政治権力である。もし彼等がこの政治権力の除去を成し遂げたならば，経済的思考と政治的思考とを対立させる事もその関心ではなくなり，経済的基盤に基づき設立された権力による新たな政治が実現する事だろう。」【S. 29f.】

　此の論述は，如何に「経済的思考」を貫徹しようとも「政治」が回避し得ない，という主張を含む限りでは BP1927 の主張に通じる。尤も，和仁，1990, 304 頁に拠れば，上記の叙述には，経済思考・技術思考に抗するべく構想されたシュミットの公法学の基軸を成すカトリシズム固有の合理性が，それにも拘らず技術的でマキアヴェリズム的な政治理解に絡め取られざるを得ないと云う，「政治的」の語に当時込められていた二重性が現れている。此れに対して，BP1927 の表現からはそのような二重性は読み取れない（和仁，1990, 352-353 頁に拠れば，1927 年以前から続くシュミットの公法学の問題関心からすれば，寧ろ BP1927 の友・敵論こそが「政治的なもの」の二義性」いう本来の問題を「棚上げないし回避し」たものと評価される）。

　古賀，1999, 152 頁は，1926 年に雑誌 Die Schildgenossen に公表された論説 Um das Schicksal der Politischen（政治的なものの運命，5. Jg., Heft 5, S. 313-322）を根拠として，同年のうちに BP1927 に於ける「政治的なものの概念はほぼ成立していた」と論じる。該論文の表題に Politischen の語が用いられている事，「政治的及び国家的な生活に，現在の産業的で財政的な実務の手法を転用する」事を批判する点（S. 319），及び「国家の政府（staatliche Obrigkeit）」が「国民の公共の福祉，公共善（bonum commune），その支配の目的を定める」能力を持たねばならない論じる（にも拘らず，国際連盟がその能力を有さない事を批判する）点（S. 321）は重要である。併し，この論文にも友・敵という用語・枠組は登場していない。

◆ 第三章　分析１：映画検閲と「討論」の観念

敵」の概念は精神的・規範的な意味ではなく「具体的，実存的な意味で」理解されるべきであり，この「区別の生々しい現実性や現実的な可能性」が問題となる。更に，敵とは「闘争する現実的な可能性を有する人間の総体」，然も「特に人民と関係づけられた」「公敵」である。「真正の敵の概念」は「闘争が現実に起こり得る」事であり，また「友，敵及び闘争の概念」は「身体的な殺害の現実の可能性」との関連で獲得される。この「敵たる事（Feindschaft）」の具体的な現れが戦争である。戦争は「極限的な政治的手段」であり，「あらゆる政治的な観念に通底する友と敵の区別を明らかにする」。互いに闘争する集団が存在する場合，その対立は「もはや宗教的，道徳的又は経済的ではなく，政治的である」。【S. 5ff.】

更に第四節では，「あらゆる宗教的，道徳的，経済的，倫理的又は他の対立は，それが人間を友と敵へと結集させるに十分に強いものになると，政治的な対立へと変化する」と述べられる。例えば，宗教団体が自ら戦争を遂行する場合や，労働組合に見られるようにある階級が対立する階級を敵として闘争を行う場合，それらの団体は「政治的な単位」としての性格を具有するに至る。

　「政治的なもの」に関するシュミットの主張が具体的にどの論者から影響を受けたものかに就ては，幾つかの推測が為されているものの，現在に至るまで特定されてはいない。例えば，Günther Maschke は自身が編集した SGN に付した注で，「シュミットが編者に伝えたところによれば」スペインの戦術家 Baltasar Alamos de Barrientos 及びインドの国家思想家 Kautilya にその起源が求められる，と論じている【S. 221f. Anm. 5】。併し，この言明を裏付けるシュミット自身の著作や発言は挙げられていない。又，Gangl, 2011, S. 36-37 はオーストリアの社会学者 Gustav Ratzenhofer やドイツの社会学者 Leopold von Wiese の思考との類似性を指摘するが，これも飽く迄シュミットの思考が孤立したものでない事を示すものに留まる。更に，Herrera, 2010, S. 23-44 は，Gesetz und Urteil から Politische Romantik に至る迄の初期の著作に於けるシュミットの政治思想を分析しているが，同書は実践哲学の伝統との関係を主題としている点で本書とは問題関心が異なり，又，S. 45ff. では BP1927 と BP1932 を区別して論じていないと云う憾みがある。

　更に，この問題をシュミットの個人的な経験や人格形成に関連づけて説明せんとする試みもある。例えば Lehnert, 2003, S. 89 は，「敵」の概念をはじめとするシュミットの「「極端な」表現方法」の淵源を青年期に於ける「自身の戦前及び戦後体験の間の極度の緊張関係」に求める。

第四節　「政治的なもの」の概念

「政治的なものは，人間の生の様々な領域から，宗教的，経済的そして道徳的な対立から，その力を引き出す」。併し，「現実の友と敵への結集はその存在に即して余りにも強く決定的であるために，非政治的な対立は，それがこの［政治的な］結集をもたらした瞬間に，従来の指標を後退させ，政治的なものの全く新たな条件と帰結とに服せしめられる」。【S. 9ff.】

　この後，同節では以上の理解を前提として多元的国家論の検討が行われ，第五章では政治的単位たる国家の本質的要素としての交戦権（ius belli），第六章では政治的単位たる国家の併存としての国際関係，就中国際連盟の問題，そして第七章では政治理論の前提とする人間像の問題，が論じられる。

　最後の第八節では，自由主義と「政治的なもの」との関連が論題とされる。シュミットに拠れば「自由主義的な政治などというもの［…］は存在せず，「干渉」に対する批判以外には［自由主義的な］外交もまた」存在しない。なぜなら，「体系的な自由主義の理論は，国家権力に抗する内政上の闘争にのみ関連し，この国家権力を個人主義的な自由と私有財産の保護のために分割し，阻止し，調整し，コントロールし，国家を妥協に，国家の諸制度を「安全弁」にする，ための一連の方法のうちに存する」からである。「典型的な態様の自由主義の概念は，倫理（「精神性（Geistigkeit）」）と経済の間で運動し，これら両極から政治的なものを解消しようとする」。政治的な「闘争」は経済的には「競争」，精神的には「討論」へと変性する。併し自由主義が斯様に試みたとしても，「政治的にみれば，道徳，法あるいは「規範」の「支配」は常に一つの具体的な政治的意味を有するに過ぎない」。【S. 28ff.】

　3）以上のうち，本章での分析にとって意義を有するのは，次の諸点である。

　第一に，シュミットに於ける「政治的なもの」が最終的には実力による「闘争」，特に「戦争」という形で発現する，という点である。この「闘争」の主眼が全体として対内的なもの・対外的なもののいずれに置かれているのか，は1932年版の読解に於ても問題となるが，1927年版では明確にされていない[37]。

---

(37)　尤も，第四節・第八節が対内的な問題，第五節・第六節が対外的な問題に主眼を置いている，という事はできよう。尚，Schönberger, 2003, S. 33 は，BP1927 に関して「政治的なもの」という「事項領域を，彼［＝シュミット］は特に外交及び戦争の可能性によって理解している」と解釈するが，この解釈では第四節での多元的国家論との対

◆ 第三章　分析1：映画検閲と「討論」の観念

併し，此処では，何らかの集団間の対立が実力を以て衝突を起こすだけの強度を有している時に「政治的」とされる事が重要である。

　第二に，この「政治的なもの」が以上の如き指標を有するとしても，道徳・宗教・倫理・経済といった他の領域から発生し得る，という点である。この点も，1927年版と1932年版の異同を考える上で問題となる。尤も，第四節で言われる様に，宗教的なものの具体例である教会や，経済的なものの具体例である労働組合や「階級」が，一定以上の強度を以て闘争を行う場合には，宗教的な対立・経済的な対立という色彩を後退させ政治的な対立としての性格を帯びるというのが，1927年の段階での主張である。

　第三に，「政治的なもの」が国家の存立を基礎づけるものであり，如何に自由主義な思考を徹底させたとしても内政・外交の両面でこれを消去する事は不可能である，という点である。第八章の自由主義批判のみならず，多元的国家論を検討した第四章でも，国家の内部で何らかの集団が実力による闘争を行うに至れば，それ自身が政治的な単位となる旨が述べられる。換言すれば，国家が存立しようとするならば，こうした集団が「政治的」なものになる前に対策を講じる事が不可欠となる。

　4）最後に，テクストAの末部に付された「国家がそれを公然と社会心理学的な同質性という統合の手段として利用するだけの勇気がないとしても」という部分に就き検討を加える。

　VL第18章「国民と民主制の憲法」では，前章に引き続き，市民的法治国とはレベルの異なる国家形相の一つである民主制に就て，体系的な論述が行われる。此処で民主制は「公論の支配」と規定される。「公論」とは，「『組織されないまま』成立し，かつ存立する」ものであり，官職の担い手による職責には還元され得ない。それが「諸政党や諸団体によって影響され，また作り出される」事があるとしても，「法律によって承認されたり公認される事は決してあり得ず，その意味で無統制のままである。」併し「あらゆる民主制には諸政党，雄弁家，デマゴーグ，［…］更にはプレス，映画そして他の大衆の心理的操作の手法が存在する。［…］此処では常に，不可視で無責任な社会的諸力が

峙を説明し得ないと考えられる。

第四節 「政治的なもの」の概念

公論や国民の意思を操縦する危険が存在する。[…] この危険は，民主的な同質性がその実体をなお備えている限り，また国民が政治的意識を有している，即ち友と敵とを区別し得る限り，さしたるものではない。[併し] 先の民主制の実体的な前提が欠落すれば，如何なる組織も如何なる法律上の規範も役に立たない。」【VL, S. 247】

　此の箇所は，「同質性」という上記引用部で登場する概念と「映画」の問題とが同時に登場する点で，本稿にとって重要である。此処で扱われる問題は，民主制の要諦を担う本来徹底して無定形であるべき「公論」が，様々な夾雑物によって操縦される危険性である。先の「政治的なもの」を自ら独占し得ない程度にまで国民の「民主的な同質性」を前提とし得ない状況では，この危険は，「組織」や「法規範」を無意味なものとする，その意味で国家を危殆に瀕させるものとなる。

　此処で言われる「民主的な同質性」とは，VL の記述に拠れば「民主制における平等」の本質的要素である「国民の同質性」【S. 234】であり，これは国民よりも広範な「人類」や，国民の内部で分化していく「階級」に抗する意味を有する。このうち特に「階級」に就ては，それが独自に友・敵区別を為し得る場合にはそれが新たに政治的存在になる，という BP1927 と同種の見解が示される。

　これに拠れば，「民主的な同質性」を前提とし得ない状況とは，其処で列挙される人物・集団又は媒体によって国民の内部で対立が生じ，その一部が「政治的な」決定を自ら行うに至る状況を意味すると考えられる[38]。又，シュミットが，映画検閲はそうした民主制という国制の「前提」を維持する為の方策になり得る考えたと推測し得る。

　尤も，「国家がそれを公然と [⋯] 利用するだけの勇気がないとしても」という控え目な表現が示す通り，テクスト A の段階ではまだ，映画検閲を（民主制）国家がその存立を維持する為に行う必要性をさほど積極的には承認して

---

(38) 逆に云えば，この程度に至らない限りでは，国民の間に相違・差異が存在することはシュミットの枠組に於ても排除される訳ではない【Neumann, 2011, S. 153-154】。この点は，前節第四款で論じた，シュミットが実際にどこまで意見表明の自由が行使され，個々人が討論を行う事を想定していたのか，と云う問題を考える上でも意味があろう。

◆第三章　分析１：映画検閲と「討論」の観念

いない様に読める。その限りで，次章で検討する1933年（及びそれに先行する1930年代の著作）の論調との間には，切迫性に違いが存する。「政治的なもの」，市民的法治国の枠を超えた「政治的単位」としての「国家」に関する深刻な問題は，映画検閲論の分析という問題関心を介する限り，VLの段階では主たる地位を占めるには至っていない事が確認される。尚，この「同質性」をめぐる問題は，テクストBを分析する際にも重要となる（第四章第四節第四款第二項）。

第五節　小　括

以上の検討の結果は，次の様に要約し得る。

１）先ず，テクストA末部の「政治的なもの」をめぐる論述との関連では，映画のもたらす大衆感化が「政治的な」問題とされるのは，映画の上映によって大衆感化が放縦に行われる事により，諸個人の間で友・敵への結集，即ち実力による闘争が発生する危険が存する為と考えられる。

斯様に集団（より正確には集団相互の対立）が「政治的なもの」の領域に到達した場合，本来その上位に存在した筈の国家は「政治的なもの」としての性質を喪失する。併し，国家が存立しようとする限りは，その性質を放棄し得ない以上，斯様な対立は抑止されねばならない。映画検閲はその方策の一つとして考えられる。即ち，集団間の対立が実力による衝突に昂進する前に，そのような対立へ集団やその構成員を駆り立てる効果を有する映画に就て，そのような効果を減殺する措置として，検閲が位置付けられ得る。（第四節）

２）次に，基本権との関連では，意見表明の自由が属する「他者との結合に於ける基本権」は，「孤立せる個人の基本権」と同様に本来は無制限の保障を享けるが，他者との接触を含意するが故に格別の制約に服さざるを得ない。

この制約を考える上で手懸りとなるのが，同じく「政治的なもの」である。即ち，この種の基本権の行使が「社会的なもの」，自由主義の観念に適合する討論や競争の枠内に留まっていれば，それは「孤立せる個人の基本権」の行使と同等の扱いを受ける。併し，その程度を超えて「政治的なもの」の領域に踏み込むならば，もはや真正の基本権としての保障を享けない。此処で，結社の自由をめぐって労働組合が例示されていた事を踏まえるならば，集団間の対立

第五節　小　括

が実力による衝突，又はその危険をもたらす場合には，真正の基本権よりも踏み込んだ規制・統制が許容される事になる。（第二節第二款）

　映画に就ては，それ自体が「意見」の表明に該当しないだけでなく（テクストA及び第一節），その上映が「政治的なもの」の領域に達する可能性が存在する事から，基本権としては通常許容されない（即ち，無制限の自由を享受せず，可測的な制限＝一般的法律による制約にもとどまらない）検閲という強度の統制が許容される事になる。（第二節第三款）

　3）映画が「自由主義的な基本権の発展一般にとって特別の意義」を有するという言明，及び諸個人の結合の強化や伝達技術の変革によって，市民的法治国の基軸を成す配分原理が失われ，個人の無限定の自由という観念が擬制と化するという診断，に関しては次のように理解される。

　意見表明の自由を含む真正の基本権は「討論」の理念に依拠しており，諸力の自由な競争から相対的な真理が生成するという思考を前提としていた。（第三節第二款）併し，GLやGで「討論」の後退が主張された様に，VLを執筆していた時代の状況はこの像からかけ離れていた。議会では非妥協的な政党の対立によって建設的な討論が阻害され，労働組合の運動はその背後に存する戦闘的な主張とも相俟って警戒心を喚起し，伝統的な意見表明の媒体であるプレスに対する信頼も失われつつあった。（第三節第三款）

　これらのうち特に前二者に就て言えば[39]，当時の現状は，様々な集団が強

---

(39)　後一者即ちプレスをめぐる当時の状況は，例えばDussel, 2011, S. 121-158で詳述されている。此れに拠る限り，当時のプレスが単純に独占状態にあったとは断定し得ない。即ち，確かに独占に向かう傾向は見られ，特にAlfred Hugenbergの経営する新聞・出版コンツェルンの存在感は無視し得なかったものの，併し全体としては大小の新聞が多数混在する状況だったとされる（S. 128-129, S. 148-150）。併し，小規模な新聞であっても，その発行される地域に於ては独占状態にある場合も存在した（S. 129）。各政党も夫々に新聞を発行していたが，確固たる組織を具えていたのはSPD・KPD及び上記のHugenbergのみであった（S. 131）。このため，当時の状況を単純化する事はできない。尤も，1922年の第一次共和国法§20乃至§22に基づいて現に多数の印刷物が処分を受けていた状況に鑑みれば，プレスが党派的で過激なアジテーションに用いられる事は既に顕著な事実となっており（参照Gusy, 1997, 306-307），プレスに対するシュミットの悲観的な評価も根拠のないものではない。

◆ 第三章　分析1：映画検閲と「討論」の観念

固に結束したものとして社会の様々な領域で台頭しており，VL が描出した市民的法治国の秩序像，即ち精神的に独立した個人が討論によって「公論」を形成し，就中議会に於て意思決定を行うという秩序にとって脅威となるものであった[40]。勿論，個々人が討論を行い，その結果として結合していく事自体が明示的に否定される訳ではない。併し，結社が個人の精神的独立を抑圧する程度にまで凝集度を高める事は容認し得ない事態であった。

　シュミットにとって，映画は多数の観客に対して「意見」の範疇に属さない演技等のイメージを伝達する媒体であった。それはプレスや演説の様に言語による合理的な主張を個人の理解に訴える類の媒体とは質的に異なる，寧ろ特定の思想や世界観，及びそれを抱懐する集団へと個人を動員する為の媒体とすら言い得るものであった。然も，そのような媒体が大衆に広く支持されているという状況は，「討論」による公論形成への信念が希薄化した状況の現れと解釈されても不自然ではない。その限りで映画は，原則として個人を単位として構成され，その本来無制限な自由としての基本権を主軸とし，且つ WRV が決定を下した市民的法治国の枠組（第二節第一款）の枠内には位置づけられない媒体であった。にも拘らず，現実にはその媒体は発達しながら市民的法治国の基軸を侵食しつつあり，映画検閲は，いわばその侵食作用からの防衛策として位置づけられていたと評価し得る。

---

(40)　勿論，シュミットの分析や警戒感がどこまで的確な者であったのかは別途問題となるが，この問に答える事は本書の課題ではない。既存の研究による評価は分かれているが，例えば Bendersky, 1983, S. 64f. に拠れば，「第二帝政の権威主義的伝統のために，ドイツ人は多元的社会の自治に必要な妥協という習慣を発展させられず，ドイツは和解し得ない諸々の社会集団に分裂せられたままであった。結果として，ヴァイマール共和国の諸政党は，互いに対立する特殊な階級的利益やイデオロギーの代弁者になった」。これに対して，飯田・中村・野田・望田編, 1996, 262 頁以下は，多様な利益団体と政党の錯綜した関係を描写しつつも，利益団体を介した「多元的利益の競合と調整」が，特に 1920 年代中期に於ては外交面での政策決定や社会政策に於て，利益団体の政党に対する主張が社会的基盤を異にする諸政党が立場を超えて結束を可能ならしめた，という積極的な側面を指摘している。

◆ 第四章　分析 2：映画検閲と国家の存立

章　序

　本章の課題は，前章に続いて，シュミットの映画検閲論のうちテクスト B の分析である。

　既述の通り，テクスト B はいずれも WRV 末期の 1933 年に公表されたものである。後述する通り，当時のドイツの国内情勢は，諸々の社会勢力の対立が組織化された実力による衝突にまで至るという著しく混乱した状況にあった。又，1932 年 7 月及び 11 月の選挙の結果として NSDAP 及び KPD という反体制政党が併せて過半数の議席を占めた為に，ライヒ議会では議事が殆ど行われない状態となっており，大統領による緊急命令がその役割を代行していた[1]。

---

(1)　平島，1991，108 頁以下，Mommsen, 2009, S. 432ff., Winkler, 2014, S. 510ff. に拠れば，第五選挙期が終了してからの状況は，次の様に要約し得る。

　　1932 年 7 月 20 日のプロイセン政府罷免を経て 7 月 31 日に行われたライヒ議会選挙の結果は，NSDAP が前回の約二倍の得票率（37.4%）で第一党に躍進し，SPD（得票率 21.6%），KPD（得票率 14.5%）がそれに続き，このうち NSDAP と KPD が併せて過半数の議席を占める状況であった。このためライヒ議会は立法や財政に関する権限を行使し得ない状況に陥り，大統領の発する緊急命令がその機能を代替していた（このため，第二章では第六選挙期以降の検討を行う事ができなかった）。

　　第五選挙期末期の 6 月 1 日に首相の地位に就いた v. Papen は，Brüning とは異なって超党派性を強調し，内閣の構成員という点でも政治的な方針という点でも，議会や各政党との結びつきが希薄であり，政治的には主に大統領と国防軍を主な拠り所としていた。又，ブルジョア右派や大地主層との結びつきは強かったとされるが，各種利益団体との繋がりは希薄であった。

　　7 月末の選挙を承けて 9 月 12 日に召集された第六選挙期ライヒ議会は，冒頭の KPD による不信任決議案と緊急命令破棄の動議，及びその可決により即日に解散される。尚，同日には次回の選挙の期日を定める事なく議会を解散する事が計画されていた（此の計画の立案にはシュミットも参加している）が，併し v. Papen の不首尾により失敗に終

◆ 第四章　分析2：映画検閲と国家の存立

　テクストBは，斯様な国内情勢の中で書かれたシュミットの著作の一環を成す。テクストBは，テクストAと同じく公法学の論文として位置付け得るものであり，分析の主たる道具は前章で参照した言説の中に既に出揃っているかに見える（意見表明の自由の釈義とその基本権論に於ける位置付け，市民的法治国の理念，その基軸としての自由主義・「討論」の観念，「政治的なもの」の概念，等）。

　併し，テクストBの表現だけに着目しても，論調に微妙な変化が見られる事は既に指摘した（第一章第二節）。具体的には，テクストAではその力点が映画という表現媒体と意見表明の自由やその背後にある理念との不整合を指摘する所にあったのに対し，テクストBでは国家が存立するための必須の措置として映画検閲が位置付けられており，その必要性を積極的に主張するに至っている（勿論，テクストAの末部にも同旨の記述は見られるが，その比重は大きく異なる）。この背後にはいかなる考え方の変化が控えているのか，それはテクストAの場合と如何に異なるのか，を探究する事も必要となる。

　加えて，VL以降の著作には，国内法に関する著作に限定しても，それまでの時期に於ける著作とは論調の異なる部分や新たに追加された主張が存在する。前者の例としては1932年版のBPの1927年版からの変化，後者の例としては1930年代の著作に度重ねて登場する「全体国家」の概念，が挙げられる。又，

わっている。
　続く11月6日の選挙ではNSDAPが得票率を減らしながらも第一党の地位を維持し（得票率33.1%），SPD（得票率20.4%），KPD（得票率16.9%）がこれに続き，NSDAPとKPDが併せて過半数を占める状況は変わらなかった。v. Papen内閣は各政党や利益団体からの支持を殆ど得られない事が判明するに及んで辞職し，12月2日には同内閣で国防相を務め，又，従来より大統領周辺で政治的影響力を行使してきたv. Schleicherが首相となる。同内閣はv. Papen内閣の如き明確な政策目標を有しなかったが，併し所謂「横断戦線（Querfront）」構想に見られる様に，各政党や利益団体との妥協・融和が一定程度図られた。併し，それでもユンカー層をはじめとする諸勢力の支持を十分には得られず，又，前首相v. Papenによる策謀もあって，大統領Hindenburgの信任を失う。Hindenburgは次の内閣を模索するが，v. Papenから為された，Hugenberg等を併せて役職に就かせる事によりHitlerの行動を掣肘し得るとの助言を契機として，1933年1月31日のHitlerの首相指名へと事態は推移する。

第一節　テクストBの位置づけ

1932年公刊のLLや1930年の講演Hugo Preussに見られる様に，この時期にはWRVに基づく国家体制を擁護する姿勢も明確となる。

　本章では，以上の如き変化を踏まえて，特にVL以降のシュミットの著作を主な手掛かりとしながら，第一章で指摘し諸点を検討しつつ，テクストBの分析を行う。具体的には，先ずテクストBが自身の含まれる著作の中で有する意義と，その著作の背後に在る問題関心と，検討すべき論点とを明らかにし（第一節），これを承けて，諸著作に登場する「全体国家」の観念を，1933年の二論文が提示する二つの側面，即ち批判されるべきドイツの現状を指示する側面（第二節）と，それに対して維持・回復されるべき国家像を指示する側面（第三節）から，検討する。この検討から，テクストBの背後に控えているシュミットの国家観とそれに基づく現状認識のありようが明らかとなる筈である。更に，同じくVL以降の著作で前景化する「技術（Technik）」の観念との関係で，プレスの自由・意見表明の自由が蒙った意味の変化を検討し，更に前記の国家像との関係の明確化を試み（第四節），これらの検討を綜合して，テクストBに於ける映画検閲論を背後で支えた思考を明らかにする（小括）。

第一節　テクストBの位置づけ

　先ず，テクストBの各々がそれが含まれる著作全体の中で有する意味を検討する。

　既述の通り，両者の含まれる論文は1933年というWRV体制の末期に公表されたものであり，該時点までに蓄積されたシュミットの憲法論・国家論の要素，就中20年代末から深刻化した内政上の混乱に対する危機感，が随所に反映されている。

第一款　「ドイツにおける全体国家の発展」

　テクストB／aが含まれる論文「ドイツにおける全体国家の発展」（以下，WE）は，雑誌 Europäische Revue, 1933年2月号に公表されたものである[2]。

---

(2)　同論文の執筆から公表までの間にHitlerが首相に就任したと考えられる。後にVA,

◆ 第四章　分析 2：映画検閲と国家の存立

　同論文の主題は，約 10 年にわたって「脱政治化」という標語のもとに様々な問題の「純粋に技術的，法律的，経済的観点からの」「ザハリヒな」解決を企図してきた傾向に対して，「全ての問題が潜在的に政治的問題であるという認識」を強調しつつ，ドイツの現状を考察する事である。【S. 65 ; VA, S. 359】

　続いて，「全体国家というものが存在する」と述べられる。この用語に対する否定的な諸見解にも拘らず「事態そのものは消去し得ない」。「あらゆる国家はその政治的支配の為に用いる所の権力手段（Machtmittel）を我が物にしようとする」。然も「そうする事は，現実の国家の確かな徴表でさえある」。技術，特に軍事技術の発展に伴って「あらゆる政治的勢力は，新たな武器を手中に収める事を強いられ」，「その力も気概も無いとすれば，他の力や組織が登場して，今度はそれが政治的権力，即ち国家となる。」【S. 66 ; VA, S. 360】

　この技術の発展には，意見表明の手段に関するそれも含まれる。「プレスや他の従来の意見形成の手段がもたらし得る何ものよりも包括的であり得るような大衆感化の可能性，否，必要が生じる。」プレスに就てはなお広範な自由が保障されており，諸々の緊急命令にも拘らず，プレスによる「意見表明」，「現実には政党の煽動（Parteiagitation）や宣伝による大衆への働きかけ（propagandistischen Massenbearbeitung）」の余地は広く保障されており，検閲の導入も検討されていない。これに対して「映画及び放送」という「新たな技術的手段」は「あらゆる国家が手中に収めねばならない。」「自由主義的な国家で，映画部門や放送に関して少なくとも強度の検閲や統制を要求しないものは存在しない。如何なる国家も，この新たな報道（Nachrichtenübermittlung），大衆感化（Massenbeeinflussung），大衆示唆（Massensuggestion），及び「公的な」正確に

　S. 365 でシュミットは，「Schleicher 内閣の罷免と，1933 年 1 月 30 日の Hitler の首相への指名によって，論文の目的は失われてしまった。併し，弱さによる全体的な，多元的な公共体（Gemeinwesen）に関する叙述の意義にはなお意義が存する。政党や様々な種類の利益団体による圧力の下で，国家は，量的に全体的となり，人間の共同生活のあらゆる領域に介入する事を強いられた。国家は，客観的理性の領域たる事を止めてしまった。特に選挙は，公然たる内戦の中で闘争する極端な権力組織（Machtorganisation）の間での選択となってしまった。」と述べている。特に引用部第一文からは，少なくとも同論文がナチスの政権掌握に抗する意図に基づいて書かれたというシュミットの自己理解が読み取れる。

第一節　テクストBの位置づけ

は：集団的な（kollektiv）意見の形成の手段を敢えて他者に委ねるような事は出来ない。」【S. 66 ; VA, S. 360】

　映画や放送の問題を含め，新たな技術的手段をその手中に収めて他の諸集団に引き渡さない国家は「質とエネルギーという意味で全体的」である。斯様な国家は新たな権力手段を独占し，「内部に於ては国家に敵対的で，国家の弱体化をもたらし，或いは国家を分裂させる様な諸力を繁栄させる事など無」く，「自由主義」や「法治国」といったスローガンの下に自身を「弱体化させるような事は考え」ず，「友と敵とを区別し得る」。こうした観点に拠れば，「あらゆる真正の国家は全体国家である」。【S. 67 ; VA, S. 361】

　併し，「全体国家」には別の語義が存在し，且つそれは「ドイツの状態に適合している」。このもう一つの語義に於ける「全体国家」は，「あらゆる物事の領域，あらゆる人間存在の領域に踏み込み，国家から自由な領域を，もはや区別し得ないが故に認めない様な国家」である。先の種類との対比で，この種の国家は「純粋に量的な意味で，単なる大きさという意味で全体的である」。特に今日のドイツに就ては斯様な状況を「多元的政党国家（pluralistischer Parteienstaat）」と言い表す事ができる。それは「人間生活のあらゆる可能的な事柄や領域に介入」し，「脆弱さと無抵抗に因る，諸政党や組織化された諸利益の突進に持ち堪える能力を持たない事に因って，全体的な」国家である。【S. 67f. ; VA, S. 361f.】

　併し更に進んで，「ドイツでは今日，全体国家など抑々存在せず，自ら全体性を実現しようとする［…］多数の全体政党が存在する」に過ぎないとも論じられる。政党は「その構成員を全体的に把握しようとし，［…］その支持層に正しい世界観，正しい国家形態，正しい経済システム，正しい社交性を党の側で供給し，それによって人民の全生活を全体として政治化し，ドイツ人民の政治的統一を分割する」。こうした「全体的な諸政党」によって「旧来の自由主義的な政党」は「磨り潰されようとしている」。「今日の政党は，旧来の自由主義な政党とは何か別のものであ」り，それらは自身の主張や行動の為に付与された自由や，憲法上の「あらゆる可能性，制度そして権限（Befugniss）を［…］利用し，然も従来の自由主義的な憲法を憲法破壊的な変動へと強いるのである。」【S. 68 ; VA, S. 362f.】これに続けて，比例代表制による選挙とそこに

179

◆ 第四章　分析 2：映画検閲と国家の存立

　関与する徹底した世界観と組織を備えた政党によって議会での意思決定が阻害されている事態を主な素材として，WRV の想定する統治機構の機能が本来の姿から変性し，憲法が党派間の闘争の手段と化している状況が描写される。

　本論文は，「全体国家」という概念を軸として，1933 年の時点でシュミットが構想する国家の必須の条件と，それを充たさないドイツの状況に関する分析をその内容としている。
　此処で主に「全体国家」と呼ばれるのは前者，即ち国家以外の諸々の社会勢力の活動・衝突が意思決定を阻害し，ひいては国家を分裂させる事態を抑止し，そのための方策の一つとして，技術の発達による「新たな権力手段」を自らの手中に収める能力を有する国家である（「強度」「エネルギー」故の全体国家；以下では「質的全体国家」とする）。これに対して，現状たる後者（「純粋に量的な意味で」の「全体的な」国家；以下では「量的全体国家」[3]とする）は，諸々の社会勢力による利益主張と要求に対抗し得ず，その結果としてあらゆる生活領域に干渉をせざるを得ない事態に陥った国家である。
　この二つのカテゴリを前提として，前者を準拠枠として後者に属するドイツの状況を分析する，というのが WE の基本的な構図であり[4]，然も VL 以降のシュミットの公法学の少なからぬ著作が前提とする構図でもある。
　テクスト B／a として引用した映画検閲の正当性・必要性も，この構図か

---

(3) 「質的全体国家」「量的全体国家」という表現に厳密に対応する表現はシュミットの著作の中には殆ど登場しないが，ほぼ同義の表現を用いて対比が為されている事に鑑みて，本稿でもこれらの表現を用いる。該表現を用いる邦語文献として，例えば山下，1986，古賀，2007。これに対して古賀＝佐野編，2000，121 頁以下はこの表現を避けている。尚，Quaritsch, 1989, S. 41 はこの二類型を同じ「全体国家」の下位区分とする事は適切でないと評する。

(4) 尤も，「今日のドイツには全体国家など存在しない。存在するのは，多数の全体的政党である」という叙述に照らすと，シュミットは当時のドイツをいずれの「全体国家」にも属さない，謂わば第三のカテゴリに位置づけるかに見える。併し論文の末部で「私達は［…］量的な全体国家という状況に立ち入っている」【S. 70；S. 364】と述べており，具体的な論述も「量的全体国家」に対応する面を多く有する事に鑑み，以下ではシュミットがドイツを「量的な全体国家」に含めていると解釈する。

第一節　テクストBの位置づけ

ら説明される。即ち，映画は従来の意見表明の手段に比して飛躍的な「大衆感化」，「公的」というよりも「集団的」な意見形成の可能性を有するために，国家による検閲が不可欠となる。さもなければ，他の諸々の社会集団の台頭を抑止し得ない。この点でプレスとの対比が為されるが，併しプレスに関しても，実際に行われているのがあくまで宣伝や煽動であると評されている事にも注意を要する。

　WRV第118条第2項第1文及び1920年映画法に基づく映画検閲は，まさにこの要請を具現化したものと言える。尤も，ドイツの状況は以上の意味での「全体国家」（「質的全体国家」）には程遠い。寧ろそれはあらゆる領域に無差別に際限なく介入する国家であり，その実質的な担い手は連合した諸政党に過ぎない。加えて政党は旧来の「自由主義的な」政党と異なり，支持者・構成員をその世界観・政治思想から社交活動に至るまで掌握し，議会で獲得した権力を現行の憲法を顧みる事なく放縦に利用しようとする。

　テクストB／αは，WEに於て，当時のドイツがその条件を到底充たしていない所の国家としての条件，「質的な」全体国家の条件として，映画検閲を論じている事になる。

第二款　「現代国家の権力状況」

　これに対して，テクストB／βが含まれる「現代国家の権力状況」は，雑誌Deutsches Volkstumの1933年3月号に掲載されたものである[5]。

---

(5)　同論文に関しては，Deutsches Volkstum, 1933, 2. Märzheft, S. 225ff. に掲載されたヴァージョンとVAに収録されたヴァージョンとの間には異同が存する。後者への収録に際しては，段落の区切りが追加され，ゲシュペルトによる強調が消去されているだけでなく，前者S. 228の第二段落以降の部分が省略されている。以下本文で同論文の引用・参照注を付記する際には前者を用いるが，頁数は双方のものを（後者に関してはVAの略号を付して）記載し，VAで省略された部分を引用・参照する場合には雑誌版の頁数のみを記載する。

　又，VA, S. 371に付された後年のコメントで，シュミットは，本論文の「学問的関心は，同意と権力，そして権力と同意の現実の関係を認識し，正しい問題設定と憲法上の考察の新たなカテゴリを獲得する為に，新たな状況を見据える事に向けられていた」と述べている。「新たな状況」の具体的な内容は説明されていないが，公表の時期に鑑み

◆ 第四章　分析2：映画検閲と国家の存立

　本論文では，先の論文と異なり，技術の発達が国家にもたらす問題がより中心的な位置を占めている。

　近代国家は「武力を自己の手中に集中して収める事によって成立した」。「近代的な武器の発達」と「国家の軍事力及び政治権力」は伴って増大してきたが，併し「武器製造技術の発達と国家の政治権力との増大を単純に等置する事」は誤りである。

　同様の事は「鉄道，自動車及び航空部門での現代の交通技術の発達と，同様に国家により大幅に独占されている郵便，電信，電話，無線通信による情報通信の発展に就ても妥当する。」「技術による可能性が高められた事も，直ちに政治権力の増大と等置されてはならない」。寧ろ技術の発展によって，「新たな攻撃，抵抗，権力の脆弱化（Unterminierung）及びサボタージュの可能性」が生じている。のみならず「新たな武器や交通手段には，それなしでは現代国家が存立しえないような，新たな国家的意思形成の方法及び大衆の一般的な同意と能動的な用意（Bereitwilligkeit）の方法とが含まれている」。【以上，S. 225；VA, S. 367】

　武器や交通手段と並んで重要な技術発展の分野とされるのが，「公論及び人民の一般的意思を形成する方法に関する技術」である。「その助力を得て国民のその時々の意見［…］が形成され，［…］国民の意見表明及び意見形成の一定の技術的手段が，日々獲得され日々維持されねばならない権力状況にとっては特に問題となる。」「自由主義の時代」には「印刷物（Druckpresse）」が特徴的な媒体であり，一九世紀には意見表明及び意見形成の自由は「プレスの自由」を意味したが，今日では「放送及び映画が，公論形成の，より重要かつ強力ではないにせよ，重要な手段である」。放送と映画に就ては，如何なる国家も「この新たな技術的手段を手放せないという現象」が生じている。「あらゆ

れば，Hitler の首相就任後の状況を指すと考え得る。この点で本稿を WRV 期の他の著作と関連付ける事の適切性には疑義が生じ得る。併し，同論文はあくまでシュミットが NSDAP に公然たる支持を示す前の著作であり，少なくとも執筆は「授権法」の制定以前と推測される。とすれば，同論文も WRV 末期の著作として取扱い，論文中に見られる問題関心や概念枠組もまた，WRV 期の他の著作と一貫性を有すると考えるのが相当である。尚，Tagebuch, S. 271 に拠れば，同講演は 1933 年 3 月 6 日に行われた。

第一節　テクストBの位置づけ

る現代国家は，基本権や自由権を如何に真摯に宣言し，検閲を廃止し，原則として同権（Parität）及び中立であるにも拘らず，放送や映画に対する広範な統制を行っている。」【S. 225f. ; VA, S. 368】

　こうした新たな意見表明・意見形成の手段の登場は国家にとって重大な出来事であり，全ての国家は「伝統的な自由主義的な自由概念，又はその権力の決定的部分，即ちその固有の政治的実存，の何れかを放棄せねばならない」状況に陥っている。検閲禁止に関するWRVの規定は映画部門に就き明文で例外を認めており，放送に対しても検閲禁止が妥当しないのは「全く以て当然」である。「現代の技術的発展の重要かつ典型的な成果」たる両部門は，「自由主義的な国家理解が国家権力を弱めたり限界づけようとする際に用いた制約や阻止［の効力］を奪ってしまう」。然も両者は「印刷物に可能であったものを遥かに凌ぎ得る程の大衆心理への影響力」を有する為，「国家は両者に独占又は検閲を行うよう強いられ，必然的に政治的権力の強化に至る。」更に，ラジオが聴覚に訴えかけるに過ぎないのに対して，映画が視覚にも訴えかける点も指摘される。【S. 226f. ; VA, S. 368-369】

　「現代の技術的発展は現代国家の権力の手段を絶えず増大させる。技術的発展は，結局はあらゆる合理的な権力の保有に依拠する政治的余得（politische Prämie）を増大させ（potenzieren），合法的権力が合法性を超え出るまでに至る。」【S. 227 ; VA, S. 369】

　併し，これと並んで，「国家権力と国民の同意及び用意との関係」という「古来の問題が，新たな且つ深遠な側面から」生じる。「決然たる政治的な潮流（Richtung）は，権力と法の対立，そして権力と精神という第三の対立に向き合うのと同様に，権力と同意の対立を当然に押し付けられ，これに向き合う事になる。」そうした潮流は国家権力と国民の同意が両立しないかの様に見せかけるが，実際には双方は不可分である。「真の権力は真の同意をもたらし，真の同意は真の権力をもたらす。」「特に，安定した権力は，最も確実で最も真正な同意をもたらす。」これに対して，「国民の意思は外面的で機械的な手段によっては形成されない。」又，「真正の国民意思が国家の政治的権力と概念上対立する」と考える事も誤りである。「政治的に自立している全ての国民（jedes Volk mit seiner eigenen politischen Existenz）は国民は自らに固有の強力な国

◆ 第四章 分析2：映画検閲と国家の存立

をも望むものであり，ドイツ国民は強力なライヒを望んでいる。」【S．227；VA，S．369-370】

此処から更に，行論は経済の問題に及び，「国家権力が［…］国民所得と国民経済の大部分を支配する権力そのものを同時に意味する」事態，「政治権力とその支配とが第一義的なものであり，また効果的な経済の全体的計画にとって不可欠な前提でもある」という権力状況を指摘する。【S．227f．；VA，S．370-371】

以上のように，本論文に於ては軍事面をはじめとする技術の発展という現状を指摘して，併しそれが直ちに国家権力の強化をもたらすのではなく，寧ろ国家が自らそれを手中に収めていかねばならないと論じる。発達した技術の一環である新たな意見表明の手段，映画及び放送に就ては特に紙幅が割かれ，WEと同じく，大衆の心理に対する強大な作用が，検閲禁止等の「自由主義的憲法」の原則によっては対応し得ない事，従って検閲や独占を行わざるを得ない事，が指摘される。各種勢力が権力を保有した場合に為し得る事柄も飛躍的に増大し，「合法性」の枠を打破する可能性すら存する事も同様である。併し，発達した技術それ自体から国家権力が生成する事は無い事も強調される。

第三款　小　括

以上，テクストBの夫々が含まれる論文の骨子を見た。

論文の主たる主張とそこでのテクストBの位置づけは，両論文でほぼ共通している。即ち，国家が国家としての存立を維持しようとするならば（「強さ故の全体国家」「質的全体国家」），自己の「政治的」支配を確立して他の諸勢力がこれに代替する事態を抑止せねばならず，特に発達した技術（軍事技術だけでなく映画・放送も含まれる）を手中に収めねばならない。併しドイツの現状はこれとはかけ離れており，国家の存立が脆弱な諸政党の連合に立脚し，然もそれらの政党が非妥協的に対立し，自身の獲得した権力を放縦に利用する為，自らの拠って立つ基盤＝憲法をも破壊しかねない状況にある（「弱さ故の全体国家」「量的全体国家」）。映画検閲は，国家が新たな「意見形成」又は「大衆感化」の技術を手中に収めて，その存立を確保しなければならない，という文脈

第一節　テクストBの位置づけ

に於て登場する。

　斯様な主張がテクストAとの間で有する差異としては，市民的法治国やその原理である「討論」に関する叙述が殆ど脱落するか（B/α），又は国家の存立の維持と衡量されて切り捨てられ得る地位に置かれている（B/β）。その代わりに，テクストAでは末部で僅かに言及されたに過ぎない，国家が映画を統制しなければならない理由が詳細に語られている。上掲の二論文を見ただけでも，映画検閲論が置かれた文脈，そしてその意味が，変化した，あるいは少なくともその力点を移動させた事が判明する。

　更に，特に映画検閲と意見表明の自由との関係に就ては，次の点に注意を要する。上掲の二論文では，プレスや映画は「公論」を日常的に形成し，維持していく為に重要な存在として認知されているかに見える。併し，特に映画や放送といった新規の「意見表明」「意見形成」の手段は，B／αに拠れば「大衆感化」「大衆示唆」，そして「公論」というよりも「集合的な」意見形成の手段と性格づけられている。B／βに拠れば，それらは国家が放置しておく事が許されない媒体であり，結果としてこれらに対する国家の強力な統制が肯定，それどころか要請されている。反対に，テクストAでは市民的法治国の枠組との関係で登場した「意見表明の自由」や「討論」の問題は殆ど登場せず，その理想から逸脱した「大衆感化」「大衆示唆」の問題が前景化する[6]。然も，意見表明の自由の担い手たる「孤立せる個人」とも市民的法治国を支える「公論」とも厳密には異なる，「集合的な」意見形成という用語が登場している事

---

(6)　林，2004（五），504頁以下は，VL以降の著作で市民的法治国の枠組が後退していく要因に就て次の様に分析する。即ち，VLの構想は「現在する国民による再現前」を「例外的な「政治」の瞬間」に限定し，「日常的な政治」を「憲法の箱庭の内側における自由主義的な競争と均衡の過程に帰する」ものであった。併し，その後の「議会制国家の危機」に及んで，「政治的意思形成を［…］私的な自由を享受する多元的な社会的勢力による競争の過程として理論化せざるをえない」状況に追い込まれた，と述べる。前章（特に第三節第三款）で見た通り，シュミットは既にVLの段階で，自由な諸力の競争と均衡による公的な意思決定と云う構想に対して悲観的であった。本章で取り扱う時期は，この悲観的な見通しが更に深刻な形で現実化しており，シュミットは市民的法治国の理念を救済するどころか，その前提を成す国家そのものの存立を維持する事に腐心せざるを得ない状況に追い込まれる中で，様々な著作を執筆したと評価し得る。

◆第四章　分析2：映画検閲と国家の存立

にも注意を要する。

　以上のような，テクストBの映画検閲論が置かれた文脈と，それがテクストAとの間で孕んでいる懸隔とを，第一章で示した理路に沿って検討する事が，次節以下の課題である。

第二節　「全体国家」論の由来：「量的全体国家」論の検討

　そこで次に，所謂「全体国家」論が該時期のシュミットの公法学に於て有する意義を検討する。「全体国家」という語は，1930年代に入ってからのシュミットの著作に度々登場し，ナチス期の著作にも若干見受けられるが[7]，此処ではWRV期の著作に登場する「全体国家」論に焦点を絞り，その背景と含意を検討する。

　前節での検討に拠れば，1933年の段階では，シュミットの言う「全体国家」には二つの種類が存在した。即ち，国家がその存立を確立する為に必要な措置を首尾よく果たしている「質的全体国家」と，逆にそのような措置を果たせず，代わって諸々の社会勢力が自身の利益を貫徹する為に国家を侵食する「量的全体国家」，の二つである[8]。

　以下ではこの二つの「全体国家」の由来と意味とを，1930年代のシュミッ

---

(7)　古賀・佐野編, 2000, 121頁に拠れば, 「全体国家 (totaler Staat)」という用語は, Mussoliniが最初に使用し, その後Giovanni Gentileが同国のファシズム体制を説明する際に用いたstato totalitarioなる表現を起源とする。同書が典拠とするBentin, 1972, S. 105も同旨。シュミット自身も「全体国家の発展」論文でこのイタリア語表現を用いている【VA, S. 361】。Günter Maschkeに拠れば, シュミットがtotaler Staatという表現を最初に用いたのは, 1930年12月5日に行われ, 同月21日にRing誌上でCarl Schmitt über totalen Staatという記事で公表された講演である【SGN, S. 66, Anm. 10】。又, 山下, 1986, 194頁以下は「全体国家」の語が登場するシュミットの著作を通覧し, その由来や他の論者による受容のありかたに関して詳述する。

(8)　山下, 1986, 195頁は, 「全体国家」の概念を1929年の「全体国家」期, 1931／1932年の「権威国家」期, 及び1933年の「全体的指導者国家」の三段階に区分する。同概念が多義的である事に就ては本稿も同意する。併し, WRV期に関する限り, 同概念を以て示されることとなる思考じたいは, 「量的」「質的」の対を成して並行して展開したというのが, 本書の理解である。

第二節 「全体国家」論の由来：「量的全体国家」論の検討

トの著作を手掛かりとして解明する。論述を先取りすれば，「全体国家」は先ずドイツの現状に対する分析として，先の分類でいえば「量的全体国家」の系統に属する議論として提唱された。更に，それに対置される「質的全体国家」の像も，「全体国家」の語が登場する以前から醸成されていた，と見られる。以下ではその過程を，「全体国家」という表現が登場した段階から追跡する。具体的には，1931年に雑誌 Archiv des öffentlichen Rechts に掲載され，その内容の大半が同年公表のHVに収録される[9]，論文「全体国家への転換」から検討する。

第一款　全体国家論の端緒：「全体国家への転換」

論文「全体国家への転換 Die Wendung zum totalen Staat」（雑誌 Europäische Revue, 1931年4月号掲載[10]；以下 WTS）は，執筆当時のドイツの状況に対するシュミットの分析を主たる内容とする。

1)「自由主義的な19世紀の傾向は，国家を可能ならば最小限にまで制約し，特に経済に対する介入と侵害に就てそれを可能な限り抑止し，それを全体として社会とその利益対立に対して可能な限り中立化し，それによって社会と経済がそれに内在する原理に従ってその領域に関して必要な決定を獲得する，ところにある。自由な宣伝（Werbung）に基づく意見の自由な競争の中で政党が成立し，それらの討論と意見の競争が公論を生み出し，それによって国家意思の

---

(9) PB, S. 166に付されたシュミット自身の注によれば，単行本版の「本来の構成を決する（verfassungskonstruktiv）部分」はAöR, Bd. 16 (1929), S. 161-237に収録された同名の論考に公表された。

(10) 同論文は後にPB, S. 166ff. に収録されるが，其処では，Europäische Revue誌掲載のヴァージョンに対して冒頭部分に大幅な加筆が為された，1931年公表の単行本HVの73-91頁からの抜粋と見られるヴァージョンが掲載されている。明らかに加筆と考えられる部分を指摘すれば，PBのS. 166冒頭部分からS. 171の第二段落第七文「Denn」までの部分がPBのヴァージョンには存在しない。本稿は当該部分を除外して初出のヴァージョンを対象とし，必要に応じてHVを検討する部分で改めてこれを取上げる。このほか，PBのヴァージョンはEuropäische Revue誌のヴァージョンに比して随所に加除修正が施されており，後者に存在したゲシュペルトによる強調も消去されている。

◆ 第四章　分析2：映画検閲と国家の存立

内容を規定する。［…］市民的な基本権や自由権，特に人身の自由，意見表明の自由，契約・経済及び営業の自由，私的所有権［…］は，そうした根本的に非介入的な，せいぜいのところ自由な競争の条件で損なわれたものを再建する目的のためだけに介入するに過ぎない，中立的な国家を前提とする。」「この自由主義的で非介入的な意味での，社会や経済に対して根本的に中立的な国家は，社会及び文化政策に就て例外が許容された場合でも，諸憲法の前提であり続けた。」【ER, S. 241 ; PB, S. 171-172】

「併しそれは，国家と社会，政府と人民の先の二元的な構成がその緊張を失い，立法国家が完成するにつれて，根本的に変化する。なぜなら，いまや国家は「社会の自己組織」となるからであり，それによって［…］従来たえず前提とされてきた国家と社会，政府と国民の区別は消滅し，そのためにこうした前提の上に成立する全ての概念や制度（憲法や基本権，立法，予算，自治）が新たな問題となる。［…］社会が自ら国家へと組織され，国家と社会が基本的に同一となるべきとすれば，あらゆる社会的及び経済的問題は<u>直接に国家の問題</u>となり，もはや国家的・政治的及び社会的・非政治的な専門領域を区別する事はできなくなる。［…］社会の自己組織となった，それゆえその内部でもはや分割されない国家は，あらゆる社会的なもの，つまり人間生活に関わる全ての物事を把握する。その内部では，国家が非介入という意味で無限定の中立性を守り得るような領域はもはや存在しない。」【ER, S. 241-242】

此処までの論述のうち前半部は，前章で取り上げた様な自由主義に関する叙述が踏襲されており，国家権力の抑止と自由な競争の基底性に言及される。これに対して後半部では，テクストAの時期には見られなかった歴史的な概観が示される。即ち，自由主義的な国家と社会の二元性が消滅し，社会が国家へと組織される事で同一化され（「国家の自己組織」），社会的問題が国家的問題へと変質し，国家から自由な領域が観念し得なくなる事態である。

2）こうした19世紀の「非介入的」「中立的」な国家から，20世紀の「社会の自己組織」，「潜在的に国家的及び政治的でない」領域を承認しない国家への転換が最も明瞭に起こるのが，「経済的な領域」である。「現在のあらゆる国家に於て，国家の経済に対する関係は，直接的に現実的な内政上の問題の固有の対象を形成する。それ［＝経済の領域の問題］は，無限定の非混同，絶対的

第二節　「全体国家」論の由来：「量的全体国家」論の検討

な非介入という旧来の自由主義的な原理によって応答する事は出来ない。今日の国家では，然も益々現在の産業国家になりつつある所ではそうなのだが，経済問題は内政上の困難の主な内容を形成するのであって，内政及び外交は大部分が経済政策であり，然もそれは関税・貿易政策又は社会政策に留まらない。［…］そうした状況に於て，非介入という要請はユートピア，まさに自己矛盾となる。なぜなら，非介入は今日では純粋に経済的な手段により貫徹されるのではなく，社会的・経済的な対立や紛争に於て，様々の権力集団に自由に行動させる事を意味するからである。そのような状況に於て，非介入とはその時々の優位にある者や無遠慮な者に有利な介入に他ならな」い。【ER, S. 244f.】

　国家をめぐる状況の変遷は，こうして経済的問題によって例解される。即ち，従来は国家から自由な問題として観念された経済的問題は，今や国家にとって無関心ではあり得ない，介入を不可欠とする問題に変化する。もし国家が非介入を貫けば，却って経済的勢力の放縦な活動を許す事になる，とシュミットはいう。

　3）更にシュミットは，経済に限らず，他の自律的であった領域への「国家の拡張に対する防御」は，「その時点でまさに国家の種類を規定する所の国家活動に対する防御，従って立法国家に対する防御」として現れる，と主張する。【ER, S. 245】

　この背景には，当時の「立法国家」の基幹を成す立法府・議会の変貌が存在する。議会はその地位が確立すると同時に，自身の前提を否定するようになる。「その従来の地位と優位，その政府に対する拡張への衝動，［議会が］人民の名で現れる事」は，国家と社会の区別を前提として成り立つ。併し，議会が勝利を収めた後には，もはやこの前提は成り立たない。「今や国家は社会の自己組織であるが，併し自己組織する社会が統一性を如何にして獲得するのか，又，統一性が「自己組織」の結果として現実に生じるか否か，が問題となる。」【ER, S. 245-246】

　この「社会の自己組織」となった国家の担い手として先ず以て指名されるのは政党である。「自由主義的な立憲国家」に於ける政党は，「自由な競争に基づく，即ち固定的でない，恒常的で永続的で徹底して組織された社会的複合体となっていない存在（Gebilde）」である。併し今日の大半の政党は，「あるものは

189

◆ 第四章　分析２：映画検閲と国家の存立

自ら固定的で徹底して組織化された存在」であり，場合によっては「影響力に富んだ官僚制，常勤の給料制の大量の職員，及び，精神的，社会的そして経済的に結集された支持者（Klientel）が拘束されるところの完全な支持組織のシステム，を有する徹底して組織化された社会的複合体」である。【ER, S. 246-247】

「今日の多元的な国家の担い手であるところの確固たる社会的複合体は，それらの代表者たち（Exponenten）が党派という形で登場するところの議会から，国家自身の多元的分裂の模写を作り出すに過ぎない。」「堅固な政党及び利益の結合が保持され，それらが混じり合うこの種の状況」からは，「統一性」や，既述の如く議会の要諦である「討論」が生じるとは期待し得ない。「諸政党を貫く［…］「横断的結合（Querbindung）［…］が特定の専門分野に於て多数派を形成する」可能性は承認されるが，この種の結合も政党と同様に「多元的な集団化の要因であり得る」。こうして議会は，「自由な国民代表による，統一性を創出するところの自由な討議の場から，党派的利益から超党派的な意思への変換器から，社会的諸力の多元的分割の舞台に，様々な社会的な力の断片が活動する取引所になる。」結果として，議会は「それに内在する多元主義によって多数派形成や討議の能力を失うか，又はその時々の多数派があらゆる合法的手段を使用し，彼等が国家権力を有する時期をあらゆる方向で利用し，特に最も強力で危険な対立者に対して可能性としては対等となる機会を制約しようと試みる」。【ER, S. 248】

此処でも，前章で見た議会制の理念と変遷に関する見解が踏襲されており，政党の自由な討論による意思形成という理念的基礎が堅固な政党組織の闘争により掘り崩されていると云う診断が，国家が「社会の自己組織」となった事によって議会が諸勢力が多元的に，各々の利益を貫徹すべく試みる場になったと云う認識によって，補完されている。

４）斯様な多元的組織の台頭に伴って，最終的には「国家と憲法に対する忠誠に代わって，社会的諸組織に対する，国家の多元性をもたらす構造物に対する忠誠が現れる」。この「忠誠の多元性」によって「この種の多元的分割は益々確固たるものとなり，国家の統一性は益々危険にさらされる」。官吏はもはや国家に忠誠を誓うものではなくなる。更に「合法性概念の多元性」までも

第二節 「全体国家」論の由来：「量的全体国家」論の検討

が発生し，「憲法の尊重は破壊され，憲法の土台が不確実で様々な側から争われる領野に変貌する」。斯様な観念に基づく多元的な勢力の対立によって，一方では合法性の名の下に何事をも為し得るという立場と，他方ではそれによって自らが不利に扱われる事態に対抗し，あらゆる勢力の対等な機会を要求する立場の，「相互に否定し合う二つの立場に挟まれて，憲法じたいが磨り潰される」。【ER, S. 249f.】

　此処では，議会が多元的な諸勢力による利益追求の場と化する事によって，憲法＝国家体制そのものが危殆に瀕するという危機感が示されている。

　以上が，「全体国家」の語が初めて本格的に使用されたと考えられる WTS の概要である。該論文に依拠する限り，「全体国家」とは一七世紀の絶対主義国家の成立以来，国家が辿ってきた歴史の到達点であるが，その主張の力点 19 世紀の中立国家の移行形態，それも「国家と社会の分離」という重要な前提が崩壊した結果というネガティブな側面に置かれている。この形態に於て国家は「社会の自己組織」となり，経済をはじめとする諸領域に対して超然としている事がもはや不可能となり，却って盛んに自らの問題＝政治的問題として介入を行うようになる。然も，介入を行う国家の側は，「社会の自己組織」として統一を成すどころか，非妥協的な諸勢力が権力を求めて自由に，若しくは放縦に競争を行う舞台に成り下がってしまう。斯様なネガティブな像は，1933年の WE が提示する二種類の全体国家のうち「量的全体国家」に対応するものと言える。

第二款　「量的全体国家」論の誕生と展開
第一項　量的全体国家論の誕生

　以上の如き「全体国家」の母胎となる主張は，WTS 以前からいくつかの著作で提示されてきたものである。

　１）例えば，1930 年公表の論文「国家の内政上の中立性の問題 Der Problem der innerstaatlichen Neutralität der Staates」（以下 IN）では，簡潔にではあるが，国家構造に関する一般的な問題は，ドイツに於ては「政党国家及び党派国家という日常的な問題に還元され」，「国家の意思が，脆弱で，場合に応じて交替する，あらゆる観点で異質な多数の政党から成る議会多数派に割り当て

◆ 第四章　分析 2 ：映画検閲と国家の存立

られる」「脆弱な政党-連合-国家 (labiler Parteien-Koalition-Staat)」として現れている，と主張されている。【VA, S. 45】

　2）又，同年公表の論文「国家倫理と多元的国家 Staatsethik und pluralistischer Staat」（Kantstudien, Bd. 35, Heft1, S. 28ff.）では，より広範な文脈，つまり現実に於ける諸団体の台頭・発展とそれに対応する多元的国家論との関連で，国家の脆弱化が論じられる。

　Cole や Laski に代表される多元的国家論は，「最高次の包括的な統一体としての国家だけでなく，また特に［国家が］人間が生活する他の数多くの何らかの結社とは異なる，ヨリ高次の種類の社会的拘束であるという倫理的要求をも否定せんとする。」「国家に対する忠誠は［他の諸団体に対する忠誠に］優位するものではなく，国家倫理は他の数多くの特殊倫理と並立する特殊倫理である。」【KS[11], S. 29-30 ; PB, S. 152-153】

　斯様な多元的国家論は「大半の産業国家で観察され得る様に，経験的現実の状態に適合する。」「社会的諸力との妥協の中で国家は弱められ，相対化され，抑々問題を孕んだものとされる，何故ならば，何が自律的な意義として［国家］に帰属するかを認識する事が困難だからである。」「それはただ［…］多くの競争する諸集団の妥協の産物と見られ，せいぜい*中立的で調停を行う権力 (pouvoir neutre et intermédiaire)*，中立的な仲介者［…］，あらゆる権威的な決定を放棄し，社会的・経済的・宗教的諸対立を支配する事を完全に放棄し，それを無視し公式には認知することも出来ない，仲裁者でしかない。」ファシズムは斯様な国家を「不可知論国家 (stato agnostico)」と嘲弄する。【KS, S. 31 ; PB, S. 154】

　国家の担い手が頻繁に変転する政党（の連合）となっているという点でも，又，国家を他の団体と同質と考え，諸団体間の調停者の如き存在に変質させる多元的国家論がアクチュアルなものとなっているという点でも，WTS の問題関心は既にこの段階で明確化していたといえる。

---

(11)　以下，頁数の摘示にあたっては，初出である Kantstudien 誌（KS の略号を用いる）の頁数と PB の頁数の双方を示す。

第二節　「全体国家」論の由来：「量的全体国家」論の検討

第二項　「量的全体国家」論の展開 1：『憲法の番人』

　WTS は，『憲法の番人 Hüter der Verfassung』（以下 HV）にその大部分が収録されるが，後者では議会及び政党に関する論述がより詳細なものになっている。

　即ち，「自由主義的な立憲国家の意味での政党は，自由な宣伝に基づく，つまり固定的でなく，恒常的・恒久的で徹底して組織された社会的複合体となっていない構造物である事を条件とする。「自由」及び「宣伝」は，その理念によれば［…］社会的・経済的に自由な，精神的・知的に自立した，自分で判断する能力のある人間による自由な説得だけを動機として許容する。」併し現在のドイツでは，WTS で述べられたように，政党は固定的で，徹底的に組織された，官僚制や常勤職員や団結した支持者を内包する「全体的な」組織となっている【HV, S. 83】

　国家から自立した領域を承認しないという意味での「全体的なもの」への展開は，既に「いくつかの社会的な組織複合体によって実現されており」，その展開が「全体国家」と呼び得る状況には至っていないにせよ，「既に全体性をひたすら志向し，青少年の人間性を完全に把握する社会的な構造物を有し，それらは皆［…］「完全な文化プログラム」を有しており，又，それらが併存することで多元的国家が形成され」ている。こうした「相互に競合し，相互に一定の限界を維持する」多数の複合体は，一党制の国家と同等の「圧力」を有する全体国家が現れる事を妨げるが，併しこうした「多元化」によって「全体的なものへの転回」が排される訳ではない。「あらゆる組織された社会的権力複合体が，可能な限り　——合唱団やスポーツクラブから武装した自衛組織（Selbstschutz）まで——　全体性を自己の為に，自己の下で実現しようとする」事態をもたらすだけである。【HV, S. 83-84】 (12)(13)

---

(12)　特に政党や政治団体が擁していた準軍事組織やその活動に関する近年の邦語文献として，原田, 2013 及び原田, 2019 を参照。当時の各政党の準軍事組織として，例えば NSDAP の突撃隊（SA），共産党の赤色前線戦士同盟（Roter Frontkämpferbund, RFB）SPD 等の国旗団（Reichsbanner Schwarz-Rot-Gold），BVP のバイエルン監視団（Roter Frontkämpferbund）等が存在した。これらの組織は対立する勢力の間でしばしば実力衝突を起こし，WRV を通して，特に 1930 年代に深刻な内政上の問題となった。

◆ 第四章　分析２：映画検閲と国家の存立

　「民主制国家は，しばしば政党国家として特徴づけられ，定義されさえする。議会制民主主義国家は，格別の意味に於て，更に政党国家である。」「利己主義的な利益や意見から，政党意思を経て，国家意思までの移行と上昇の不断の過程が遂行される事」は，あらゆる議会制民主主義，就中ヴァイマール憲法の要素である。政党は余りに強く固定化されてはならない。「さもなければ，変化と転換は余りに多くの矛盾に当面する」。議会は「転換過程の舞台たるべきであり」，そこで諸々の「対立，利益及び意見の多元性が政治的意思に変化する」。「旧来の，民主主義的というよりは自由主義的な信念」によれば，議会という制度は「政党利己主義が，利己主義を超え，政党を超えた国政上の意思へと［…］移行するという仕方で利用するのに最も適している」。【HV, S. 87-88】

　併し，政党の固定化が進行する事により，「利己主義的な政治意思から責任ある国家意思への上昇が益々妨げられる」様になる。「現代ドイツの議会主義の状況は，国家意思が数多くの，あらゆる観点で異質な政党の，その時々で変転する脆弱な議会多数派に割り当てられる，事によって特徴づけられる。」「議会は，統一性を形成する自由な国民代表の自由な討議の舞台から［…］，組織された社会諸力の多元的な分配の舞台となっている。」議会は「そこに内在する多元主義」によって，「多数派の形成や行動の為の能力を失うか，又は，その時々の多数派のあらゆる合法的能力をその権力保有の道具や保障の手段として使用し，それが国家権力を有する時期にあらゆる方面で利用し，特に最も有力で最も危険な対立者が対等となる機会を可能であれば制約しようとする。」【HV, S. 88-89】

　　シュミットの著作に於てもこの種の準軍事組織やその活動は深刻な問題として扱われ，又，1932 年 7 月 20 日のプロイセン政府罷免の弁護の様に現実政治への発言にも強い影響を与えている。更に，準軍事組織のほか「大衆民主主義」の下に於ける諸政党の組織の変質・堅固化と利益集団の台頭のありように就ては，例えば，飯田・中村・野田・望田，1996，262 頁以下の記述を参照。徹底して官僚化され，内部に多様な組織を抱え込んだ政党のありように就ては，同書 245 頁以下を参照。

(13)　HV は，先ず 1929 年に雑誌論文として公表され（AöR, Bd. 16, S. 161ff.），続いて 1931 年に大幅な加筆・修正を経て単行本として刊行されている。本書はこのうち後者だけを取上げて検討するが，双方の論調や提言には相違が存する。この点に就ては，高橋，2012，333 頁以下を参照。

第二節 「全体国家」論の由来:「量的全体国家」論の検討

斯様な変化がもたらす影響は,「国家及び憲法意識」「国家及び憲法そのもの」にとって「法外に重大なもの」である。「国家が多元的な構成物に変化するのと同程度に,国家とその憲法に対する意思に替わって,社会的組織に対する,国家の多元性をもたらす構成物に対する忠誠が登場」する。更にこれらの「構成物」にはしばしば,「全体的となる,つまりそれによって包摂された国民を経済的そして世界観的に自身のうちに拘束する」という傾向を有する。「最終的に,<u>多元主義</u>は,多元的な分配を益々強力に固定し,国家的統一の形成を益々危険にするような諸々の道徳的拘束と<u>忠誠義務</u>,「忠誠の多元性」が成立する。」これに加えて「合法性概念の多元主義」が成立する事で,「憲法に対する尊敬は崩壊し,憲法という規範は不確実で,多方面から簒奪される領域へと変化する」。併し,本来,「あらゆる憲法の意味は,政治的決定を行い,憲法によって付与される国家統一の共通の基盤が何であるかを明白なものとする」ところにある。【HV, S. 90】

以上の主張は,GLやGに見られた政党の理想像とそこからの逸脱に関する叙述と基本的には同じ趣旨と云える。併し,その組織のありよう,特に所属する人間の生活を包括的に把握する態様や,民主制に於てそうした政党が国政の中心に参与するという分析,そして結果として国家の意思決定が政党の利益により左右され,阻止されるという現状,が描かれている点で,より詳細かつ悲観的な叙述となっている。特に最後の部分では,SEの末部での分析とも呼応する形で,「多元的政党国家」という現実が「国家統一の共通の基盤」となるべき憲法をも浸食していく事への警戒感が表明されている。

第三項 「量的全体国家」論の展開2:「構成的憲法問題」

以上の如き「弱さゆえの」「量的」全体国家論が,テクストBに最も近い形で凝縮されるのが,1932年に行われた講演「構成的憲法問題 Konstruktive Verfassungsprobleme[14]」(以下,KVP)である。

同講演に拠れば,「実定法として妥当する憲法の,即ち私達が合法的そして

---

(14) Günther Maschke によれば,講演は1932年11月4日に Verein zur Wahrung der Interessen der chemischen Industrie, e. V の会合で行われたものであり,講演はその後15頁から成る小冊子として印刷された。参照,SGN, S. 70.

◆ 第四章　分析２：映画検閲と国家の存立

合法性と呼ぶもの全ての源泉である根本的な諸制度は，今日では全く変性して」居り，ライヒ議会，ライヒ参議院及びその議員は憲法の想定する性格を喪失し(15)，上述の如く政党ごとに組織化され，各政党の利益のために「堅固な組織と規律の中で進軍する」ものとなっている（この主張は第一款で見たWTSと同様である）。このため，選挙により形成されるべき国家意思もまた変質する。有権者は，「非現実的なまでに相異なる可能性の間で，全体として（total）異なる世界観，全体として異なる国家形相，全体的に異なる経済システムの間で，決定を行う事ができる」。このため「長期的視野に立った積極的なプログラム，今日のドイツライヒが必要とするような計画的行動」が成り立たない。唯一の例外は，ライヒ大統領である。表題でもある構成的憲法問題，憲法の構成に関わる問題とは，「あらゆる側から窮めて当然の如く行われる，あらゆる合法的形式の濫用へと至るような，皮相で誤解に充ちた，政党政治化をもたらす偽装」から国家を護持する事である。【SGN, S. 56f.】

　ここからシュミットは，「質的全体国家」に就て論じた後に，HVと同様に，

---

(15)　斯様な憲法上の諸機関・諸制度の変性に就ては，例えばReichs- und Verfassungsreform, DJZ, 36. Jg, Heft. 1, S. 5ff. でも言及されている。但し，同論文ではライヒ参議院に関する評価が異なっている。即ち，ライヒ参議院は「いまだ政党役員の集会にはなっておらず，今なお行政に関するザハリヒな専門家の合議体（Kollegium）のままであ」り，「地味ではあるが非常に意義深いドイツ官僚国家の復活を可能にし，かつそれによって政党政治による多元化に抗して内政の中立化に奉仕する」機関である【S. 7】。これに対してKVPでは，「通常のラント政府［の代表者］ではなく事務管理［政府の代表者］が占めており，今日では，プロイセン・ラントの実際の執行府の代わりに罷免されたプロイセン大臣までもが出席している」為に「最早ヴァイマル憲法の意味でのライヒ参議院ではない」と評される【SGN, S. 56】。

　Gusy, 1997, S. 259f. によれば，ライヒ参議院は政府やライヒ議会の不安定性に対する「安定性の守護者」と位置付けられており，実際にも州政府よりは中央政府の官僚との結合が強く，問題を専門的かつ非党派的に解決し得る状態にあったとされ，特に1930年代に入ってからは政党政治の機能不全を補う役割をも期待されていた。尤も，Huber, 1981, S. 386 によれば，ライヒ参議院の議員には州政府の訓令（Instruktion）による拘束が（憲法上の明文がないにも拘らず）承認されていた。そうであれば，ライヒ参議院にも政党政府の影響が及ぶ事は不可避であったと考えられる【KVP, S. 59f. は，ゲマインデに於てこの種の現象が生じている事を指摘し，更にラントでも同様の事態が生じる可能性も述べる】。

第二節 「全体国家」論の由来：「量的全体国家」論の検討

ドイツの現状がそこから逸脱している事を論じる。此処でも問題の中心に在るのは政党である。「私たちに有るのは［質的］全体国家ではなく，全体的な政党，つまり政治的な政党組織なのであって，それは自身の内部で全体的であり，その構成員を揺りかごから墓場まで掌握し，必要な世界観，必要な文化・経済・内政及び外交の正しい理解を教え込み，即ち彼等を全体的に占拠し（okkupieren），［…］公的な生存（Dasein）であれ私的なそれであれ，その生存の中で政党外の領域を野放しにしておかない」。のみならず，斯様な個人の生活の変性が「他のあらゆる社会的諸団体，特に私達がドイツに於て正当にも誇る事のできた自治［団体］を歪曲し，変性させている。」特にゲマインデ行政は，従来の地域的な利益に根差したものから，「政党の足場」と化している。連邦制に就ても事は同様で，「ラントの国家としての独立性を政党の支点としてのみ利用するような，全く異なる種類の政党政治的組織の利益の為に，ライヒに対するラントの自律が今日では主張され，ライヒが政党政治的に異なる種類の政府を戴く場合には，ライヒに抗して「連邦主義」が動員され得る。」【SGN, S. 59f.】

同講演では，個々人の生活を包括的に掌握する諸政党が，国家の意思決定を自身の利益へと分裂させ機能不全に陥れる，という既述の論旨が，ゲマインデの自治や連邦制との関係で敷衍されている。即ち，ゲマインデでは伝統的な自治が政党の利益によって攪乱され，ライヒとラントの関係では後者の政権を獲得した政党が前者に抗する手段として連邦制を利用している，というのである。シュミットはこうした状況を，「私達に有るのは，多数の政党によって［…］媒介せられ，分裂せられた全体的な社会である」と表現する。【SGN, S. 59】(16)

---

(16) 本項までに現れたシュミットの分析に近しい判断を行う同時代の文献としては，例えば Neumann, 1932, S. 98ff. が在る。同書に拠れば，政党制の発展によって，旧来の「自由な競争」に基づく「代表政党（Repräsentationspartei）」は，個人の「あらゆる生活領域の掌握」する「統合政党（Integrationspartei）」へと転換した【S. 108-109;代表例として SPD 及び Z に言及される】。尤も，後者も組織こそ堅固だが，実際に組織に拘束される者はその支持者たる大衆に比して少数であり，自由主義的な「代表政党」との断絶はまだ決定的ではない（「民主的統合政党（demokratische Integrationspartei）」）【S. 109】。これに対して，近年の傾向として「強固な結束を有する（ordensmässig）」「絶対的統合政党（absolute Integrationspartei）」の発生した事はより重大【S. 110：

◆ 第四章　分析２：映画検閲と国家の存立

第四項　小　括

「量的全体国家」論を辿る事によって判明するのは，1930年代のシュミットにとって最重要の問題が，諸々の社会勢力とその利益が国家の領域に見境なく侵入し，国家の機関や制度をその利益の為に利用する事態であったという事である。諸個人はいまや様々な社会集団によってその生活を包括的に掌握されており，その頂点にあるのが政党であった。政党は，その本来あるべき姿とは全く異なる堅固に組織化された集団と化しており，諸個人を組織へと動員し，相互に非妥協的な態度を採る。特に議会に於ては意思決定を困難なものとし，併し他方で選挙の結果として得られた権力と機会を最大限に活用して，自己の利

ファシズム・共産主義・国家社会主義に基づく政党がその例とされる】この種の政党は「政治的盟約団体（politische Bünde）や軍事的な自衛団体」に類するものであり，「全政治生活に対する法外な影響力」を行使しようとする【S. 111】。この種の政党が登場すると「公の討論」は後退し，代わって「支持者の強烈な示威行動（Kundgebung）や行進（Aufmärsche）」が前景化する。斯様な現象の原因となるのは，「議論による解明と説得可能性に対する信頼」の減退である【S. 111】。この種の政党は「連合」に関心を払わず，「単独支配か国家に於ける原理的反対しか知らない」。それらの「一党の絶対的独裁」を目指す活動によって議会の機能は変性し，「代表政党」や「民主的統合政党」の基盤を脅かし，更に政党間の対立は「典型的な内戦状態」をもたらす【S. 112-113；具体的にはナチスと共産主義者の対立，及び社会民主主義者の分裂の可能性が挙げられる】。

　又，Naviasky, 1931, S. 161ff. は，1930年9月のライヒ議会選挙の結果を受けて，ブルジョア中道政党の分裂の一因として，それが「個人主義的に編成された自由な政党」ではなくなり，「確固として組織された基盤によって」支持者を「政治的領域」のみならず「生活活動の全体」までも動員しようとするものに変化した事を挙げる【S. 174】。

　以上の二者を以て当時の公法学に於ける政党論を代表させ得る訳ではない。併し，政党のありかたが変化し，今や個人の生活全体を掌握せんとするものとなったと云う認識が，シュミット独自のものでなかった事は確かである。

　尤も Kelsen, 1929, S. 62f. は，比例代表制は政党分裂の危険を有するものの，該制度は政党連合の必要性を選挙人から議会のレベルに移す機能を営んでおり，後者の方がより適切で円滑な調整を果たし得る，と主張する。同書は上の二者よりも前の時点で刊行されており，従って前提とする政党の状況も異なっていた（上の二者ほど深刻ではなかった）可能性がある。併し，何れにしても，政党の組織化・分化をなお積極的な評価に値すると解釈し，然も議会での政党間の調整・妥協の可能性を放棄しない点で，シュミットと対照的である。

　尚，当時の公法学に於ける政党論に関する分析として Song, 1996, S. 134ff.

第二節　「全体国家」論の由来：「量的全体国家」論の検討

益の実現へと邁進する⁽¹⁷⁾。然も，こうした現象は議会のみならず，地方自治や連邦制でも生じており，各領域に於ける政党の行動のために，本来は各政党の権力の基盤である筈の憲法までもが目的達成の為の道具と化している。政党の硬直化を一因とする議会の機能不全じたいは，既にGLやGで指摘されていた問題であるが（第三章第三節第三款），この時期に至ると，問題はより広範且つ深刻なものとして考察されていた事が判明する。

　以上の如き，国家の意思決定の機能不全や国家体制そのものの脆弱化という問題に対して，シュミットは，周知の如く大統領の緊急命令権を軸とした執行権の優位や，（1932年のライヒ対プロイセン政府の訴訟以降には実務の場でも主張される）ライヒ政府の優位といった対策を提示する。これらの主張を包括的に分析する事は，本書の課題ではない。此処で問題となるのは，理論的な次元で，シュミットが「量的全体国家」という現状を打開する為に，如何なる構想を練り上げたのかである。そして，この構想に当たるのが，「全体国家」のもう一

---

(17)　尤も，こうした政党観がどの時点で明確化したのかは，なお問題である。例えば1931年の Die neutralen Größen im heutigen Verfassungsstaat, in : Probleme der Demokratie, S. 48ff. では，「中立性」という語の有する複数の意味，及び自由主義の学説に於ける「中立的権力」の言説を概観したうえで，次の様に論じる：「中立的な国家首脳（Staatshaupt）という憲法上の構成は，諸政党が国家内での権力をめぐって闘争する事を前提とする。［…］政治的統一の存立は，とりわけ政府［を構成する事］を求めて闘争する諸政党が共通の前提を承認しないような場合には，危殆に瀕するであろう」【S. 51】。更に WRV が内包する「中立的な存在」として，尊敬と信頼を集める個人（Hindenburg 及び W. Kahl の二名が例示される）の人格，官僚制，（特に経済の）専門家，「ドイツ選挙人のうち組織化されていない（nicht organisiert）部分」と並んで，「中道政党（Mittelparteien）」，特に Z 及びブルジョア民主主義政党が連立政権の中で果たす役割が列挙されている【S. 55f.】。一方でシュミットは，連立政権によって「政府じたいが中立化され」，政府の運営が党派の連合により左右される結果として，最悪の場合には「政府がもはや統治しない」事態となる危険を指摘する【S. 52】。併し，そう指摘すると同時に，ライヒ大統領や官僚制と中道政党を「中立的な存在（neutrale Größe）」として並置する態度は，特に HV 以降の態度からは容易には考え難い。同論文の基となる講演が1929年の夏学期に行われた事を踏まえると【S. 69】，ヤング案に対する右派勢力の反発，前年から続く準軍事組織の暴力事件（特に同年5月の血のメーデー事件）等の懸念はあったものの，なお Müller 大連立内閣が存続していた事に鑑みれば，シュミットがまだ政党に対する期待を喪っていなかったものと推測し得る。

◆第四章　分析2：映画検閲と国家の存立

つのヴァリエーションたる「質的全体国家」である。

次なる課題は、この現状に対抗する理念として提唱される「質的全体国家」論が形成される過程を解明する事である。

第三節　理想像としての「全体国家」：「質的全体国家」論の検討

「質的全体国家」は、第一節で取り上げた WE の論述に依拠するならば、自身の権力の確立に必要な技術的手段を掌握し、内部で自身に敵対的な勢力の台頭を許さず、「政治的なもの」＝友と敵の区別を為す能力を独占する国家の謂いであって、又、国家が国家たる以上は須らくそうでなければならないものであった。

こうした、少なくとも WRV 後期のシュミットの国家論の基軸となるべき国家像が、如何にして形成されたのかに就てこの時期の著作を通して追跡する事が、本節の課題である。勿論、上記の如き国家像は、VL や BP1927 をはじめとする WRV 前期・中期の著作に於ても現れており、又、この二つの著作で明確な像を形成している。併し此処で問題となるのは、VL の公刊以後 WRV 体制の終焉に至るまでの間に、論調・力点の変化を経てシュミットが辿り着いた主張を、より詳細に解明する事である。

以下でも、前節と同じく 1930 年代の著作を参照しつつ検討を進める。

第一款　「政党連合国家」とその対重：「国家の内政上の中立性という問題」

前節でも取上げた IN に拠れば、既述の脆弱な政党連合国家という現状に対して「中立的な、つまりこの種の政党国家の諸力から独立な政治」が必要であるが、政党国家に抗する「中立的な対重（Gegengewicht）」は現に WRV に採り入れられている【IN, VA, S. 45】。「実際、単に政党国家でしかない国家などあり得ないのだから、抑々それなしには国家は考えられないだろう。純粋に党派的な諸力の外に、常に非党派的で、超党派的な諸力が存在せねばならない」。特に上述（特に前節第二款で取り上げた HV の論述）の如き状況を呈する政党に対しては、「その狭小な党派性という動機よりも広範かつ高次の始点を主張するよう強いられるべきである」と主張する。【IN, VA, S. 46】

第三節　理想像としての「全体国家」:「質的全体国家」論の検討

こうして，政党に対抗し・それを超越した諸力＝国家が不可欠であり，又，現に存在すると述べられる。尤も，その「対重」が具体的に何なのかは，述べられていない。

第二款　国家の任務・「正常な状況」:「国家倫理と多元的国家」

SE では，政党やその外の集団に対する国家の存在意義が，より積極的かつ詳細に論じられる。

即ち，「個人主義的国家理論にとってもまた，国家の役割は，道徳的・法的規範がはじめてそこで妥当し得る具体的な状況を規定する所にある。あらゆる<u>規範（Norm）</u>は［…］<u>正常な（normal）状況</u>を前提とする。［…］［国家］は正常な状況を創出する。」【KS, S. 32, PB, S. 155】又，「経験的個人にとって，強力な国家が保障し得る以上の自由の領域は外に無い」。国家の統一性が失われた場合，他の諸々の社会集団が自ら，その集団の利益に従って代替して決定を行う事になるが，そうした「社会的多元性には，諸々の社会的義務の［間での］紛争が個々の集団の決定に委ねられるという以上の意味は無い。」【KS, S. 34, PB, S. 157】

又，「<u>政治的なものは統一性の強度を示すものに過ぎない</u>」とされ，「政治的な統一性は様々な内容を有し，自らの内に包摂し得る」事，「それはまさに，常に統一性の徹底的な強度を示すものであって，その結果自ら決定的な区別，友と敵の区別をも規定する」事が指摘される【KS, S. 36, PB, S. 159】。これは BP1927 に於ける「政治的なもの」の概念規定を，特定の事項領域から独立した，その意味で形式的な方向へと発展させたものであり，BP1932 にも継承されている[18]。

---

(18)　「政治的なもの」の定式に「強度」の概念を取り込んだ事に就ては，Hans Morgenthau, Die international Rechtspflege, ihre Wesen und ihre Grenzen, 1929 に影響を受けたものではないか，更には同書の剽窃ではないかとの疑問が提起されている。この問題に就ては，大竹，2009，31 頁注 9 及び Gangl, 2011, S. 83ff. を参照。

　BP1927 の時点では，確かに，「政治的なもの」の指標は専ら強度に求められてはいない。併し，この段階でも「政治的なもの」の概念規定に際して「強度」を一つの要素とする発想は見受けられる。例えば，BP1927, S. 4 では，「敵」の概念が「格別に強い（intensiv）意味で実存的に何か他なるもの及び異なるもの」と規定され，又，S. 9 でも宗

◆ 第四章　分析2：映画検閲と国家の存立

　更に，「政治的単位が最高次の単位であるのは，それが全能を以て命令し，又は他の諸単位を平準化するからではなく，それが決定を下し，自身の内部で対立する全ての諸集団が敵対の極致にまで（つまり内戦にまで）分裂する事を阻止し得るからである。」【KS, S. 36-37, PB, S. 160】

　前節でも述べた様に，SE は，多元的国家論とそれが帰結するところの「忠誠の多元性」，即ち諸個人が国家に対するのと同時に他の諸団体に対する忠誠の関係に立ち，然も国家に対する忠誠が他に対して必ずしも優位しない「特殊倫理」【KS, S. 30, PB, S. 153】となる事態に抗して，あくまで国家という単位が不可欠の重要性を有する事を主張した著作と位置づけられる。

　此処で，国家の存在意義は，規範が妥当する前提となる「正常な状況」を創出し保障する事，に求められる。然も，国家は他の如何なる集団よりもこの役割を適切に果たし得る。他の集団がその役割を担うならば，その結果は集団間の闘争に帰着し，更にそうした社会集団の闘争は，国家が何としても阻止すべき事態（内戦）となり得る。即ち，遅くともこの段階でシュミットは，国家以外の社会的単位による秩序の形成・維持機能に期待を寄せておらず，故に国家という単位は必ず十分な（即ち，社会集団の対立・内乱を阻止し得るだけの）強度を持たねばならない，と考えていた事になる。「国家という単位が社会的生活という現実の中で問題となるとき，あらゆる国民にとって受け入れ難い状態が生じる，何故ならば，それによって正常な状況やあらゆる倫理的及び法的規

　　教・道徳・経済・人種等の対立が「人間が友と敵へと実効的に結集するほどに強力な（stark）ものとなった場合には」「政治的な対立」と化すると論じられる。

　Wenger, 2004, S. 87, Anm. 23 は，「強度」に政治的なものの指標を求める言明が1927年版に存在しないとしても，「核心に於て」同旨の記述は既に存在していたと論じる（その際 BP1927 の S. 4, 11 が参照される）。又，Neumann, 2011, S. 86 も，「強度」の語を用いる BP1932 が「領域」の語を用いる BP1927 から断絶しているとの見解は誤っており，前者の発想は既に後者にも現れていると論じる。他方，1930年の段階でも「領域」の語を用いた定式が提示されている点にも注意を要する（IN, VA, S. 56, 更に参照, 和仁, 1990, 356 頁注 184）。

　Intensität という語彙を用いるか否かという点を措けば，シュミットの思考・叙述が全面的に Morgenthau の影響下にあるとまでは考えられない。又，BP1927 の主張と BP1932 の主張とが断絶しているとも考えられない。

第三節　理想像としての「全体国家」：「質的全体国家」論の検討

範が失われる為である。」【KS, S. 41, PB, S. 164】

此処では、IN よりも一般的に、諸個人の忠誠の対象が国家から社会諸団体へと多元化している状況と、それを理論的に支持する多元的国家論に対して、国家の地位を「正常な状況」を創出する役割を理由に擁護している点が注目される[19]。

第三款　友・敵区別と内戦の抑止：1932 年版『政治的なものの概念』

以上の様に、諸政党の対立を超越し、また内戦を抑止し「正常な状況」を創出する者としての国家という構想は、BP1932 で更に凝縮した形をとる。1927 年版に大幅な加筆修正を施し、雑誌論文から単行本へと体裁をも変更した同書は、IN や SE を含めた 1927 年版以降のシュミットの思索の進展を集成したものと評価し得る。

１）先ず「政治的なもの」の概念規定に就ては、SE や HP を踏襲して、特殊政治的な区別は「包括的な定義や内容言明としてではなく、指標 (Kriterium) という意味で概念規定を与える」ものであり、それは「固有の新たな事項領域という意味ではなく、既述の他の諸対立にも、又はそのうち複数

---

[19] 「正常な状況」の創出という問題は、既に 1922 年の Politische Theologie でも確かに見られる。「あらゆる一般的規範は、それが構成要件の適用を見出すべき、またその規範的規律に服させるところの、正常な生活関係の形成（Gestaltung）を要求する。[…] この事実としての正常性は、法学者が無視し得る単なる「外的前提」ではない。それは寧ろ、内的な妥当の条件である。混沌の中で適用される様な規範は存在しないであろう。正常な状況が創出されねばならず、主権者とは、この正常な状態が実効的に支配しているか否か、に関して決定する者である。全ての法は「状況法（Situationsrecht）」である。主権者はその状態を全体として創出し、かつそれを保障する。」【S. 13】

該論述は、非常事態や例外状態に関して可能な限り法による規律を施し、規範に回収し得ない問題を除外しようとする「法治国的傾向」に対して、主権者による決定とその法学に対する根源的な意義を主張するものであり、又 Krabbe, Preuss, Kelsen 等の学説に対する反駁でもある（同種の論述は VL, S. 7ff. にも存在する）。SE がこの思考から逸脱している訳ではない。併し、SE では諸々の社会集団の台頭・乱立による国家秩序の不安定化に抗して、国家の果たすべき役割を示し、更に国家という審級の優位性をも主張する事に重点が置かれているから、議論の置かれている文脈が異なる。

にも，基礎づけられたり還元される事のない仕方で，自立的」とされる【S. 14；BP1963, S. 27[20]】。友と敵の区別は「最強度の結合と分裂」を意味する。更に「政治的な敵」に就ても，「緊急の場合には，事前に定められた一般的規範によっても，「当事者でない」また従って「非党派的な」第三者の言葉によっても，決定され得ない紛争」の相手方となり得る者であると敷衍される【S. 15；BP1963, S. 27】。続く第三章でも，追加された論述に於て，政治的対立が「最も強力な対立」であり，「あらゆる具体的な対立は，それが最も極端な地点，友―敵の結集に近づく程，政治的である」と論じられる【S. 17；BP1963, S. 30】。

又，SE の論述を踏まえて，「正常な国家の任務は，国家とその領域の*内部*に完全な平和を招来し，「平穏，安全そして秩序」を定立し，且つそれによって，法規範そのものが妥当し得るための前提となる*正常な状況*――というのも，あらゆる規範は正常な状況を前提とし，如何なる規範も自身にとって完全に異常な状況に対して妥当し得ないのだから――を創出する事にある」と追記される。【S. 34；BP1963, S. 46[21]】

2）1932年版には他にも本稿にとって重要な加筆修正が見られる。

第一に，「敵」の概念を敷衍した第三章には次の記述が付加されている。「或る国家の内部で諸勢力の対立が完璧にまさしく（"die"）政治的な対立となった場合，「内政上の」諸陣営（Reihe）の最も極端な［対立］，即ち外交ではなく内政上の友と敵の結集が，武力による対立にとっては決定的なものとなる。闘争の現実的な可能性は常に存在しなければならず，そのことによって政治に就て語る事ができるのだが，［この可能性は］この種の「内政の優位」に際しては，当然の帰結として，もはや国民諸単位（Völkereinheit）（国家又は帝国）の間での戦争ではなく，*内戦*に結び付くことになる。」【S. 20；BP1963, S. 32】

第二に，SE を踏まえた「正常な国家の任務」に関する記述に続けて，次の様に論じられる。「危機的な状況に於ては，こうした国内の平和の必要性によって，政治的単位としての国家が，それが存立している限り，自ら「内なる

---

(20) 以下，BP1932 の頁数の適示にあたっては，1932年に刊行された単行本の頁数と1963年に他の著作及び序文と共に復刻されたヴァージョンの頁数とを併記する。その際，前者に関しては頁数のみ，後者に関しては BP1963 の略号を用いる。

(21) 該定式の起源は HP, S. 26, Anm. 1 に求められる。

第三節　理想像としての「全体国家」：「質的全体国家」論の検討

敵」をも規定するようになる。従って，あらゆる国家には何らかの形式で，［…］厳格又は穏健な，事実上発生し又は特別法に基づき司法の形式によって実現される，公然たる又は一般的に当てはまる様な書き換えにより隠蔽された，排斥，破門，追放，平和喪失（Friedloslegung），*法外宣告*（*hors-la-loi-Setzung*），*一言でいえば内敵宣言*（innerstaatliche *Feinderklärung*），が存在する。こうした事は，国家の敵たる事を宣告された者の行為しだいでは，内戦の，即ちそれ自身の内部が平和であり，領域的に完結しており，且つ敵に対してその浸透を許さない，組織された政治的単位としての国家の解体の，兆候となる。」特に「立憲国家」に於て憲法とは「社会秩序の表現，国民社会の実存そのもの」であって，「それが攻撃された場合には，その闘争は憲法と法の外側で，即ち*武装した権力*（*Gewalt*）によって決定されねばならない。」【S. 34; BP1963, S. 46f.】該論述は第五章の一部であるが，1927 年版では同章が専ら国家の交戦権を論じていたのに対して，引用部では国内の問題，「内戦」の問題が扱われている事が注意を引く。

　3）斯様な変化を踏まえると，1932 年版独自の意義は，1927 年版がどちらかといえば戦争・外交の問題に重心が置かれていたのに対して，加筆修正によって，内政・国内の問題へと重心を移した点に求められる[22]。「正常な状況」を創出する国家の任務は勿論の事，「政治的なもの」の新たな概念規定も，国内の諸集団の対立が遍く「政治的な」対立となり得るという点に着目すれば，やはり国家の内部に対する秩序維持に関する思索の結果と位置付け得る。

　勿論，1932 年版はこのほかにも，自由主義批判を主題とする第八章が大幅に加筆修正されており，またヴェルサイユ条約や国際連盟等の国際法上の問題，あるいは思想史に関する問題に就ても加筆が為されている為，1927 年版からの変更が内政問題に限定されたものとは言えない。併し，「政治的なもの」というシュミットの学問を貫く主題を扱った著作に於て，国家の内政上の問題に関する記述が大幅に増補された事は，重要と考えられる。

---

(22) BP1927 では「政治的なもの」が主に対外関係を念頭に置いて論じられていたところ，BP1932 では考察の重心が内政に移っていった点は，例えば Schönberger, in : Mehring [Hrsg.], 2003, S. 39 及び Ladwig, in : Mehring [Hrsg.], 2003, S. 53. が指摘する通りである。

◆ 第四章　分析 2：映画検閲と国家の存立

第四款　「技術」の独占という責務：「構成的憲法問題」「強い国家と健全な経済」

　政党間の対立を超越し，諸々の社会集団による対立が内戦状態に至る事を抑止し，およそ規範が妥当する前提となる「正常な状況」を創出する国家と云う，此処までに取り上げた著作に示された像は，既に「量的全体国家」に対抗する理念としての輪郭を備えていると評し得る。併し，1933 年の二論文とりわけ WE が提示する「質的全体国家」と同等の内実を有しているとまでは言い難い。

　これら二者に対して，内容的にも，公表の時期という点でも，中間に位置すると考えられるのが，1932 年の講演 KVP 及び「強い国家と健全な経済 Starker Staat und gesunde Wirtschaft」（以下 SSGW）である[23]。両講演は，何れもドイツの現状に対する批判と対応策を論じており，特に WRV 第 165 条に基づく職能代表制的な性格を有する「上院（Oberhaus）」【SGN, S. 62】又は「第二院（zweite Kammer）」【SGN, S. 83】の問題を扱っている[24]。

　1）先ず KVP では次のように論じられる。

　「全体国家」という用語は「国家と国家から自由な他の領域」といった従来の区別からの「移行段階」を示しているが，そこでは「理性的な秩序や自由すべての前提である区別が窮めて広汎に喪われ，やがて一般的に混淆してくる」。特に経済的な問題はもはや「純粋に経済的な」問題ではなく，同時に政治的な

---

[23]　Günther Maschke によれば，同講演は 1932 年 11 月 4 日に Vereins zur Wahrung der gemeinsamen wirtschaftlichen Interessen in Rheinland und Westfalen の集会で行われ，同協会の会報（Mitteilung）Jg. 1932, Nr. 1, NF, 21. Heft, S. 13ff. に於て，更に Volk und Reich-Politische Monatschrifte, Feb. 1933, S. 81ff. に於て，活字化されている（SGN, S. 70；尚，以下では両講演とも SGN の頁数のみを適示する）。

[24]　この「上院」「第二院」は v. Papen 内閣の国制改革の一環として企図されたものであり，彼の理解に拠れば，その目的は経済的諸力を反映させる事で国家に権威を付与する事にある【SGN, S. 83】。併し，該構想は順序が逆転しており，強力な国家の下でのみ「第二院」は権威を獲得するのであって，ドイツの現状は憲法改正や新たな憲法条項の追加を為し得る状態にはなく，先ずは十分な活動能力を有する強力な国家を再建すべきだ，と主張する【S. 83f.】。v. Papen 内閣の国制改革構想に対するシュミットの態度に関しては Berthold, 1999, S. 66ff. を参照。この構想全般に就ては同書 S. 14ff. のほか，栗原, 1981, 398 頁以下；Huber, 1984, S. 1073ff. を参照。

第三節　理想像としての「全体国家」：「質的全体国家」論の検討

問題となる。抑々「国家の意思形成が政党の手に委ねられ、それらの利益や動機が基本的に経済的な必要であった」為に、「国家と社会、国家と経済の古来の区別は、1919年以降のドイツでは［…］維持されていない」。【SGN, S. 58】

こうした政党論、経済と政治の問題に加えて、更に、「技術」の問題が登場する。即ち、「印象的なのは、全ての現代国家が、成長しつつある技術的な権力手段を至る所で手中に収めている事である。今日、最も脆弱な国家でさえも［…］、現代の技術が提供された結果として非常に強力になっており、従前の革命に於けるバリケードや市街戦も殆ど恐れるに足りない。」この事は「非武装化された」ドイツに就ても言える。【SGN, S. 58】

斯様な技術の問題は、特に表現媒体の問題に就て敷衍される。「現代の大衆感化の技術、大衆示唆の能力をもった放送や現代の映画の様な道具は必ず、国家の手中に収められる訳ではないとしても、確実にその統制の下に置かれねばならない。また今日、自由主義的な国家で「意見形成」に対して強力な統制を実際に行使しないものは存在しない。［…］世界の如何なる国家に於ても［…］、如何に自由主義的に振る舞おうとも、プレスに就て許されるのと同様に放送に就て論じる事は許されないし、映画に関しては、プレスに於て極右であれ極左であれ全く関係なく表現する事が許されるのと同様に物事を表現する事は、何人にも許されない。」【SGN, S. 58f.】

2）次にSSGWでは、「質的全体国家」をめぐる論述は、次のように専ら技術の発達と国家との関係に集中している。

「全ての国家は、政治的支配のために使用すべき権力手段を我が物にしようと努める。それを行う事は、現実の国家の確固たる了解事項（Kenntnis）ですらある。私達は皆、途方もない形で権力が強化しているという印象を有しており、今日では全ての国家がそれを技術の向上、特に軍事技術による権力手段の［向上］によって経験している。［…］全ての国家は、新たな武器を手中に収める事を強いられる。そのための力も気概も無いとすれば、他の勢力や組織がそれを手中に収めるであろうし、その場合には［新たな武器を手中に収めた者］が改めて国家となる。」「この意味での全体国家は、同時に格別に強力な国家である。それは［…］先ず以て新たな権力手段を専ら国家に属させ、その権力の向上に奉仕させる事の謂である。」【SGN, S. 73-74】

◆ 第四章　分析２：映画検閲と国家の存立

　此処でも，表現媒体の問題に言及が為される。「併しまた，技術的手段の向上により，プレスや他の従来の意見形成の手段が為し得るよりも遥かに強力な，大衆感化の可能性が与えられる。今日のドイツには，窮めて広範なプレスの自由がなお存在する。あらゆる緊急命令にも拘らず，自由な意見表明の余地はなお広範であり，また何人もプレス検閲を考えはしない。併し，映画や放送といった新たな技術的手段に就ては，全て国家がその手中に収めねばならない。自由主義的な国家で，映画部門や放送部門に対して少なくとも強力な検閲や統制を要求しないようなものなど存在しない。新たな大衆支配，大衆示唆，公論形成の手段を対立者に委ねるような国家などあり得ない。全体国家という定式の背後には，今日の国家がかつてなく強力な予想外の新たな権力手段と可能性を有している［…］という正しい認識が存在する。」【SGN, S. 74】

　３）両講演は，ドイツの（量的）「全体国家」化によって，従来非政治的だった問題が悉く政治化し，憲法上の諸機関・諸制度が機能不全に陥るという状況に対して，国家（政府）が合法的な手段を駆使して対処すべきである，という指針に貫かれている。

　両講演が本書の文脈にとって有する最大の意義は，従来の国家像を継承しながら，そこに「発達した技術の独占・統制」という要素を導入した点である。HVをはじめとして，従来の著作は「質的全体国家」たる事を実現する手段としては，当時のドイツ政治の脈絡に即して議会制よりも執行権の優位を専ら主張していた。これに対して，この段階では，より一般的な脈絡で（「全ての国家は」「自由主義的な国家で」），発達した技術を自らの手中に収め，諸々の社会勢力とりわけ反体制的なそれによる放縦な利用を許さない，という方策が提示されている[25]。いまだ「全体国家」の二類型が明確にされていないにせよ，技術の問題に言及した点に於て，両講演は1933年の二論文の主張に近づいたと

---

(25)　尤も，SSGWも，1932年7月20日のプロイセン政府罷免に就て，WRV第48条という「合法的手段」「強力な政府の道具」によってWRVの「最も深刻な設計ミス」の一つである「ライヒとプロイセンの二元主義」を修正したものであり，その「行動への危害」を承認すべきだと主張している【SGN, S. 72】。この限りでは，従来の提言と連続している。1930年代のシュミットの連邦制に関する態度と発言に就ては権左武志, 2012を参照。

第三節　理想像としての「全体国家」：「質的全体国家」論の検討

評し得る。

第五款　小　括

本節で検討したシュミットの「(質的)全体国家」論，国家が国家たる所以に関する議論を要約すれば，次のようになる。

VL 以降のシュミットの問題関心は，従前よりも明らかに，国家が社会集団，特に政党（の下に統合された諸集団）の間の妥協を許さぬ対立によってその活動能力を喪失し，その統一性を解消されかかっており，そのために国家の意思決定が，仮に為されたとしても時々の党派的利益の反映に過ぎず，またそのようなものとしてしか受け止められていない状況を，如何にして打開するかという点にあった。

「全体国家」とは，当初は以上の如き状況を縮約した表現であり，後には「弱さ故の全体国家」と称される。これに対して，後に「強さ故の全体国家」と呼ばれるもの，全ての国家がそうでなければならないところの「全体国家」は，抗事実的な，現状への対応策の基軸となるものであった。

後者の意味での全体国家は，諸集団の間での対立が「政治的な」もの，具体的には内戦に達する事を阻止する事を第一の課題としており，政党をはじめとする諸々の社会集団や諸勢力に解消されない強度を有さねばならなかった。多元的国家論の如く国家を他の諸々の社会集団と質的に同質のものとしてそこに解消しようとする議論は，「正常な状況」を現出する能力に於て国家に劣る集に此れを委ねるものであって，容認し得る処ではなかった。

この意味での全体国家である為の方途としては，一つには WRV 第 48 条を梃子とした執行権の強化・優位が主張されていたが[26]，もう一つには発達

---

(26) SSGW では，政党間の対立を克服して「強力な国家」を回復する為の手段が「真正の非常事態の［打開の為の］唯一の権力手段［…］即ち第 48 条しか付与されていない」と述べられるが【SGN, S. 78】，此れと並んで軍と官僚制が「無傷の」「国家の権力手段」としてノミネートされている（ebd.：尚，NG, S. 55 に於ても，職業官僚制が 1918 年の革命や 1920 年のカップ一揆で「中立的な憲法の保護者」として機能したと評価されている）。尤も，KVP では，「兼職禁止（Imkompatibilität）」という，元来ドイツには欠けていたが，併し「党派的に独立した国家」の確立に必要な原則が官僚制に於ても「残念ながら［…］忘却されて」おり，今やこの原則が貫かれているのは「ライヒ軍

◆ 第四章　分析 2：映画検閲と国家の存立

た技術の独占・統制という方途が提示される。先進的で，それだけに軍事や「公論」「意見」の形成に強大な影響力を有する技術を強力に統制する事なく，他の諸集団の自由で放縦な利用に任せる事は，国家として許されない不作為とされる。

　発達した技術に対して国家が無策ではあり得ないという主張に関して，此処までのところシュミット自身による明確な理由付けは与えられていない。併し，軍事技術が例に出されている事に照らせば，技術を国家以外の集団が放縦に利用させる事が集団間の対立を激化させ，実力による衝突・内乱の可能性を招来するが故に，そうした技術を予め国家が独占し，又は濫用を抑止し得るだけの統制を行う必要が生じるためである，と推測する事は困難ではない。

　それでもなお問題となるのは，以上の如き理路の中に表現媒体である映画と放送が組み込まれる理由である。前節で見た KVP や SSGW や，テキスト B α／β を含む WE や MP は，何れも映画や放送を強度の統制の下に置く事を自明とし，特に後者では軍事技術と同列に扱われている。併し，これらの著作群は他方で映画や放送を「公論形成」「意見表明」の手段と性格づけている。更に，テキスト A の段階では，映画は抑々「意見表明」或いはその理念的基礎である「討論」の手段たる資格を明示的に否定されており，一方で自由な討論に基づく「公論」の形成は，積極的な位置こそ有さないものの，市民的法治国の枠内ではひとまず居場所を得る筈であった。

　斯様に，シュミットの論述が，テキスト B の内部でも，テキスト A との関係でも，整合的でない箇所を有する事に鑑みると，VL 以後の「意見表明の自由」観の変化，及びそこに付随する「技術」の問題に就き検討する必要が生ずる。

第六款　補論：「市民的教養」への期待？：「フーゴー・プロイス」

技術と意見表明の問題を論じる前に，此処で 1930 年の講演「フーゴー・プ

(Reichswehr)」だけと論じている【GSN, S. 61】。二つの講演の違いが如何なる要因に由来するのかは，現段階では回答が得られていない。KVP 及び SSGW は何れも経済団体の集会で行われた講演であり，聴衆の違いという点から説明する事も難しいと考えられる。

第三節　理想像としての「全体国家」:「質的全体国家」論の検討

ロイス」に就き検討を加える[27]。同講演は，シュミットの国家論，特に有機的国家論や市民的法治国の歴史的役割に関する論述を含む点で重要であるが，其の内容の他の著作との異質性に鑑みて，独立の款を設けて検討する。

本節までに分析されたWRV後期のシュミットの公法学説は，議会制をはじめとするWRVの統治機構の変性を深刻な問題とする。これに対して，市民的法治国や自由主義等のWRV第一編の基幹を成す理念は，批判の対象となるどころか殆ど無視されているかに見える。そうした中でほぼ唯一の例外と言えるのが，このHPである。

シュミットは此処で，有機体国家論の系譜とプロイスの位置づけ，プロイスが起草に携わったWRVが構成する「内政上の中立国家」に就て論じた後，更に，国家が「社会の自己組織」となった現状に於ては「政党国家」が個人を「身分的に組織する」状況が生じ，国家が「多元的な封建国家又は身分制国家」に退行しかねない，という問題を指摘する【HP, S. 21】。

この問題は「市民的法治国の理念と同じくらい古」く，その回答も「*国民精神 (esprit de la nation)*，即ち自らを*教化し［国民へと］形成してきた* (gebildet) 全ての国民が前提とせざるを得ないところの，教養と知性」という「200年の歴史を持つ」ものである。「教養，国民精神そして市民的法治国は不可分のものとして結合して」いる。【HP, S. 22】

「民主主義に依拠する市民的法治国は，必然的に政党国家であり，従って［政党とは］異質の中立的な諸力なしには存立し得ず，党派的に拘束されていないが一般に尊重される知性が本来の理想的な*中立的権力 (pouvoir neutre)*である」【HP, S. 23f.】。「党派に拘束されない知性」の要素となるのは，「市民的教養，及び，組織化する事も出来ず，官僚的な権限により把握する事も出来ない，

---

(27) 同講演は1930年にMohr社からRecht und Staat in Geschichte und Gegenwart シリーズの一環として刊行され，2016年になってDuncker&Humblot社からHVの附録として復刻されている (Der Hüter der Verfassung : Anhang: Hugo Preuß, sein Staatsbegriff und seine Stellung in der deutschen Staatslehre, 5. Auflage)。後者には前者の頁数の区分が明示されている為，本書では後者の頁数を重ねて表記しない。但し，前者では本文の後に注が一括して掲載されていたが，後者では頁ごとに脚注を付する形式となっている。

◆ 第四章　分析 2：映画検閲と国家の存立

常に拡散しているが，にも拘らず常に存在し，常に効果的な，公論を本質的にそして終局的に導く国民精神に対する信頼である。」併し，斯様な要請に対応するものが現実に存在するのか，という問題に就て明確な回答は示されない。Preuss に関する検討から導かれるのは，「自由な市民的教養と国制（Staatsverfassung）との連関」，そして「ドイツの知性と教養の運命はヴァイマール憲法の運命と不可分に結合したままだ」という事である。【HP, S. 25】

斯様に HP では，他の著作に照らすと異例な事に[28]，市民的法治国を，或いは少なくともそれに付帯する問題を，それなりに真摯に論じている。然も，GL や G の様にその理念的基礎と共に時代遅れであると宣告して終わるのでもなければ，執行権の優位という解決策を提示するのでもなく，「党派に拘束されない知性」や「自由な市民的教養」の機制力と重要性を承認する。

斯様な論調に就ては，確かに Preuss の学説を歴史的に位置づけるという本講演の論題が背後にある事は無視できず，又，ドイツの現状に鑑みてこの期待が成就するかに就ても懐疑的な口吻が示される【HP, S. 24f.】。然も他の著作と併せて読むならば，シュミットが市民階級の「知性」や「教養」に真摯な期待を寄せているとは考え難く[29]，本講演の主張は特異と言わざるを得ない。又，本講演で示された考え方が以降の著作で継承・敷衍された形跡も見られない。

(28)　斯様に異質な発言が為された背景を明らかにした研究は，管見の限り見られない。本書も此の点は解明し得なかった。和仁，1990, 374 頁以下に拠れば，当時のシュミットは「彼にとって原理的に正当化が困難な 20 世紀の国家の問題に直面」した上，当時の「危機的な政治・経済状況に規定された憲法問題への対応を迫られたため」，従来の公法学の行動の基軸となったカトリシズムを後退させるだけでなく，その「思考・概念」を顕著に不安定化」させる。HP で展開された「知性と教養」を拠りどころとする構想も，本来の「シュミットの無政治的個人主義とは本質的に相容れない」ものと評価されている。
(29)　前章で取り上げた GL, G に於ける現状分析が既に「党派から独立の政治的知性」の存在に就き懐疑的であり，1928 年の Bürgerlicher Rechtsstaat に於ても，市民的法治国のプロジェクト自体が労働者階級を国家に統合するという課題に対して時代遅れだと評されていた。又，本章で検討した HV 以降の著作での分析でも，個人や議員が政党に絡め捕られていく実情を前にして，従来の懐疑的な姿勢を推し進めるものと評価できる。HP の構想は，こうした従来の又は同時期の他の著作との間に大きな距離を抱えており，HP に於けるシュミットの真意が何処にあったのか，説明は困難である。

第三節　理想像としての「全体国家」:「質的全体国家」論の検討

　一つの解釈としては，市民階級の「知性」「教養」による現状の打開という方向性が，なお該講演の時点では選択肢として真摯に考えられており，その限りでは市民的法治国の理念を前提とした解決策を放棄していなかったと見る事が可能である。又，この段階に於ても，シュミットの中には個人の「知性」「教養」，或いは政党政治に回収されない公論への信頼が残されていたとも推測し得る。併し，この「信頼」が学問的に継承され，発展せられたと評価する事は到底できない(30)。

---

(30)　この点に関連して，1932 年の Legalität und Legitimität では，WRV の第二編を重視し，同編の「内容の意味体系」と第一編の「価値中立」とを対比する姿勢，及び，第二編の内部で更に「如何なる実体法上の個別の規制をも超える」自由権とそれ以外の規定を区別し，「第二編の核心を自己矛盾や妥協による欠陥から解放」して WRV を救済すべきであるとの主張が為されている【S. 40ff.】。
　この主張に就ては，市民的法治国の重要な要素である基本権（参照，第三章第三節第一款）に着目する限りで，市民的法治国に対する期待がこの時点でもシュミットの中に残されていたとの推測も可能である。尤も，同書の他の箇所や他の著作に拠れば，市民的法治国のもう一つの重要な要素である筈の「価値中立的な」議会制は放棄され，大統領の正統性に依拠した解決策が模索される。又，第二編の「核心」を救済するとして，具体的にその「核心」が何を意味するのかは，説明されていない。抑々，同書に於けるシュミットの「価値」の強調そのものが，彼の年来の主張からすれば異例のものである（参照，和仁，1990，165-166 頁特に 166 頁注 95）。
　古賀，2019 は，シュミットが WRV 第二編の実質的価値を具体的には「制度的保障」に求めていたとの見方を示す【201 頁及び 205 頁】。論拠としては，シュミットの個人・社会と国家の関係に関する理解からして，自由権がスメントの統合理論の如き積極的な役割を果たすという発想には至らないと考えられる事【201 頁】，シュミットがナチスを警戒した理由が職業官僚制をはじめとする制度的保障を解体せんとする点にあった事【168 頁，205 頁】，が挙げられている。シュミットが少なくとも一定の時期迄は職業官僚制の役割に期待を寄せていた事は，本章注 26 で論じた通りである。尤も，VL の示す体系に従えば，WRV 第二章の中で基軸を成すのは個人の自由権であった筈であり，1932 年の GUG の段階でもこの序列が放棄された形跡はない。そうした自身の序列を覆して職業官僚制が WRV 第二章の主軸に据えられるに至った理由に就ては，なお検討を要すると考えられる。

◆ 第四章　分析２：映画検閲と国家の存立

第四節　「技術」の独占と「意見形成」の変性
第一款　予備的検討

　本節では，前節の末部で明らかとなった問題，即ち，シュミットが「全体国家」論に技術の問題として映画と放送の問題を持ち込む際の整合性に就き検討する。

　１）問題を詳述すれば次のようになる。

　テクストＢの段階では，映画と放送は軍事技術と同列に，国家が強度の統制又は独占を行うべき技術とされていたが，その理由は「意見形成」に於ける強度の影響力，「大衆感化」力に求められていた。併し，「意見形成」の道具に対して検閲や独占という措置を採るべきであるという構想は，意見表明の自由との緊張関係を孕んでいる。第一に，「意見」形成と「大衆感化」は，少なくともテクストＡの段階では相互に排斥し合うカテゴリであったにも拘らず，此処ではほぼ同列に扱われている。第二に，同じくテクストＡの段階では，映画は「意見表明」の媒体としての資格を明示的に否定されていた筈であるにも拘らず，「公論形成」の手段としての位置を付与する事は矛盾するように見える。第三に，テクストＡの段階では「意見」「公論」の形成が市民的法治国の枠内で容認されていた筈であるにも拘らず，此処では強度の統制・検閲が承認されるに至っている。要するに，テクストＡの段階からテクストＢの段階に至るまでに，「意見表明の自由」をめぐる問題に関する理解に変化が生じたのではないか，との疑問が生じる。

　２）此の問題に就て，テクストＢの表現（特にWE）からは以下の様な手掛かりが導かれる。

　映画と放送に就ては「大衆感化」「大衆示唆」及び「集合的な意見形成」という形容が為されているが，プレスに就ても，「自由な意見表明」という古風な表現が用いられてはいるものの，同時にその実態が「政党の煽動」「宣伝による大衆の説得」であると論じられている。【ER, S. 66; VA, S. 360】

　斯様な表現に依拠する限り，テクストＢの段階に於てシュミットはもはやプレスと映画・放送という媒体の間にさしたる差異を認めておらず，何れも「討論」とは懸け離れた活動の手段と理解されていた，と考えられる。

第四節 「技術」の独占と「意見形成」の変性

　この点に就て，KVP や SSGW にはプレスの「実態」に関する言辞は見られない。これを額面通りに受け止めれば，プレスと映画・放送の対比が保持されていたと解釈する余地も存する。併し，テクスト A の段階では映画に対してのみ格別の警戒が為されていた事に鑑みれば，テクスト B の段階までにこの対比を放棄せざるを得ない様な理解の変化が生じたと考えられる。

　加えて，「集合的な（kollektiv）意見形成」という表現も無視し得ない。確認し得る限り WE で初めて登場する（SSGW の他の部分では酷似する叙述には見られない）この表現は，厳密には「「公［論］」の，より正確に言えば集合的な意見形成」という表現の一部である。若し「集合的な意見」を「公の意見＝公論」とは異なるカテゴリとして理解すべきだとすれば，映画と放送，更にはプレスによって形成される「意見」は，テクスト A の段階で承認されていた様な，「孤立せる個人」の「意見」や「討論」から形成される「公論」とは異質の「意見」であり，より立ち入った表現をすれば，双方の中間に位置する人的集合（kollektiv なもの）の「意見」を意味すると考えられる。

　3）そうだとすれば，遅くともテクスト B の段階で，シュミットの「意見表明の自由」をめぐる理解に変化が生じたと考えざるを得ない。

　上記の三点の疑問のうち，第一点の「意見」形成と「大衆感化」という表現の関係に就て言えば，前者の観念じたいが後者に近しい意味で理解される様になっていたと考え得る（プレスの「実態」に関する言明はこれを裏付けよう）。第二点，映画を「意見」形成の手段と形容する点に就ては，WRV 第 118 条の釈義の問題を別としても，該表現が「集合的な意見形成」という従来の「意見形成」とは異なるカテゴリだと理解すれば，ひとまず解決される。

　併し，愈々問題となるのは，テクスト A 以降シュミットの中で生じた意見表明の自由に関する理解の変化が，具体的に如何なるものであり，それが如何なる論拠と結びついていたのか，である。この問題に就て，当時の一般的な社会情勢や，映画・放送をめぐる情勢から推測する事も可能である[31]。併し以

---

(31) Böckenförde, 1994, S. 344ff. 及び Quaritsch, 1989, S. 41f. は，こうした観点から分析を行う。後者はテクスト B ／ a に該当する箇所に関して，「政党の煽動」や「宣伝による大衆の説得」が「ヴァイマールの立憲国家を支えた諸政党の比較的古風な選挙運動」ではなく「その量と質からして従前のドイツに存在したあらゆる選挙運動を影の薄いも

◆ 第四章　分析2：映画検閲と国家の存立

下でも，前章・前節までの方針に従って，主としてシュミットの言説の内部で整合的な理解を得る事が，本稿の目的に合致する。以下では，この点に就き更に，VL以降の著作を主な手掛かりとして検討を進める。

第二款　「意見表明の自由」の変性：「プレスと公論」

テクストAからテクストBに至るまでの時期に於けるシュミットの「意見表明の自由」観を見る上では，1929年のドイツ社会学者大会で行われた討論での発言が重要である。同大会は「プレスと公論 Presse und öffentliche Meinung」という主題を掲げており，Carl Brinkmann と Hans von Eckardt による報告の後に，討論が行われた（以下，PöM）。

シュミットの発言の骨子は次の通りである[32]：

意見（Meinung）の原語である opinio は「独断（Dogma）に対する，信念及び類似の諸概念に対する，反対概念である。」そして「意見」の語を含有する「公論」という用語法は，「その対立者がなお生命を有する限りでのみ，[…] 力と生命を有する。」意見という語は「Dogma に対する対立概念という特殊論争的な意味を有する。此処に17，18そして19世紀に於ける概念の精神的動力が依拠している。」【S. 56】

併し，現在では「意見と反対意見の時代は終了しており，「意見」の代わりに宣伝，暗示，煽動その他のものが登場している」ために，先の意見—教条という対立は成立せず，これに代わって「意見」の反対語は「<u>活動（Aktion）</u>」である。

「意見」と並んで「プレスの自由，検閲，社会」も「論争的概念」である。「それらが向けられた具体的な政治的対立者を知って初めて，人はそれらを知る事になる。」社会—国家という対概念は，前者が後者に統合されていく時代には無意味になる。「物事が従来の様に […]，ドイツでは19世紀の様に，対

のにする」様な NSDAP の選挙運動を指すと解釈する。Mommsen, 2009, S. 496f 及び S. 551f. に拠れば，第2回大統領選挙及び1932年7月のライヒ議会選挙に於ける NSDAP の各種媒体を活用した運動に言及しており，その際に映画やレコードも使われた。

(32)　以下，本款では，該発言が報告と共に収録された Schriften der deutschen Gesellschaft für Soziologie, Bd. VIII, 1930 の頁数のみを摘示する。

第四節　「技術」の独占と「意見形成」の変性

立している限り，プレスの自由に就て，検閲に就て，語り得る。」

　プレスの自由を求める闘争は，「その技術的手段を利用する者が現存する国家に対して闘争する限りで，窮めて優れた意味を有する。」併し，「こうした諸概念を歴史的状況から取り出し，抽象化してはならない。」プレスの自由とは，「プレスという技術的手段」及び「その技術を利用する人間の複合体」と自由とが連関したものである。併し，此れは「本来は奇妙な結合」である。歴史的にはともかく，論理的には，寧ろ「意見表明の自由，討論の自由，報道伝達の自由，宣伝の自由」と言うのが正しい。にも拘らず「プレスの自由」という表現が使用されてきたのが，従来の状況である。【以上，S. 57】

　時代と共にプレスの自由をめぐる状況は変化している。「技術的手段は変化し，かつてない程の［生産力を備えた］機械印刷（Maschinenpresse）が登場した。「このすっかり変わり果てたプレスと自由がなお「古来の結合」を保持しているのか」という問題が生じる。この問題には否定的な回答が為されるべきである。寧ろ今日では，プレスとは別の意見表明・宣伝の手段である「放送」が「独占」されているという状況の方が目立っている。【S. 57-58】

　放送と独占との結合は，「16世紀以来プレスが自由の道具であった事」と同じく自明の事である。「異なる技術的手段」が夫々「自由」と「独占」に関連付けられている事には，注意を要する。「放送の有する強大な力が，個人あるいは少数の集団の手中に帰し，分別なくその私的な利益の為に利用し得るとすれば，耐え難い状態となるであろう」。

　独占と関連して，放送制度に関しては「中立性」という語が使用されるが，その用法は多義的である。

　先ず「完全な党派的中立性」という意味での中立性に就ては，「味気なくさしたる重要性のない事柄」への放送内容の限定，「争いのある，即ち常に政治的な問題に対する政治的無関心（Indifferenz）」に現れているが，「この無関心という中立性は維持し得ない。」

　次に，個別の政党に対等な機会を与える「同権（Parität）」という意味での中立性の背後には，「あらゆる独占には平等な利用の機会が当然に結合している」という考え方が存在する。併し，電車の乗車券の購入や電話の利用と同じような「技術的手段の中立性」をプレスに適用する事は困難である。そのよう

217

◆第四章　分析2：映画検閲と国家の存立

な試みをすれば，プレスは「無関心な中立性」つまりは「娯楽」となるか，又は「活動（Aktion）の道具」と化するであろう。【以上，S. 58】

中立性には更にもう一つの用法，一種の「楽観論」が存在する。即ち「技術的装置の内部から，単なる装置がかつてなく益々強力で完全になっているというだけの理由で［…］，全く新しい精神が登場し，またそれを用いる人間が収益という理由若しくは別の動機から用いる場合であっても［その新しい精神によって］圧倒される」という考え方だが，これも適切ではない。「技術の内部からは，如何なる客観性も生じない。」「確かなのは，誰がその未曾有の技術的手段を手中に収めるのか，が問題となる事だけである。」中立性が要請される背景には，この問題をめぐる「不気味な闘争が間近に迫っているか，既に始まっているという予感」が存在する。如何なる技術的手段もその本質に於て中立的ではあり得ず，「それを利用する者を待望している」。【S. 59】

以上の発言で注目されるのは，次の諸点である。

1）第一に，意見表明の自由，及びその典型的形態の一つとされてきたプレスの自由に就て，従来の著作には見られなかった言明が数多く為されている。

先ず，意見表明の自由に関する歴史的な概観としては，17世紀から19世紀までの歴史に照らすならば，「意見」は独断（Dogma）に対立する概念であり，この対立が維持される限りで「意見」の概念はその意味を維持し得る。併し，現在ではこの対立が市民的自由主義の後退と共に消滅し，代わって宣伝・暗示・煽動が前景化している。

次に，プレスの自由に就ては，これが意見表明の自由や討論の自由の様に「自明の」結合ではなく，特定の技術的手段と（万人に等しく帰属するはずの）自由との，特殊な結合とされる。それでも16世紀以来，プレスが自由のための道具として奉仕してきた時代には斯様な結合も成立し得た。併し，技術の発達により印刷物の大量生産が可能となり，印刷物による宣伝・煽動が行われる時代にあっては，必ずしも自由に奉仕するものとは言い難い[33]。

---

(33) 同大会の報告者であるBrinkmann及びvon Eckardtも，プレスが様々な面で変化を蒙り，旧来の役割・意義を失いつつある事を指摘する。
　要旨に即して報告の内容を圧縮すれば，①先ずBrinkmannによれば，報道機関の多様化や，意見の分裂に対応した報道内容の「中立化」によって報道の無内容化が起こり，

第四節 「技術」の独占と「意見形成」の変性

　斯様な意見表明の自由・プレスの自由論に就ては，既に GL や G でも「討論の後退」として論じられていた。併し，此処では，或る概念は特定の状況に結び付けられて初めて意味を有すると云う，シュミットが度々示す思考様式(34)に沿う形で，該自由の変質が論じられている。即ち，意見表明にせよプレスにせよ，その自由が前提とする状況は消失し，宣伝・暗示・煽動の下ではもはや存続し得ない。特に，プレスに関しては印刷に用いられる「技術」の発達が該自由を変質させた，と理解されている点が重要である。

　２）第二に，「放送」という表現媒体に就て立ち入った言及が為されている。
　即ち，放送という媒体は，同じく「技術的手段」であるプレスとは対照的に，その端緒から国家に独占されていると指摘され，なおかつ「強大な力」を理由

　然もその状況に国家や公的機関による報道が参入し，それらが提供する意見による「独裁」が発生している。他方，国家を担っている相互に非妥協的な諸政党の並立によって本来の「討論」は「イデオロギー」の応酬と化している。この結果として，プレスは「国民の精神的文芸的文化の内部で質的に高度な志操や指導を取り戻す」事が不可能となっている【S. 9f.】。

　　②次に von Eckardt によれば，プレス本来の役割は報道によって公衆が意思形成を行う為の基礎を供する事であった。併し，プレスの多様化によって公衆の間に複合的な意見の分化が生じた結果，公衆の要求に対応してプレスは一方では報道に際し自己抑制を行い，他方では娯楽的な記事を掲載するに至り，総じて営業体としての性格を強めている【S. 32】。

　　双方の報告に共通するのは，一体的な公論を指導するというプレスの旧来の役割が減退し，代わって，公衆の間での立場や意見の分化に応じる形で，報道の抑制や内容の希薄化が進行している，という観察である。何れもシュミットの言う宣伝・煽動の問題には言及していない。併し，プレスのありかたが変性したという認識までは共有している。後述する内容との関係では，「特権的な」保障を享けるプレスがその保障を背後で支える実体を喪った，という疑念が生じても不自然ではない。

(34) 典型的な例として HP の冒頭部分が挙げられる。「全ての政治的な諸概念は具体的な，外交上又は内政上の対立から生じるのであり，この対立なくしては，誤解を招く無意味な抽象でしかない。従って［政治的な諸概念を］具体的な状況から，即ち具体的な対立から抽象する事は許されない。全ての政治的な概念は，論争的な概念である。それは政治的な敵を視野に置いており，その精神的な格，その知的な力そしてその歴史的な意義に就て敵によって規定される。主権，自由，法治国及び民主制といった言葉は，その精確な意味を，具体的な対立（Antithese）によって初めて獲得する。」【S. 5】

◆ 第四章　分析 2：映画検閲と国家の存立

に他の主体から隔離する事が承認されている。

　然も，当時放送をめぐって用いられた「中立性」という語の用法に就ても，逐次反論が為される。シュミットによれば，政治的無関心という意味でも，諸党派に対する「同権」という意味でも，更にはそこから自ずと「新しい精神」が登場するという意味でも，中立性という用語法は適切ではない。寧ろ放送のような技術的手段にとって問題となるのは，それを「誰が利用するのか」であって，技術それ自体が何か回答を与える訳ではない(35)。

　以上の検討から，1929 年の時点で，シュミットにとって意見表明の自由・プレスの自由が旧来の理念から変質しており，放送という新たな媒体に関して国家の独占が不可欠である，と云う見解が既に確立していたと見られる。然も，この見解の背後には「技術」の問題への眼差しが控えている事が明白である。プレスの自由を変性させたのが技術の発達だとすれば，放送が国家の独占を要請するのも，またこの技術の「強大な力」故である。

　テクスト B との関係では，既にこの発言からして，プレスと映画の区別を希薄化させるような「意見表明の自由」観の変化，及び（映画と）放送に対す

---

(35)　Bausch, 1956, S. 116ff. の整理に依拠すれば，大会が行われた 1930 年 9 月迄の放送をめぐる事情は次のように略述し得る。1926 年のライヒ郵便の「指針」に拠って，放送は「如何なる政党にも奉仕しない」「非党派的」なものとされ【S. 201f.】，番組内容から政治的内容を排除する事で中立性が追求された。併し，現実には番組は凡そ「時宜に適ったものであろうとすれば」政治的傾向を帯びざるを得なかった【S. 122】。1928 年以降は議会で頻繁にこの種の「中立化」に対する批判が提起され（中には，全ての党派に機会を付与すべきとの主張も存在した），Müller 内閣で内務大臣を務めた Severing は，放送プログラムの政治化を承認する方針を採用し，例えば DNVP 等による国民請願運動に抗して政権維持の為に放送を利用した【S. 122ff.】。一方，中継をはじめとする放送技術の発達により，放送番組を「時宜に適ったものにし」ようとの圧力が強まる【S. 125】。Brüning 内閣が成立する頃には放送の「政治化」は規定路線として扱われ，問題は諸党派の「同権」へと移行する。更に 1930 年 8 月には，共産主義者とナチスを除く全ての党派に平等な放送時間を付与する旨の決定が為される【S. 126；尤も，S. 131 に拠れば，政党政治から離れた「超党派性」という表現は 1932 年 3 月の段階でも政府関係の文書で使用されていた】。シュミットの発言との関係では，「政治的無関心」と「同権」が，放送に関して実際に主張された「中立性」の内容に対応すると考えられる。尚，WRV 期の特に SPD による放送政策に関しては佐藤，2014，251 頁以下をも参照。

第四節 「技術」の独占と「意見形成」の変性

る国家の統制を要請する主張，の背後には技術の発達という要因が存在すると言える。

そこで次に，この「技術」の問題に関してシュミットが如何なる主張を有していたのか，を検討する必要が生じる。この問題に就ても，初期からシュミットが積極的な発言を繰り返しているが[36]，此処でもVL以降の著作に素材を求める事とする。

第三款 「プレス」の「自由」:「自由権と制度体保障」

本款では，シュミットの「意見表明の自由」観を変遷させる要因となった「技術」の問題に関連する著作を検討する。

先ず，より具体的な問題として，テクストAの段階では意見表明の自由の一手段として位置づけられていたプレスの自由が必ずしも自明ではない観念であり，現実にも該自由のありかたが変質した，という主張に就て検討を行う。その際に有益な論述を提供するのが，1931年に公表された「自由権と制度体保障 Freiheitsrechte und institutionelle Garantien der Reichsverfassung」（以下，FRIG）である。該論文は所謂「制度体保障」論がVLのそれから醇化されたという点でも重要であるが，それと同時に「補充的及び連結的保障」を論じる箇所でプレスの自由に言及されている[37]。

此の箇所に拠れば，「一般的で平等な自由権」のみが本来の基本権である市民的法治国に於て，立法府に対する信頼が失われると，「自由権そのものの直接的な保障」だけでは不十分となり，「自由を保護し又は囲繞する為の*保護規範や制度 (Schutsnormen und -einrichtungen)* を保障するための［…］新たな保障」が登場する。斯様な保障は，「憲法理論上の問題に関する明確な意識が失

---

(36) 和仁，1990，141頁以下及び176頁以下が解明する如く，シュミットの技術に対する批判的姿勢，或いは経済や「経営 (Betrieb)」の観念，実証主義的思考が貫徹されようとする近代という時代そのものに対する批判は，その学問的活動の最初期から明確かつ一貫しており，彼が構想する公法学の基本的なモチーフを成している。尤も，本書の問題関心との関係で，斯様なより広範な文脈には立ち入らない。

(37) 当該箇所で論じられる諸問題に就き，プレスの自由をめぐる論述をも含めて石川，2007，152頁以下を参照。

◆ 第四章　分析 2：映画検閲と国家の存立

われ，［本来は自由権に属さない筈の事項が］非体系的に繋留せられ，最終的には根本的な自由権じたいよりも強力かつ荘重となる」場合に生じ，その典型的な規範や制度が憲法で保障される事があり得る。【VA, S. 168-169】

　斯様な本来の自由権から逸脱する保障の例としてシュミットが挙げるのが，意見表明の自由に対するプレスの自由の発展である(38)。「市民的法治国の政治的に特に重要な基本権たる意見表明の自由」が「プレスという意見表明の特定の手段と結合せられている」事によって，「無制限の意見表明の自由は無制限のプレスの自由となり得る」が，双方は同一ではない。プレスの自由に関する規定は 1793 年のフランス憲法にまで遡るが，此処ではまだ「異例の事」とされていた。なぜなら，1789 年の人権宣言の段階で，他の基本権に対しては「何らかの法律の留保が忘れられていなかった」からである。併し，1815 年以降の「復古期」にはプレスをめぐる「一連の制度及び特別の自由」が形成され，その自由は他の意見表明に比べて優遇され，一種の「特権的営業」にまでなった。【VA, S. 169f.】

　この「特権化」は「意見表明ではなくとも［つまり単なる事実の伝達や広告に関しても］，プレスによる全ての表現が［…］その優遇に与る事」，「法律の留保が他［の手段による意見表明］に比べて狭小」である事，に求められる。この特権化は 1848 年のフランクフルト憲法草案を経て 1874 年のライヒプレス

---

(38)　この発展の過程をめぐって，シュミットは「G. Scheidemann」なる人物による「まもなく出版されるベルリン商科大学の学位請求論文」を挙げる【VA, S. 169】。Tilitzki, 2000, S. 157ff. に拠れば，Karl Scheidemann なる人物が Die Neutralität des Staates gegenüber der Tagepresse という論文に就き，シュミットの参与する学位授与に関する審査を受けている。FRIG に於ける「G」というイニシャルは（少なくとも VA の編集段階での）誤記と推測される。同論文は 1933 年に Buchdruckerei H. Klapporoth から公刊され，S. 107 にシュミットへの謝辞が書かれている。同書は立法及び行政の新聞（Tagepresse）に対する関与を歴史的に追跡したうえで，結論に於て，例えば内乱を唱導する様な，本来の「課題と職責」を逸脱した新聞に就ては，国家秩序の深刻な動揺や内乱を抑止する為に発行禁止等の措置を講ずる事が不可欠であり，その限りで国家の新聞に対する「中立性」からの逸脱が許容されると論じ，WRV 末期の大統領命令による規制，更には 1933 年 2 月の大統領命令による KPD・SPD の機関紙に対する禁止を支持する【S. 106】。

第四節 「技術」の独占と「意見形成」の変性

法（Reichspressegesetz）に結実している。【V A, S. 170】

併し，シュミットは此処で Kurt Häntzschel[39] の見解を参照し，WRV 下の法状況に疑問を呈する。即ち，Häntzschel に拠れば，WRV の下ではプレスの自由は憲法ランクの効力を有さず，「後続するライヒ単純法律によっても，現在の法律によって規定され又は許されている以上の更なる制約を課し得る」。プレスの自由は，「ライヒ法律上の効力を有する基本権」でしかない。斯様な「プレスの自由の基本思想に違背する」事態になるのは，該自由が「他の数多くの利益を保障している事が忘却され，又は必要なものとして受け取られていないからである」と論じられる[40]。シュミットはこの見解に同意したうえで，

---

(39) Kurt Häntzschel の経歴に就ては，拙稿，2019（一），1238 頁注 11 及び Willke, 1989, S. 7-28 を参照。彼は 1920 年から 1933 年までライヒ内務省に勤務してプレスに関する問題を取扱い，1930 年代の大統領命令の起草にも携わっている。

(40) シュミットは此処で，1927 年の Kommentar zum Reichspressegesetz, S. 17 を参照したと記しているが，Willke, 1989 の著作リストにはこの表題の著作は掲載されていない。恐らくは，同年に公刊された 1874 年プレス法等の逐条解説 Reichspressgesetz und die übrigen pressrechtlichen Vorschriften des Reichsund des Länder, 1927 を指すものと考えられる。同書 S. 17 で Häntzschel は，プレスの自由がラント法律に対しては保護されるものの，ライヒ法律に対しては保護されず，後法によって制約され得る事が指摘されている（ライヒ法律に対する限界として具体的に挙げられているのは，WRV 第 118 条第 2 項の検閲禁止だけである）。この点で，シュミットの整理は正しい。又，同書 S. 22 では，プレスの自由がライヒ法律だけでなく行政官庁による命令によっても制約を受ける可能性がある事を指摘し，この法状態がプレス法§1 の「基本思想」に反すると論じている。

Häntzschel は別の著作 Das Deutsche Preßrecht, 1928, S. 12ff. に於て，本来，プレスの自由の保護対象は「精神的な思想及び観念の伝達」を担う印刷物だけだと論じる。確かに広告（Anzeige）も保護の対象になると解釈されるが，その理由は，殆どのプレスが読者ではなく「広告業者からの収入によって生計を立てている」という実態に求められる【S. 14】。俗に「プレスの特権」と呼ばれる事があるが，1874 年プレス法によって格別の特権的地位が認められた訳ではなく，同法制定以降の個別諸規定によって，同法よりも有利な規定が集積しているに過ぎない【S. 20f.】。斯様な論述に拠れば，プレスの自由は意見表明の自由とは異なって憲法ランクの保護を受けず，単なる法律上の権利に過ぎないのであって，ただその法律レベルで他の表現方法よりも有利な地位を享受するに過ぎない，というのが Häntzschel の見通しと考えられる。このため，Häntzschel がシュミットの論じる様な「特権化」を認めていた訳ではないと考えられる。

◆ 第四章　分析2：映画検閲と国家の存立

「プレスの自由は制度類似（institutähnlich）の連結的保障として，自由な意見表明という一般的な基本権に対して，独立のものとして［…］対峙するであろう」と評する。【VA, S. 170f.】

ここから更に，プレスの自由や宗教活動・公法上の宗教団体に関する「連結的及び補完的保障」が，制度体保障としての本来の位置を外れ，その固有の発展法則を辿って国家に対する保障の強度を強め，「自由の特別の保障及び保証（Sicherung）を超え出る」事態が論じられる。【参照，石川，2007, 128 頁以下特に 135 頁以下】

以上の様に，同論文では前款で取り上げた発言と同じく，プレスの自由を意見表明の自由や他の基本権のように自明のものとは考えられず，「意見表明の自由」が「特定の意見表明の手段」と結合したものと分析される。然も，その歴史的経緯及び「固有の発展法則」からして，プレスの自由は意見表明の自由に対して「特権化」し，遂にはそれと対峙するとの見通しが示される。

プレスの自由の発展をめぐるこの論述では，VL の基本権論の様に「社会的なもの」とそこから逸脱した「政治的なもの」という思考は見られない。代わって，プレスという特定の技術的手段とそれを利用する営業体が，他の手段による意見表明とは別個の格別の法的保護を受ける事によって，「特権化」すると論じられる。1932 年の GUG でも，「人間の自由に対する全ての尽力の一般的で免れがたい発展傾向」によって「自由が自由の保障及び保証によって」「特権へと変化する」事例として，プレスの自由が挙げられている。【Anschütz/Thoma, 1932, S. 592; VA, S. 210, Anm. 77】

尤も，以上の様に「特権化」の傾向を有するからといって，現実のプレスの自由が手厚い保護を受けている訳ではない。プレスの自由は最早プレス法というライヒ法律によって保護された基本権に過ぎず，この傾向の原因は，プレスの自由に付帯する諸々の利益や，該自由の「基本思想」に対する無理解である。

プレスの自由が発展して特権化し，意見表明の自由に対立するに至る状況に就ては，前款で取り上げた指摘，即ち「機械印刷」による印刷物の大量生産が可能となり，然もそれによる宣伝・暗示・煽動が行われるという指摘と関連付けられよう。「意見」のみならず全ての表現に対して保護が与えられるプレスの自由が，大量生産された印刷物，然もその内容が必ずしも「討論」の観念に

第四節　「技術」の独占と「意見形成」の変性

合致しないものにまで保障されるとするならば，他の媒体による，「討論」の観念に立脚した意見表明に比して，より強度の影響力を有する事は容易に考え得る。宣伝的な内容の印刷物が，「討論」を圧倒して影響力を行使していく事態は，伝統的な意見表明の自由（及び伝統的な形態におけるプレスの自由）に合致しないどころか，それと対立する可能性を孕んでいる。プレスの自由の特権化とそれに因る意見表明の自由との対立は，斯様に解釈し得る。

併し一方で，プレスの自由の保障が「ライヒ法律上の基本権」にまで低減し，その「根本思想」が忘却・侵害される事態は，如何なる様相で現れているのか。この点に就ては，シュミット自身がプレスの自由に付帯する利益や根本思想に関して具体的に敷衍していない為，明確な像を描く事は難しい。

尤も，シュミットが FRIG や GUG を執筆・公表した時点で，プレスの自由を強度に規制する大統領の緊急命令が立て続けに発せられていた事実は確認しておく必要が存する(41)。国家体制の維持や政治的犯罪の抑止を目的とし，そ

---

(41)　1930年以降の大統領命令のうち，印刷物に関する規制を含むものは次の通り：①政治的逸脱行為を撲滅する為の1931年3月28日のライヒ大統領命令（第一命令，RGBl. I, S. 79）；②政治的逸脱行為を撲滅する為の1931年7月17日のライヒ大統領第二命令（RGBl. I, S. 371；但し，政治的逸脱行為の取締の為の第二命令を改正する為の1931年8月10日のライヒ大統領命令（RGBl., 1931, I, 435）により改正）；③経済の安定及び政治的逸脱行為を撲滅する為の1931年10月6日のライヒ大統領第三命令（RGBl. I, S. 537）；④経済及び財政の安定化の為の及び国内平和の保護の為の1931年12月8日のライヒ大統領第四命令（RGBl., 1931, I, S. 699）；⑤政治的逸脱行為に対する1932年6月14日の大統領命令（RGBl. I, S. 297；但し，政治的逸脱行為の取締の為のライヒ大統領の1932年6月28日の第二命令（RGBl. I, S. 339）により改正）；⑥国内の平和を保護する為の1932年12月19日の大統領命令（RGBl. I, S. 548），⑦ドイツ国民を保護する為の1933年2月4日の大統領命令（RGBl., I, S. 35），⑧国民及び国家を保護する為の1933年2月28日の大統領命令（RGBl., I, S. 53）。これらのうち，⑦⑧は Hitler の首相就任後（且つ授権法の制定以前）に発せられたものである。各命令の規律に就ては，阿部，2019（一）を参照。又，プレスに関する規律に止まらない各命令の規律先般に就ては，Gusy, 1991, S. 191ff. を参照。

　規律の厳格さという面では，①乃至④は印刷物に対する規制を新設・厳格化していくが，⑤⑥が夫々規制を大幅に緩和していく。その後，⑦が概ね①と同程度の規律を再び導入し，⑧がプレスの自由を正面から失効させた。

　又，規制の手法という面では，①が印刷物の押収，定期刊行物の発行禁止，②が公的

◆ 第四章　分析2：映画検閲と国家の存立

の手段の一環として印刷物の押収や発行禁止を罰則付で規定していたこれらの緊急命令は(42)，その可能性が WRV 第 48 条で予定されている（その限りでは憲法典の枠内の措置である）とはいえ，プレスの自由を大幅に制約するものであった事は確かである。

　斯様な事態を前提とすると，上記の論述に就ては次の様な解釈が可能である。第一には，立て続けに発せられる緊急命令によってプレスの自由，及びそれと連関する意見表明の自由が制約されており，それによってプレスの自由が市民的法治国の基本権として本来有するはずの位置づけが無視されていると考えた，と云う解釈。第二には，国家体制に公然と反対を表明しその倒壊を目標とする印刷物が，緊急命令により規制せねばならない程に流布している事態に照らして，プレスの実情が「討論」の原理から逸脱してしまっていると考えた，と云う解釈。何れの解釈が適切であるかに就て，明確な回答を提示する事は難しい。尤も，WRV 末期の著作に於て，反体制勢力に抗して体制の擁護を訴えていたと云う事実に鑑みれば，第二の解釈が成り立つ余地は十分にあろう。

　　　機関による声明・反論の掲載義務，③が違法な印刷物の在庫に関する届出義務，流通の禁止，④が名誉毀損に関する罰則・手続の特則を導入している。併し，⑤は印刷物の届出義務を廃止し，押収に関する権限を大幅に縮小し，更に⑥は発行禁止以外の規律を撤廃している。

(42)　前注の命令①は，「法律や適法な命令又は憲法に従っ［て構成され］た政府や官庁が権限の範囲内で下した指示（Anordnung）に対する不服従を慫慂し又は喚起する」（§ 1 第 1 項第 1 号），「国家の諸機関，諸制度，官庁又は指導的な地位にある（leitend）官吏を誹謗し，又は故意に侮蔑する」（同第 2 号），及び「公法上の宗教団体をその組織，習慣又はその宗教的崇拝の対象につき誹謗し，又は故意に侮蔑する」（同第 3 号）性質の印刷物の押収（§ 12 第 1 項），定期刊行物の場合は六か月間の発行禁止（同第 2 項），及び刑法上の内乱罪等に該当する定期刊行物の発行禁止を定めた 1930 年の共和国保護法 § 13 が号外にも適用される旨（同第 3 項）が規定されていた。更に命令③では，内乱罪等を慫慂する印刷物の在庫を有しており，且つ未だその内容を官庁が知らない場合に，それを警察官庁に届け出る義務を，罰則付で定めている（§ 3 第 1 項及び第 2 項）。内務省参事官 Hoche に拠れば，公共の安全を維持するには事後的な禁止では不十分であり，文書の存在そのものを把握しておく必要が存在する，というのが同規定の根拠である。【Hoche, 1931, S. 1280】

第四節 「技術」の独占と「意見形成」の変性

　以上の検討により，プレスの自由の変性に関するシュミットの議論の背景が一定程度明らかになったと考えられる。元来，意見表明の自由やその背後にある「討論」の理念の構成要素であったプレスの自由が，テクストBの段階に至って映画や放送と同様に「宣伝・暗示・煽動」の手段として扱われるに至ったのは，プレスの分野に於ける「技術的発達」とそれに因る印刷物の大量生産，そして結果として意見表明の自由やプレスの自由の行使のありようが「討論」の理念から逸脱したという洞察に因るものであった[43]。

　テクストBの段階では，「技術」の発達は，基本権・市民的法治国の要素として一応の承認を受けていた筈のプレスの自由に対して，強度の統制を要請するに至らしめる要因であったと考えられる。映画・放送との間に差異があるとすれば，その「実態」にも拘らず，なおプレスの自由に関してその自由を確保すべしとの通念が残っているという程度であった。然も，シュミットは，この通念には与していない[44]。

---

(43)　プレスの態様が「本来の姿」から変性した事態に就ても，Kurt Häntzschel の見解が参照に値する。即ち，Zeitungs-Verlag, 32. Jg [1931], Nr. 40, S. 719ff. に掲載された論説「プレス法改革か，緊急命令か？ Pressrechtsreform oder Notverordnungen?」に於て，1930年3月25日の第二共和国保護法（Zweites Gesetz zum Schutze der Republik, §13で他者への暴力行使や反共和国的な活動を唱導する定期刊行物の発行禁止処分を規定していた）及び前注に挙げた緊急命令を前提として，プレスが「文化国民の健全な発展」という本来の目的にではなく，恰も WRV 初期の如く，内乱やその準備の一環として用いられる事例が少なくない状況を指摘する（具体的には，共産主義者とナチスの活動が挙げられている）。そして，本来あるべき「精神の闘争」ではなく，プレスを単に政治的犯罪や暴力行為の道具に過ぎないものを，プレスの自由の範囲から除外すべきである，と論じられる。更に，注38で取り上げた Scheidemann, 1933 の主張や，前注の命令③に就て国務省参事官 Hoche が「政治的闘争の異常な昂進（Auswüche）」に対処すべき旨を主張していた【Hoche, 1931, S. 1277ff.】点も，無視し得ない。

(44)　補充的・連結的保障ではなく，同論文の本体を成す「制度体保障」論にプレスが含まれていない背景を，石川，2007，152頁は「制度体に相応しい Form が，そこに欠けている」為だと論じる。

　シュミット自身は，公法上の制度体を「形相を与えられ（formiert），組織化され，従って画定可能で区別可能な公法的性質を有する制度（Einrichtung）」と定義し【FRIG, VA, S. 149】，その典型例として職業官僚制，大学，教会，ゲマインデの自治等を挙げている。斯様な主張に鑑みれば，当時のシュミットにとって「技術的手段」の一

◆ 第四章　分析２：映画検閲と国家の存立

　次款では，ここまで検討してきた意見表明の自由・プレスの自由の変性をめぐる議論を背後で支える重要な因子である，「技術」に関するシュミットの思考を追跡する。

第四款　国家にとっての「技術」の問題性
第一項　「中立化と脱政治化の時代」

　既述のように，シュミットはその最初期の著作から技術の問題と批判的・否定的に向き合ってきたのであるが，WRV 期にこの問題に関するまとまった論述が為されているのが，1929 年の講演「中立化と脱政治化の時代 Das Zeitalter der Neutralisierungen und Entpolitisierungen」（以下，ZN）である[(45)]。

環に過ぎず（第二款参照），然も基体や組織の輪郭も定かではない「プレス」が，「制度体」としての位置づけを得られないのは当然の帰結と言える。又，市民的法治国の理念に照らせば，一般の意見表明の自由と異なる特権的な保障が特定の「企業体」に付与された場合，これが憲法体制にとって「異物」となる事は明白である。まして，プレスが大量生産の技術によって他の意見表明を圧倒し得る影響力を有している事を加味すれば，プレスの自由が意見表明の自由と対立するものになるという見方も，十分に成り立つ。

　映画が FRIG で論じられる各種の「保障」に含まれるか否かに就て，シュミットは明言していない。併し，この点も否定的に解釈すべきであろう。先ず，映画やそれによる表現活動に対する特別の権利を定めた条項が憲法典には存在せず，それどころか検閲の可能性が承認されていた。次に，プレスの様に単純法律による特別の保護も存在しない。然も，組織のありかたも公法上の社団ではなく，実態からすれば UFA の如き大企業か，さもなければ政治団体やその系列組織に過ぎない。加えて，既に VL の時点で，映画という媒体が（党派的な宣伝によって）「公論」を操縦せんとするものとして警戒されていた以上（前章第四節参照），職業官僚制・大学・ゲマインデの自治の如き，市民的法治国に対する積極的な意義【参照，石川，2007，23 頁以下，117 頁以下及び 139 頁以下】を持ち得るとも考えられない。

(45)　同講演は本来，Das europäische Kultur in Zwischenstadien der Neutralisierung という表題で雑誌 Europäische Revue, 5. Jg., Heft8, S. 517-530 に掲載されたものであり，その後 BP1963 に改題して収録されている。以下，本文中の引用・参照注では前者に就き頁数のみを，後者に就き BP1963 の略号と共に頁数を示す。双方のヴァージョンには見出し，改行及びテクストそのものに相違が在る。そのため，単行本版で付加された部分に就ては下線と「[＊1932 年版追加]」という表記でこれを示し（後者の表記により，ゲシュペルトとなっている箇所の表示と区別する），雑誌版のテクストを示す際には括

第四節　「技術」の独占と「意見形成」の変性

　同講演は，技術の問題，ひいては近代・シュミットの同時代に対する批判を凝縮しているだけでなく，16世紀以降のヨーロッパの歴史に関するシュミットの展望を提示するものでもある。
　講演の前半部分では，「敵と友の結集という決定的な闘争の主題が常に決定的な事項領域により規定されるがゆえに［＊1932年版追加］，国家の現実性と力［が］時々の中心領域から生じる」【S. 523; BP1963, S. 86】という認識と，神学→形而上学→道徳→経済という順序で中心領域が推移してきたという周知の図式が示される。このうち，本稿にとって問題となるのは，この推移の終盤に位置する19世紀以降の状況である。
　上記の順序で諸領域が「中立化」されていく過程は，「同時に，中心に据えられていた領域の一連の中立化を意味する」【S. 524; BP1963, S. 88】。「従来の中心領域は，中心領域である事を放棄する事によって中立化され，新たな中心領域という基盤に基づいて，人は，安全，明確性，理解そして平和を可能とする合意と共通の確信の最小限を見出そうと望んだ。」【S. 525; BP1963, S. 88f.】併し，「中心領域の移行によって，常に新たな闘争領域が生じる。」具体的には，「宗教戦争」が宗教の中立化によって「半ば経済的に定義された国民戦争」が生じ，更にその後には「経済戦争」が続いた。【S. 525; BP1963, S. 89】
　併し，中心領域の推移の末に行き着いた技術の時代である20世紀は，従来とは違う様相を呈している。即ち，技術に関しては，「技術に於て絶対的かつ終局的な中立性の基盤が見出されたと信じられる［＊1932年版追加］。放送や郵便が，善悪等の判断基準を考慮する事なく情報を伝達する様に，「技術が万人に仕える」事，技術には神学や経済問題とは異なり「明快な解」が存在する事から，「他のあらゆる領域の解き難い問題を技術の領域に［持ち込んで］救いを求めようとする［＊1932年版追加：雑誌版「逃げ込む」］」態度が生じる。この事は一見「一般的な和解の基盤」である様に見える。【S. 525f.; BP1963, S.

　　弧内に「雑誌版」として原テクストの訳を示す。
　　尚．Der Begriff des Politischen: Synoptische Darstellung der Texte. Im Auftrag der Carl-Schmitt-Gesellschaft hrsg. von Marco Walter., 2018, S. 245ff. にはBP1963のヴァージョンが掲載されているが，脚注でEuropäische Revueに掲載されたヴァージョンとの異同が示されている。

◆ 第四章　分析2：映画検閲と国家の存立

89f.】

　併し，技術の中立性は「従来の諸領域の中立性とは別物である。」「技術は[＊1932年版追加：雑誌版「それ[Sie＝技術]」は] 常に道具と武器であって，それはまさに全てのものに奉仕するが故に，中立的ではない。技術的なものの内在（Immanenz）から，唯一の人間的で精神的な決定，少なくとも中立性へのそれ，が生じる事はない。」技術は如何なる文化，国民，宗教，戦争，平和にも資するのであって，またその進歩が同時に形而上学的，道徳的，経済的な進歩を意味する事はない。【S. 526；BP1963, S. 90】技術から「人道的―道徳的な進歩」がもたらされるという期待は，「技術と道徳を魔術的な態様で結びつける」ものであって，自身が「現代技術という巨大な道具機構（Instrumentarium）の主人である」という考えを前提としている。併し，技術は文化に対して無差別的なものであって，「文化的な進歩」，「精神的指導者の型」，「特定の政治システム」が導かれるようなものではない【S. 526f.；BP1963, S. 91】。

　従って，「如何なる重要な技術的発明からも，その客観的で政治的な効果がどのようなものかは予測し得ない。15世紀及び16世紀の発明は自由にとって有利に（freiheitlich），個人主義的に，そして叛乱をもたらすように（rebellisch）作用した；印刷術の発明はプレスの自由をもたらした[＊1932年版追加：雑誌版「が付随した」]。今日では，技術的発明はかつてない大衆支配（Massenbeherrschung）の手段である；放送には放送の独占が，映画には映画検閲が必須の要素となる。自由や屈従に関する決定は，技術そのもの（Technik als Technik [＊1932年版追加]）のうちには存在しない。それは革命的なものでも反動的なものでもあり得るし，自由にも抑圧にも奉仕し得るし，集権化にも分権化にも [奉仕し得る]。」【S. 527；BP1963, S. 91】

　中立化の過程が「技術」の領域に達した事で，「精神的中立性は精神的無にまで到達した。」宗教と神学，形而上学と国家，に続いて，いまや「文化そのもの」が捨象される。技術の進歩に対して「文化が没落していくという感覚（Kulturuntergangsstimmung）」がしきりに表明される理由は，この文化そのものが脅かされる状況である。同時に，「くまなき技術化から創出された*白紙状態*から現れた新たな階級及び大衆への不安」，「文化的及び社会的な無の奈落から生じてくる，伝統的な教養や伝統的な趣味とは無縁な，それに敵対的ですら

第四節 「技術」の独占と「意見形成」の変性

ある大衆」に対する不安が生じる。こうした不安は「新たな技術という巨大な技術機構を自らに奉仕させるための力［を有しているか］に対する疑念」であるが，併し技術は「自身を使いこなす者を待っているだけである」。【S. 527f.; BP1963, S. 92f.】

技術は，それまでの中立化のプロセスにおけるような「中立的な基盤」ではなく，「あらゆる強力な政治［勢力］［＊1932年版追加：雑誌版「文化」］がそれを利用するであろう。」20世紀の「究極的な意味」を「技術の世紀」とする事は適切ではなく，寧ろそれは「どの政治［勢力］が新たな技術を利用するだけの力を得るのか，そして固有の友と敵への結集を新たな基盤の上に築くのか，が明らかとなってはじめて判明する。」【S. 529, BP1963, S. 94】

以上の講演の基本的な論旨は，次のように要約し得る。即ち，ヨーロッパ世界の歴史は各領域をめぐる苛烈な闘争の果てにそれを次々に中立化する事によって進展したが，20世紀に技術の領域が中心となるや，技術を基盤として絶対的な中立性が現出されたという信念が浸透した。併し，斯様な信念は誤っている。寧ろ技術の中立性は，他の場合とは異なって万人に奉仕するものであり，国家が宗教的真理の問題を放棄して諸個人の判断に委ねたのと同じような解決策は通用しない。何人が技術を支配するのかという重大な問題が残されている。技術はそれ自体としては特定の文化や政治的傾向と必然的に結びつくものではなく，如何なる政治的効果を有するかも予測し得ない。

技術の「中立性」に対する信念への批判はPöMでも表明されており，技術に対する楽観論に対しても，「万人に奉仕し得る」事を肯定的な意味で捉える思考に対しても，シュミットは否定的な姿勢を示し，技術を「誰が支配するのか」という問題を強調している。

プレスと映画・放送に関しては夫々次の様に論じられる。先ずプレスは，かつては自由に奉仕するものと考えられていたが，現在では技術の発展によって「大衆支配の道具」になっている。又，映画と放送に関しては検閲と独占が「必須の要素」となる。これらの論述は，前款までにみたプレスの自由の変性に関する議論，あるいはテクストBに現れた検閲・独占をめぐる議論，と同様である。ただ，同講演に於て重要なのは，こうした見解が「技術」，それもシュミットの生きた時代に於ける発達した技術が特定の文化や政治的傾向と結

◆ 第四章　分析2：映画検閲と国家の存立

びついている訳ではないという考え方，そしてそれに由来する警戒心に裏打ちされている点である。

　更に，本稿にとって重要となるのが，それに続けて，技術化から生じる「大衆」に対する不安を率直に表明している点である。何故ならば，技術，あるいはそれを国家が無策のまま放置する事がシュミットの警戒感を喚起する理由の一端が，この「不安」に現れている，と考えられる為である。

第二項　「技術」の問題と表現媒体の連関

　1）表現媒体を含む「技術」の発達に対する不安と，「大衆」に対する不安，という二つの不安を結びつける手掛りは，テクストAが含まれているVLの中に見出される。既に前章第四節で検討対象とした，VL第18章の一節がそれである。

　重複をおそれずに述べれば，シュミットは此処で民主制を「公論の支配」と規定しており，然も公論は「「組織されないまま」成立し，かつ存立する」ものであって，官職やその職責には還元され得ない。確かに公論が「諸政党や諸団体によって影響され，また作り出される」事があるとしても，「法律によって承認されたり公認される事は決してあり得ず，その意味で統制されないままである。」併し，「あらゆる民主制に於て，政党，雄弁家，デマゴーグ，[…]更にはプレス，映画そして他の大衆の心理的操作の手法が存在する。[…]此処では常に，不可視で無責任な社会的諸力が公論や国民の意思を操縦する危険が存在する。[…]この危険は，民主的な同質性がその実体をなお備えている限り，また国民が政治的意識を有している，即ち友と敵とを区別し得る限り，さしたるものではない。[併し]先の民主制の実体的な前提が欠落すれば，如何なる組織も如何なる法律上の規範も役に立たない。」【VL, S. 247】

　本章での検討にとって手掛りとなるのは，第一に，民主制という憲法の「政治的構成部分」・「国家形相」を支える「公論」が，「大衆の心理的操作」を手段として，市民的法治国どころか国家そのものにとっても異物となり得る「社会的諸力」によって操縦される危険を指摘している点である。然も，本章で取り上げた著作で縷々批判されてきた政党だけでなく，映画，更にはプレスまでもが「心理的操作」の手段として列挙されている事は重要である。

第四節　「技術」の独占と「意見形成」の変性

　この事をZNと関連させるならば，プレスや映画といった「技術」及び「大衆」に対する不安は，大衆が心理的操作の手段によって縦横に操られ，何らかの社会勢力の意向に従属せしめられる不安，更に，そうした大衆を操縦しようとする諸々の社会勢力の動きを活発化させる事への不安，をも意味していたと考え得る。

　VLの文脈に置き直せば，事柄は民主制という国家形相を左右する問題であり，「社会的なもの」ではなくまさに「政治的なもの」に関わる。そうである以上，「討論」の原理の衰退よりも深刻に受け止められるべき問題である。

　確かに，「民主的な同質性」が維持されていれば，この問題はさほど深刻ではない。併し，第二に，この「民主的な同質性」という条件じたいが，テクストBの段階の状況に照らすと疑わしくなる。民主制に於ける「同質性（Gleichartigkeit）」とは，再述すれば「人民（Volk）の同質性」であり，それが自ら友・敵の区別を為し得る程度に一体性を有する事を意味していた【S. 234】。抑々民主制を斯様に理解する事が適切か否かは，此処での問題ではない。寧ろ，問題なのは，ZNやテクストBの時点で，この「同質性」という条件が充たされているとシュミットが考えていたのか否か，である。

　本章での検討に照らせば，この問には懐疑的とならざるを得ない。VL以降テクストBに至るまでのシュミットの著作は，寧ろその端々で，ドイツ国民が分裂しつつある事を指摘していた。諸政党は経済・文化から国家形態の問題に至るまで，自身の内に一貫した，なおかつ他の政党とは融和し得ない強固な思想体系を備えていた。比例代表制の下，国民はそれらの政党の間で選択を強いられ，議会は統一的な国家意思を形成し得ない状況となっていた。然も諸政党は，自前の官僚組織や実力組織を備えるまでに徹底して組織化され，文化部門にも組織を及ぼす事で，諸個人の生活を全面的に把握する「全体的な」政党と化していた[46]。

（46）　特に第五選挙期末期以降，議会は所謂「非建設的多数派」によりその活動を麻痺させられ，その役割を殆ど果たして居なかった。選挙に於ける各政党の選挙運動は熾烈を極め，特に1932年7月の選挙では，Mommsen, 2009, S. 552が述べる様に「綱領に関する言明（Aussage）」「合理的な政治的討論」は「宣伝じみた単純な論争（Polemik）」「宣伝の応酬と抗争的なステレオタイプ」に取って代わられ，示威行動やシンボルマー

◆ 第四章　分析 2：映画検閲と国家の存立

　こうした政党の変質・機能不全は既に G でも述べられていたが，この時期に於て状況は悪化の一途を辿り，HV，KVP 及び SSGW，そして WE や MP に至る過程で，シュミットの観測は益々悲観的となる。ドイツはもはや「全体国家」ではなく「多数の全体政党」（WE）・「分裂せられた全体的な社会」（KVP）であるという，厳密には用語法に若干の混乱を含む主張は，こうしたドイツ国内の状況を反映したものと評価し得る。まして，v. Papen によるプロイセン政府罷免が，政党の抱える実力組織の衝突＝内戦の可能性を鑑みての措置だったと考えてよいならば(47)，もはや友と敵の区別が国家以外の組織に

　　クを用いた宣伝は NSDAP 以外の政党によっても展開されるに至った（同選挙の前後に SPD が展開した「シンボル闘争」に就き参照，佐藤，2014，328 頁以下）。
(47)　該措置に就き，シュミット自身は「本来の争点がナチスと KPD という二つの政党の政治的闘争に関わるもの」であったと評価し，「公然たる内戦」に抗して WRV 第 48 条に基づく措置を採る必要性を説いた【Der Verfassungsmäßigkeit der Bestellung eines Reichskommissars für das Land Preußen, in: DJZ, Jg. 37 [1932], Heft. 15, S. 953ff. [S. 957f.]】。
　　該措置を正当化するだけの危機的状況が実際に存在したのか否か，に就ては見解の相違が存する。例えば Bendersky, 1983, S. 156f. は，当時のプロイセンに於ける（特に NSDAP による）政治的暴力の横行，「組織された政治的集団の間での衝突の危険」は明白であったと論じる。又，Mommsen, 2009, S. 529ff. 及び Winkler, 2014, S. 512 に拠れば，当時のプロイセンではナチスと共産主義者，更には SPD や BVP 等の実力組織による暴力事件が頻発しており，特に SA は選挙活動の妨害に留まらず，敵対勢力の施設を襲撃するまでに過激化していた。特に 7 月 17 日の「血の日曜日」事件に就ては，プロイセン政府は強硬な措置により対応し得たにも拘らず，此れを怠ったとされる。このため，7 月 20 日の直前の状況に限って見れば，プロイセン政府が内戦に等しい事態を打開し得ずにいた事は確かであり，シュミットが国家による「政治的なもの」の独占が脅かされたと認識して主張を組み立てた事は，従来の議論の枠組に照らせば一貫している。
　　尤も，更に遡って見るならば，SA 等の組織や活動は同年 4 月 13 日の大統領命令（RGBl., I, S. 175）により一度禁止されていたにも関わらず，v. Papen の首相就任後の 6 月 14 日の大統領命令（本章注 41 の⑤と同じ）によって禁止が撤廃されている。Winkler, 2014, S. 512 は，この事と暴力事件の頻発と関連性は明白であったと論じる。この禁止の解除が政府のナチスに対する譲歩として行われたものである事に鑑みれば，此れが NSDAP の活動や治安に如何なる影響を与えるかに就て，ライヒ政府が予測し得なかったとは考え難い。こうした点を含めて現時点から評価するならば，上記の事態の責任が独りプロイセン政府のみに帰せられるべきであるとは考え難い。

第四節　「技術」の独占と「意見形成」の変性

よって行われる事態も十分に考えられた。

そうであれば，当時のドイツが，少なくともシュミットの要求する「民主的な同質性」を有していたとは言えない。VL で示されていた懸念は，現実となっていたと言い得る。

２）技術の独占に関して，本稿の課題にとって重要な論述は，前節で取上げた HP の中にも見出される。

WRV の「中立性」が飽く迄「多数派獲得の方法と憲法上の基本原則が遵守されている限りで」「一切の結果を国家が受容」する事に過ぎず，「基本原則を否定し，対立者から平等な機会を奪う為にその時々の憲法上の権力が利用される場合」には憲法そのものが否定される，という論述【S. 19】に付された注で，「如何なる憲法も，自ら矛盾に陥る事なくして，［…］絶対的な無条件の中立性を保持し得ない」と述べられる。続けて具体的に取り上げられるのが，Anschütz の主張する WRV 第76条の憲法改正手続の無限界性（に対する批判）と，共産主義者及びナチスの放送からの排除[48]である。【S. 32. Anm. 20】

此の論述は，シュミットがともかくも WRV を擁護しようとした言明であり，然もその方策として反体制勢力の放送からの排除を挙げた点で注目に値する。この直截な言明は，KPD と NSDAP という特定の勢力を念頭に置きながら，国家体制の維持の為に放送という技術に対する強度の（少なくとも，第二節で言及された「同権」の観点には真っ向から反する）統制を行う必要を明示的に承認したものと評価できる。

３）以上の検討によれば，テクスト B の段階に於ては，ZN で提示されている「技術」の発展がもたらす「不安」は深刻なものとなっていたか，既に現実となっていたと考えるのが相当である。

シュミットにとっては，この時点での状況は，大衆が技術的手段によって縦

　　　尚，シュミット自身は，プロイセン政府の罷免を当日に新聞を通して事件を知るに至っており，事前に内部者として格別の知見を有していた訳ではない。参照，Tagebuch, S. 201 及び Pyta/Seiberth, 1999, S. 434。

(48)　注35で述べた通り，Brüning 内閣の下で両政党を除く全政党が平等な条件の下で放送を利用し得る事が決定されていた。併し Bausch, 1956, S. 90 に拠れば，1932年7月15日には NSDAP による放送の利用が解禁されている。

◆ 第四章　分析 2：映画検閲と国家の存立

横に操作され，又そのような操作を見境なく行おうとする存在（政党）が跳梁しているというものであった。VL の枠組に即して云えば，「全体的な政党」という堅固に組織された，然も自己の利益の実現だけを追及する，その意味で民主制に於ける「公論」を攪乱する存在が，技術的手段（ここには映画が含まれるであろう）を放縦に利用して，本来「公論」を担うべき諸個人の思考を支配していく，という状況であった。

　本款の問題は，「技術」に対するシュミットの警戒感が意見表明の自由論・プレスの自由論の変性を背後から規定する理路を探究する事であった。シュミットに拠れば，「技術」の放縦な使用による「大衆」の操縦が，民主制に拠って立つ政治的単位たる国家の存立を脅かすものであればこそ，「技術」を国家が放置する事は認められず，然も映画だけでなくプレスもまた「技術」に含めて論じられていた。

第五節　小　括

　以上の検討の結果は，次のように要約し得る。

　テクスト B の主張は，国家がその存立を維持する為には発達した技術を自らの手中に収め，他の諸々の社会勢力による放縦な利用を阻止せねばならず，その一環として映画には検閲を行う事が必要になるというものである。その論調はテクスト A よりも切迫していた。

　斯様な主張は当時のドイツが置かれていた状況と，シュミットが国家の国家たる条件との対比を淵源としていた。当時のドイツはシュミットの言う「民主的な同質性」が危ぶまれる分裂状態にあり，市民的法治国より基本的な民主制という「政治形相」の存立，即ち国家の存立が危ぶまれる状況であった。堅固な組織と思想体系を擁する政党が，議会では自身の利益実現を目指して非妥協的に対立し，意思決定を麻痺状態に追い込み，一方では諸個人を様々な組織を通して生活全体に於て把握していた。政党は選挙で得られた地位を利用して国家機関や諸制度を自身の利益のために縦横に利用し，結果として国家は政党の要求のままに様々な領域に干渉せねばならない事態となっていたのである（第二節「量的全体国家」；該分析は遅くとも WTS 及びそれを踏襲する HV の時点で概

第五節　小　括

ね固まっており，「全体国家」という表現は先ず前者に於て該状況を指すために用いられた）。

　これに対して，シュミットが回復すべき状態として構想したのが，自身のうちに友・敵の区別の能力を独占し，これに対して内部の諸勢力や諸集団の間での対立が実力による闘争＝内戦にまで昂進する事態や，国家の活動を阻害する勢力の台頭を阻止し得る国家であった（第三節「質的全体国家」；内戦を回避し国内の秩序を維持するという基本的な像は IN, SE を経て BP1932 へと引き継がれ，又後二者に於て諸々の社会勢力に対する国家の優位という規範的主張が展開されていく；「全体国家」という表現がこの意味で用いられるようになるのは KVP, SSGW からで，WE に於て初めて上記の意味と併用される）。

　後者の状態を維持・回復するために国家が果たさねばならない課題の一つが，映画検閲を含む発達した技術的手段の独占であった（技術の独占の問題は遅くとも KVP, SSGW の段階で登場する）。技術に対して国家が斯様に強硬な態度に出なければならないのは，技術が「大衆」を操縦し，又，そのような操縦を行う社会勢力を台頭させる為である（第四節第四款第一項；ZN は技術一般に関して警戒感を示す）。

　特に映画や放送に関しては，発達した「意見形成」「大衆感化」の手段が諸勢力によって利用され，政治的単位＝国家を成す国民としての「同質性」を喪失した諸個人の分裂を昂進させる，という警戒感が存在した（第四節第四款第2項，VL 第 18 章は ZN の警戒感を特に表現媒体との関係から明確化する；WE に登場する「集合的な意見形成」とは斯様な過程を意味するものと解される）。然も，諸々の社会集団・諸団体の台頭により，個人が国家と等しく，或いはそれ以上に団体・組織への忠誠を抱く状況にあって，この問題は深刻である（第二節第一款及び第三節第一款 SE はまさにこの状況を捉えており，BP1932 も多元的国家論への批判を通してこの状況に警告を発する）。WRV 末期の反体制勢力の議会での台頭や頻繁な実力衝突は，この懸念が現実化したものと言える。

　映画検閲をめぐっては，検閲を免れているプレスとの対比がしばしば為された（KVP, SSGW, WE）。併し，後者もかつてのような意見表明の手段から，大量生産された印刷物による宣伝・暗示・煽動の手段に変化しており（PöM, FRIG はプレスの変質を明確に論じる），プレスと映画・放送の区別は実際には疑

◆ 第四章　分析2：映画検閲と国家の存立

わしくなっていた（WE に至ってこの点が明言される）。度重なる緊急命令による制約も，この事情に対応していた（第四節第二款・第三款）。

　テクスト B が展開する映画検閲論は，ドイツ国内の情勢が政党をはじめとする諸々の社会勢力に諸個人の生活全体が包摂され，なおかつ該諸勢力の国家的領域への盛んな浸透によって国家の意思形成が阻害され，その統一性が危殆に瀕する状況で，映画・放送が放縦に利用されれば，国内の諸勢力の分裂を内戦という耐え難い段階にまで昂進させかねないという危機感に対抗して，状況を打開しようとするシュミットの対応策の一つであったと解釈し得る[49]。

---

(49) 此れに対して，以上に得られた知見に拠る限り，シュミットが国家秩序の崩壊を抑止するという目標を超えて，（ナチス体制の下で行われた様な）国民の同質化をも意図していたとまでは推測できない。例えば Mehring, 2009. S. 298-299 は，WE に関連して，シュミットが放送や映画を独占や検閲によってコントロールする事だけでなく「それによって国民を均質化する（homogenisieren）」事まで肯定したと述べているが，適切ではない。

◆ 第五章　設問への回答

章　序

　本章では，第二章ないし第四章での検討を基に，第一章で確定した設問に対する総合的な回答を試みる。

　本書の課題は，シュミットがWRV期に展開した映画検閲論，映画検閲を容認又は積極的に要請する主張に就て，その背後に如何なる論拠が存在したのか，を分析する事であった。本書は此処までに，第二帝政期からWRV期までの議会と法学説に於ける映画論を概観した後（第二章），シュミットの主張を1928年の段階（第三章）と1933年の段階（第四章）に区別して，検討してきた。

　以下では，先ず，第三章と第四章で得られた成果を再度略述した後に，双方の関係（重畳する部分と相違する部分）を検討し（以上，第一節），続いてシュミットの言説を第二章で概観した当時の言説の中に位置づける（以上，第二節）。

第一節　検討の結果

　本稿の検討の結果は，次の様に略述できる。

　1）テクストA＝1928年の時点で映画検閲を容認した論拠としては，次の二点を摘示しうる。

　第一に，映画という表現媒体は意見表明の自由が想定する表現媒体ではなく，然もそれは単に映画が「意見」を表明する媒体でないのみならず，該自由の背後に存在する「討論」の理念に違背するものでもあった。即ち，「討論」の原理が独立した主体による，相互に妥協の用意を持った意見の交換を介した，相対的な「真理」への到達を志向するのに対して，映画はこれと異質な「大衆感化」「大衆示唆」の手段であり，換言すれば，演説やプレスのように個人の合理的な判断に訴えかけるのではなく，一方的に曖昧なメッセージを押しつける

◆ 第五章　設問への回答

類の「表現」であった。然も映画という媒体の問題は，議会制を中心とする自由主義・「討論」の原理の後退というシュミットの診断と連関するものでもあった。

　第二に，映画の「大衆感化」「大衆示唆」の問題と関連して，該媒体による表現（及びそれがもたらす影響）が，市民的法治国の基本権として許容される範囲を逸脱して，「政治的なもの」の領域に到達し得ることが警戒された。「政治的なもの」は，要するに実力による衝突の可能性を孕んだ集団間の対立であるが，映画の上映は，例えば労働組合の活動と同様に，この「政治的な」対立をもたらす危険性があると評価されていた。

　2）テクストB＝1933年の時点で，映画検閲を容認するに留まらず，必須のものとして要請した論拠は，次のように要約し得る。

　当該時点に於て，シュミットにとって焦眉の課題は国内の不安定な政治情勢を克服する事であった。その背景には，議会を構成する諸政党の組織が包括的で硬質なものとなり，主義主張の面で相互に非妥協的になるという事態があった。このような諸政党は，議会での意思決定を阻害するだけでなく，他の国家機関を自身の党派的利益の為に利用するようになり，他方では組織を通して諸個人の生活を掌握し，国民を成す諸個人の同質性を喪失させつつあった。これに対してシュミットは，国内の諸対立が国家の意思形成を阻害し，ひいては実力による衝突にまで昂進することを阻止する方策の一つとして，斯様な諸個人の分裂を促す効果を有し，又その為に利用される危険性の高い，映画という媒体を，検閲という国家の統制に服させることを要請した。

　3）双方の段階に於けるシュミットの主張で異なるのは，テクストAの段階では市民的法治国の枠組にとって異物であるという観点が中心であったのに対して，テクストBの段階ではより重大な，国家秩序にとって有する危険性という観点が前景化する点である。

　双方の段階の主張に共通項を見出す事は，困難ではない。それは，シュミットの公法学を考究する際に常に念頭に置かれてきた，国家の内部に於ける社会集団，中間団体の位置づけをめぐる問題関心である。中間団体は，テクスト

第一節　検討の結果

Aの段階では，原則として謂わばアトム的に解体された諸個人と国家の二者のみから成る市民的法治国の国制に対する夾雑物であり，又テクストBの段階では，内戦や国家内部の分裂を抑止して国民を保護すべき国家の優位性と堅固さを内部から浸食する異物であった。

　シュミットの公法学，就中憲法解釈論が，幾度もこの主題と対決してきた事は周知の通りである。例えば，制度体保障論はWRVという市民的法治国への明確な決定を行ったはずの憲法典が，にも拘らずその理念に反する中間団体の「権利」を様々な条項で保障してしまった事態を，整合的に説明する試みと位置付けられる[(1)]。又，今日に至るまで否定的な評価が浸透している議会制批判と大統領の権力を尊重する解釈論に就ても，その結論と背後にある診断の当否を措けば，堅固に組織された政党という中間団体が，個人やそれが織りなす社会から超越しているべき国家から活動能力を奪っていく事態に対して，提示された回答と位置付けられる[(2)]。WRV第118条の解釈論としての映画検閲論

---

(1) 参照，石川, 2007, 53頁以下。尚，シュミットの斯様な中間団体に対する否認に等しい態度と対峙し，その背後に存する「近代フランス」の歴史が有する基底性を踏まえながら，個人とそれが有する「人権」を国家の「主権」との関係で析出し，憲法理論上の基礎づけを行おうとする試みとして，樋口陽一の一連の著作が挙げられる（例えば，樋口, 1994, 33頁以下，樋口, 1996, 28頁以下，樋口, 2009, 107頁以下）。尤も，毛利透, 2002, 231頁は，斯様な樋口の構想とシュミットのそれとの懸隔に注意を促す。確かに，個人に積極的な意義を殆ど承認しないシュミットと，樋口の構想とは，殆ど正反対とでも評すべきものである。

(2) 斯様なシュミットの発想や具体的な構想が適切であったのかを評価するに際しては，WRV期の状況を基点にするとしても，尚慎重な判断を要する。権左, 2012が論ずる様に，シュミットの構想を利用してWRV体制が再生する可能性は確かに存在していたものの，実際には，特にv. Schleicher内閣以降の現実政治への関与は失敗に終わった。より広範な視野からすれば，Brüning内閣以降の議会軽視の政治方針が，その遂行の不首尾も相俟って議会どころか大統領の支持も失い，結果として大統領やその側近，国防軍等による非公開の政治過程を生み出した事も否定し得ない。毛利, 2010, 28頁以下が述べる様に，深刻な利害対立による意思決定の麻痺を解決する為に大統領の権力に依存する構想は，結果としては，僅かに残された公開の場での討論を根絶する結果を招いた。「議会における自由な討論が果たす周知性と透明性の機能」が「政治的決定プロセスにおいて議会が持つ非公式の影響力をかなりの程度に減殺する」のだとすれば【日比野, 1997, 86頁】，然もその「機能」の射程が議会に留まらないとすれば，機能不全を議会

◆ 第五章　設問への回答

に就ても，中間団体に対する一貫した抜きがたい懐疑に照らせば，そうした団体・勢力の培養に寄与する処の大きい映画が，その自由に重大な制限を受ける事は必定であったと言い得る。

　4）尤も，以上の如く，両時期の映画検閲論を単純に「中間団体への警戒」という共通項で括って済ませる事も適切ではない。このことは上記1）及び2）からも明らかであるが，特に映画検閲を直接に取り巻く意見表明の自由との関連では，更に次の様に言い得る。

　即ち，テクストAではあくまで市民的法治国枠内で映画の有する意味が検討され，結果としてそれを「異物」と認定したものと解釈し得るが，それは裏返せば市民的法治国の理念，その根幹である「討論」とその具体化である意見表明の自由に対して，一応の承認は与えていたという事でもある。独立の「精神」を有する個人による合理的な言語のやりとりという「討論」の本来的な姿にとって，映画はその表現形式からしても，作用のありかたからしても，これを破壊し得るものであった。又，そのような映画が表現媒体として台頭する状況は，「討論」に適さない媒体が従来の媒体を圧倒していく過程であって，市民的法治国や自由主義そのものの凋落を象徴する事態でもあった。

　これに対して，テクストBでは，古典的な意見表明の自由は凋落しつつあるものとしてさえも殆ど顧慮されず，代わって技術の発達によって「討論」を圧倒する宣伝・暗示・煽動の手段として，プレスも映画も殆ど同等に扱われている。これらの媒体が惹起する危険は，市民的法治国の危機に留まらず，国制の政治的構成部分（WRVであれば民主制）という，より根柢的な部分を脅かすものであり，国家の存立の危機を意味していた。然も，映画は其処で，様々の集団がその主張・世界観へと映画の持つ「大衆感化」力を以て諸個人を動員し，相互の非妥協的な対立に於て優位に立つ為の道具と化していた。

　それ故，シュミットの映画検閲論の関心は，上記3）の如き共通性を有するにも拘らず，テクストAの段階では独立した個人（の判断）を阻害し集団へと纏め上げる作用の危険性に，テクストBの段階では堅固に組織された集団と

　　制そのものの放棄に短絡させる事は適切ではなかろう。

相互の対立に諸個人を動員するだけの道具として利用される危険性に，夫々重点が置かれていたと言い得る。特に後者の場合は，市民的法治国よりも根本的な，民主制という国制の政治的構成部分の存立がかかっていた。テクストBがテクストAに比して映画検閲を（容認するに留まらず）要請する姿勢を示していたことは，此処から説明し得る。

第二節　同時代への位置付け

　以上の要約は第三章及び第四章で得られた知見のみを述べたものである。次に，斯様なシュミットの映画検閲論は，同時代の映画をめぐる言説の中で如何なる位置を占めるのか。本節では，テクストAとテクストBの区分を維持した上で，夫々の時点までにおける議論のありかた（第二章）とシュミットの議論のありかたとを対比しつつ，この問題を検討する。

　１）テクストAの段階では，ライヒ議会では第三選挙期の終盤までの論議，学説ではHellerの議論のみが同時代のものとして参照し得る。
　Ａ　ライヒ議会の審議の状況は，1920年映画法制定前の傾向を引き継いで，映画を国民とりわけ青少年にとって優良な教育・娯楽部門へと改革する為の諸方策，特に助成金の支出と映画法の改正が議論されていた時期であるが，1926年後半に及んで，『戦艦ポチョムキン』の上映の可否をめぐる論議に際して，映画が特定の党派・政治思想の宣伝に使われる可能性が認識されていた事が確認される。
　こうした議論の状況とシュミットの議論を比較すると，先ず，映画部門の改良・改革やそれによる教育部門・娯楽部門としての価値といった，第二帝政期から続く映画論議の論点を，シュミットが一顧だにしていない事が判明する。確かに，映画を意見表明の自由との関係で論じようとしない姿勢に就ては，ライヒ議会の姿勢には共通する面がある。併し，その理由は抑々WRV第118条第２項じたいが映画を検閲の対象と想定する事で，暗に意見表明の自由から除外していた結果に過ぎないとも考えられる。寧ろ，意見表明の自由に属さない媒体であるという認識を前提として，そうした媒体を爛熟に追いやることなく，

◆ 第五章　設問への回答

教育や娯楽の面で，あるいは重要産業として，積極的な意義を見出そうとする点に，シュミットとは異なるライヒ議会の議論の特徴がある。

　一方で，党派的若しくは（シュミットとは異なる意味での）政治的なメッセージを映画により発信する事による「大衆感化」の問題に就ては，シュミットの表明する警戒感に対応する事態が（少なくとも議会で論題とされる程度には）現実化していた。ソ連で製作された映画は1920年代を通してドイツに輸入され，また絶えず検閲と訴訟手続に晒される事となり，更に観客たる大衆に対しては，映画に描写された歴史解釈を介して，革命行動のための戦略を提供する役割を演じたと云われる【ハーケ，2010, 81頁以下】。併し，VL公表の段階で映画を自身の宣伝の道具にしようと試みた勢力は他にも存在していた[3]。

　VLの枠組に依拠するならば，例えば共産主義を信奉する者の行動が「政治的なもの」の段階に達すれば，それが基本権の行使として承認されず，従って国家による強度の統制の対象となる事は明白である。従って，映画が含有するメッセージを受容した観客が，然も個人ではなく集団で，それを行動に移す可能性が無視できないとすれば，それを抑止する為に，映画に対する検閲を行う必要が生じる。

　B　これに対して，学説でいえば，例えばHellerが試みる映画検閲の実質的な理由付けとの関係でも，該段階でのシュミットの提示する論拠との間には径庭がある。

---

(3) Petersen, 1995, S. 252ff. に拠れば，KPD以外の社会勢力もまた，時期こそ遅れているものの，映画に対して積極的な姿勢・関与を示した。例えばSPDは第一次大戦前から教育目的での映画製作や劇場の開設を試みており，1924年以降は，興行面では失敗したとされるが，自前の娯楽映画の製作に着手している。カトリック・プロテスタント両教会も，映画という媒体じたいに否定的な姿勢を1920年代末に改めて，積極的な意義を認め，またその関与を宗教的問題に限定する方針に転換している。これに対して，DVP等の保守派は，少なくとも審美的・倫理的な見地からは，WRV期の末期に至るまで映画に否定的だったとされる（尤も，UFAの様にDNVPの政治的主張に沿う映画を製作する事例も存在したから，全ての保守派が映画に否定的だったとは考え難い）。又，国防軍は自身で映画を製作するというよりも，自身と異なる政治的思想を含む映画の上映禁止に関心を抱いたとされる。

第二節　同時代への位置付け

　Hellerの主張は，第一次的には低俗作品（による国民への悪影響）を抑止する事にあったが，その背後には，1924年の，所謂「相対的安定期」以前の「過渡的な」状況が控えていたと考えられる。これに対して，「相対的安定期」に脱稿され，公刊されたVLが同種の緊張感を抱えていたとは必ずしも断定できない（寧ろ，相対的安定期であるからこそ，体系的で，WRVに対するコミットメントを明確にした著作を公表し得たとも考え得る）。然も，シュミットが問題としていたのは，映画という媒体自体の有する「討論」との異質性や「感化」力であって，Hellerの様な低俗作品に限定した議論とは異なり，カテゴリカルに否定的な判断を下している。

　尤も，Hellerの議論の背後にある，政治的・道徳的「過渡期」に於て意見表明の自由を無制約なものにしてはおけないという判断は，シュミットの1933年の段階に於ける判断と共通する部分が在る。該段階でのシュミットは，諸々の社会集団の隆盛による国家秩序の不安定化への対応策として映画検閲を唱えていたのであり，不安定な社会情勢とそれに対する対応の必要性を映画検閲の根拠に据えるという限りでは共通している。併し，Hellerとシュミットとでは，議会制に就て縷々論じられる通り，国家・政治社会の安定を脅かす社会的対立の出現に対応する際の基本的な方向性が異なっており，問題意識以上のものが共有されていたのか，に就て容易には肯定し得ない[4]。

---

(4)　Hellerは，1928年のPolitische Demokratie und soziale Homogenität【GSII, 1971, S. 421ff.】に於て，政治的統一や民主制の不可欠の前提たる「社会的同一性」を，特に階級間の経済的問題への対処を通して回復すべき事を主張する。又，1929年のRechtsstaat oder Diktatur?【GSII, 1971, S. 443ff.】では，労働者階級の台頭に市民的法治国の従来の理念や制度が対応し得ず形骸化している状況に就て，寧ろ法治国思想を実質的なものとし，労働や財産秩序の領域へと拡大すべきであると主張する。
　19世紀的な市民的法治国の理念や制度が機能不全に陥っている事態，然も労働者階級の台頭がその一因である事，に就てHellerとシュミットとは診断を同じくする。併し，該階級の包摂によって議会制や民主制を擁護・回復しようとする態度は，シュミットの著作には見られない。又，彼は「同質性」を脅かす要因に就ては敏感であり乍ら，それを形成する方法に対する関心も希薄である。Neumann, 2011, S. 161の論じる様に，シュミットにとって「同質性は民主制の前提ではあるが，併し民主的な手続の産物ではない」。
　斯様な相違が，映画検閲に留まらない意見表明の自由・表現媒体に対する態度に如何

◆ 第五章　設問への回答

2）次にテクストBの段階に関していえば，第四選挙期以降の審議と，Hellwig, Häntzschel等の学説が時期としては対応している。

A　先ず学説との関係では，Häntzschelの様に映画製作者側の経済的利益を考慮する口吻は皆無であり，寧ろ関連性が問題となるのはHellwigやBoehmer/Reitzの様に，映画の有する強大な影響力（及びそれに基づく公の安全・秩序への危険）を検閲の根拠に据える見解である。

シュミットもまた，テクストAの段階からその「大衆感化」力に着目しており，テクストBに於てもそれが「公論形成」「集団的意見形成」の強力な手段である事を承認している。併し，上記の学説がいずれも（ハンドブックの一部という体裁上やむをえない事とはいえ），映画の強大な影響力が如何なる理路を経て，検閲を正当化するような事由に結びつくのかを明らかにしていないのに対して，前章までの検討の通り，シュミットが映画検閲を要請する理路は一定程度明らかにされている。その具体的な連関は既述の通りであるが，他の論者が「強大な影響力」「公の安全」という以上の掘り下げを行わなかった，又はそれを提示しなかった問題に対して，より詳細な見通しを可能ならしめている点で，シュミットの映画検閲論は異例の理論的な裏付けを伴っていたものと言い得る。

B　ライヒ議会での議論との関係では次の様に言い得る。

第四選挙期には，映画が教育・文化部門である事に関するコンセンサスが成立し，議論の焦点は海外映画との競争に移されていくが，その一方，KPDという反体制政党からではあるが，公然たる映画検閲廃止論が登場する。更に第

に反映され，如何に異なる様相を呈するか，は興味深い問題である。併し，この問に答えを出すに十分な手掛かりは得られていない。

両者の構想を比較する文献として，Pauly, 1998, S. 311ff.及び，山崎，1997, 87頁以下。又，林，2003（三），2頁以下は，政党を主題として，「社会から自律的な公益の担い手としての国家という観念自体が，必ずしも自明ではない」状況，特に「多様な生活関係の中で様々な利益・関心を負った諸個人・諸集団によって，共通の政治的決定が形成され，また受容されなければならない」「民主政」に於て，「多元性」から如何に「統一性」を形成するかという設問に対する，シュミット以外の同時代の公法学者による構想を精密に検討している。

第二節　同時代への位置付け

五選挙期には，映画が党派的宣伝の道具として機能し得る事が正面から承認され，特に『西部戦線異状なし』の上映如何をめぐる紛糾や，ナチスや共産主義者による集会での映画上映が（該政党・政治的信条に与しない者にとって）明確に脅威として捉えられている。更に，特に NSDAP の『西部戦線異状なし』に関する意見に見られる様に，自らの政治的立場に適合しない映画をあからさまに攻撃する発言も見受けられる。

併し此処でも，斯様な政治思想を化体した映画の自由な上映が，何故に検閲を正当化するのかに就ては，それが上映される集会に対する警戒感以上のものは示されていない（例えば第四九回会議での Schmidt 議員及び von Thüngen 議員の発言にある通り；但し，後者は「国家的法益の侵害」という表現を用いる点で際立っており，更には第一章第一節第二款でも触れた 1931 年 10 月の大統領命令にある「国家の存立に関わる利益」もこの文脈に位置付け得る）。

以上の状況に照らすと，シュミットの映画検閲論は，映画の上映やそれに由来する効果を脅威として捉える論調と，此処でも問題関心に於ては共通している。議事録で言及されているのは鉄兜団，ナチス，共産主義者の三者だけであるが，このほか，DNVP の党首である Hugenberg を経営者とする UFA も又，特定の価値観・政治的傾向に基づくニュース映画・娯楽映画を製作しており，SPD も WRV 初期から独自の映画部門を保有していた。要するに，この時期は，各種勢力が夫々の主張が込められた映画を製作・上映し，それによって自集団の支持者・構成員を獲得し，更に異なる主張を有する集団への敵対心を喚起することが常態と化し[5]，就中 NSDAP 及び KPD という強大な反体制勢力が勢力伸長の為に映画を利用する状況にあったと言い得る。

斯様な事態は，まさにテクスト B に至るまでの過程でシュミットが繰り返し警戒感を表明していた事態，即ち自身の利益・主張の貫徹のみを追及し，他者との協調や妥協を軽視・無視する諸勢力が益々その分裂・対立を昂進させ，映画による「大衆感化」がまさにその道具と化している状態に外ならなかった。その点で，テクスト B の段階でのシュミットの問題関心からすれば，映画検

---

[5] こうした諸集団による映画利用の状況に就ては，Petersen, 1995, S. 252ff. を参照。これらのうち UFA が有した影響力とその作品をめぐる論議に関しては，クライマイアー，2005，289 頁以下に詳述されている。

◆ 第五章　設問への回答

閲はまさに国家が分裂を克服して秩序を回復する為に必須の措置であったと言い得るし，併し検閲を以てしてもなお，反体制的な内容の映画や映画の台頭を食い止められなかった事態（第五選挙期の映画法改正論議はこの現れと言い得る）は，問題関心を更に深刻化させたと考えられる。

　3）以上に，同時代の他の主体による言説との比較の中で，シュミットの映画検閲論の有する位置を検討してきた。

　テクストA・B両時期を通して，シュミットの論述は，その理由付けの内容や叙述の密度に於て他の言説との間に懸隔が存在し，一見すると孤立しているという印象を免れない。併しライヒ議会の審議や他の学説を視野に収めた場合に明らかとなるのは，シュミットの映画検閲論は他の言説とその結論を同じくするというだけでなく，映画という媒体の台頭（就中，政治思想を表現する作品の上映）が国家に対してもたらす影響に如何に対処すべきか，という問題関心をも共有していた事である。勿論，映画の教育・娯楽としての活用という側面が視野に置かれていなかったことは確かであるが，一方で，極端な政治思想を表現する映画が放縦に上映される事の問題性に関しては，他の言説よりも遥かに彫琢された理路を示していたのではないか，というのが本稿の分析の結果である。

　勿論，以上の検討を経てもなお，例えば，映画法による検閲をより厳格にすべきか否か，国家の独占事業とすべきか否か，或いは如何なる法改正を行うべきか，といった個別の問題に関するシュミットの見解を解明する事はできなかった。併し，その時々の，またその著作ごとの主題・言説が映画検閲論にまで結びつく理路は，明らかにされたと考えられる。

　サイレント映画の台頭が映像による「感化」によって諸個人の意見形成を左右することで，留保付ながら一応の承認を与えていた市民的法治国の理念が覆滅されていく事への警戒感。或いは，トーキー映画が諸集団，就中政党の思想を宣伝する道具として利用され，あまつさえWRV体制の打倒を目指す勢力の思想を宣伝する為の道具として放縦に製作・上映する事への危機感。シュミットの映画検閲論は，斯様な新規の表現媒体がもたらす作用や彼なりの同時代に対する分析と結びついた鋭敏な問題関心に発しており，然もその問題関心に対

して公法学の学知を基盤として，彫琢された形姿を与えた一例であった，と言える。

◆ 終　章

　前章までに於て，第一章で定立された本稿の直接の設問に対する回答が得られた。本稿が論ずるべき事柄はひとまず以上に尽きる。
　最後に，序章で示した問題関心との関係で，得られた成果が如何なる示唆を与え得るか，若干の見通しを示す作業を試みる。

1
　先ず，WRV 期を取扱った前章までの作業に対応して，第二次大戦後のドイツの法的言説が映画及び映画検閲の問題に如何に応答したのかを，ボン基本法（以下，GG）の制定過程及び初期の学説を素材として，概観する。

　1）法令上の与件を確認すると，GG 第 5 条第 1 項は次のように規定する：
　「何人も，言語，文書及び図像によって自己の意見を自由に表明し流布する権利，及び一般的にアクセス可能な情報源から妨害されることなく情報を得る権利を有する。プレスの自由，及び放送と映画による報道の自由は，これを保障する。検閲は行われない。」
　同条の文言からは，少なくとも，映画による「報道の自由」が保障されていること，検閲禁止が明文の留保を含んでいないこと，が確認される。

　2）先ず，GG の制定過程に於ける映画及び映画検閲の取扱につき概観する[1]。

---

[1]　GG の制定過程に就ては Mußgnung, in : Isensee/Kirchhof [Hrsg.], 2003, S. 315ff. を参照。又，議会評議会に於ける審議と各段階での草案は Der Parlamentarische Rat 1948-1949 : Akten und Protokolle, Bd. 1-14, 1975-2009 に纏められている。尚，以下で議会評議会に於ける発言・資料を引用する際には，同書の巻数・頁数のみを本文中に注記する。審議過程の中で映画・映画検閲の問題が占める割合は僅少である。寧ろ，GG 第

◆終　章

　A　制定過程で先ず審議の基盤となった所謂「ヘレンキームゼー草案（Herrnchiemseer Entwurf）」では，GG第5条に相当する内容を規定する第7条は次のような文言であった：

　「何人も，その意見を自由かつ公に表明し，及び他者の意見を伝達する（unterrichten）権利を有する。放送の受信（Rundfunkempfang）及び印刷物の入手（Bezug）の制約は許されない。

　プレスは公的生活の出来事，状態，制度（Einrichtung）及び人物を真実に即して（wahrheitsgemäß）報道する（berichten）責務と権利を有する。

　検閲は行わない。」

　以上のうち此処で問題となるのは，意見表明及び報道の手段として映画が列挙されていない点，及び明文の例外のない検閲禁止が定められている点，である。

　B　映画検閲に限定して審議過程を見ると，映画検閲に関する上記草案の簡素な規定は，対象となる媒体を列挙する体裁へと変更されている。例えば，1948年11月16日の一般修正委員会第一読会に提出された草案第8条第1項第2文では「プレス，演劇，放送及び公の上演の事前検閲は行われない」とある。該規定は少なくとも1949年1月18日の中央委員会（Hauptausschuss）第四三回会議に至るまで維持され【Bd. 14, S. 1327；但し「公の上演」は削除されている】，審議の過程では検閲禁止に映画を含めない姿勢が大勢を占めていたと考え得る。

　実際，1948年9月29日の原則委員会（Grundsatzausschuss）第5回会議に於て，Heuss議員（FDP）は映画に関して青少年保護を目的とした「事前検閲

　　5条に行き着く条項に関する審議で主要な位置を占めたのは，「真実に即して報道する義務」を規定する事の是非や放送制度の設計をめぐる問題である。GGの制定過程に関する邦語文献としては，憲法調査会事務局編『憲資・総第一六号　ドイツ連邦共和国基本法制定の経過』(1958)及び同編『憲資・総第四九号　ドイツ連邦共和国基本法制定の経過』(1960)のみを挙げる。GGの下での「意見表明の自由」その他GG第5条の諸規定に関しては，その制定史に就ても解釈論史に就ても，本稿で論じる用意は無い。以下では，前章までに析出し得た問題が，果たしてGGの制定過程に於て継承されたのか，されたとすれば如何にしてか，を概観し得るに過ぎない。

252

が必要である事は明らかである」と述べており【Bd. 5-2, S. 112】[2]，11 月 24 日の原則委員会第 25 回会議でも，Mangoldt 議員（CDU ／ CSU）が，将来検閲が導入される可能性を想定して，検閲禁止の規定の列挙事項から映画を除外する事を主張している【Bd. 5-2, S. 663】。更に，1949 年 3 月 3・4 日の七人委員会（Siebenausschuss）の審議に於ても，検閲と著作権に関する映画法の必要性が確認されている【Bd. 11, S. 110；発言者の記載なし】。斯様な論調に対して，原則委員会第 25 回会議で Heile 議員（DP）が「ナチス時代の経験」を引合いに出して映画検閲の廃止を主張したが，他に映画検閲の廃止を支持する発言は見受けられない【Bd. 5-2, S. 667】。

　検閲禁止と映画に関する発言に限定する限り，映画検閲を（少なくとも青少年保護のために）存続させることは，ほぼ一致した見解であったと言い得る。

　C　次に映画部門全体に関する審議を概観する。議事録に拠る限り，映画部門に関するまとまった議論が最初に為されたのは，1948 年 9 月 23 日の権限画定委員会（Ausschusses für Zuständigkeitsabgrenzung）第 3 回会議である。此処では，連邦の優越立法の範囲をめぐって映画問題が議論された。Strauss 議員（CDU ／ CSU）が「生産部門のみならず流通企業の国際的な流動化や独占的地位に因り，連邦の側から場合によっては一定の保護措置を行わねばなら」ないとする一方，「国家に敵対的な試みに対して［映画］検閲を行った 1933 年以前の時代」を踏まえて，映画という「文化的部門に対する検閲の全面的な排除」につき「政治的に深刻な疑念」を表明する【Bd. 3, S. 97】。これに対して，Kleindienst 議員（CDU ／ CSU）は特に映画製作部門に国家が干渉することに反対し，映画部門が「文化的側面，芸術的側面，教育的側面」を有することをその理由として挙げる【Bd. 3, S. 98】。Reif 議員（FDP）もまた，連邦権限が経済及び技術の領域にのみ及ぶ，という権限規定を理由としてではあるが，「文化的なもの」への干渉に反対している【ebenda】。尤も 1949 年 3 月 3・4 日及び 9 日の七人委員会の席上では，映画法の「大綱」，具体的には検閲と著作

---

(2)　Heuss 議員は，これに対して，「言語，文書及び図像による自由な意見表明の権利を，国家及び集団による認可制度の介在による制約から守らねばならない」とも述べている【S. 113】。

◆ 終　章

権に関する問題に就き連邦内で統一的に規律する法律の制定権限を，競合立法のリストに編入する事が提案されている【Bd. 11, S. 110/120】。この提案は1949年4月24日の党派間下位委員会（interfraktioneller Unterausschuss）の「結論（Ergebnis）」に於ても，大綱立法権限の一環として「プレス及び映画の一般的法関係」が挙げられている形で受容されている【Bd. 11, S. 181】。斯様に映画法（の一部）を連邦権限に位置づける理由としては，1949年3月10日の占領軍代表者との協議に於てSchmid議員（SPD）が，統一的な規律が為されなければ「純粋に経済的観点からすれば窮めて重大な影響を映画産業の全生産部門に与える」可能性を指摘したとされる【Bd. 8, S. 190】。

　D　以上の検討に拠れば，議会評議会の審議に於て，映画及び映画検閲の当否をめぐる議論は詳細には行われていない。
　①　映画検閲を憲法で許容する事は，少なくとも青少年に関する限りは自明だと考える者が多数であり，又，草案段階では検閲禁止の対象として列挙された演劇や放送との区別に就て格別の説明も見られない。
　②　議論が比較的詳しく為されたのは，寧ろ，映画部門に関する立法を連邦権限とする事の是非であった。其処では経済・技術の面から連邦の権限を肯定するか，文化の面から否定するかという対抗が生じているが，議論は連邦の大綱立法権限の問題へと収斂していく[3]。此処で想定されている「映画法」が映画検閲を含む事自体は，議論の対象となっていない。
　③　更に，草案の文面の故でもあろうが，映画を「報道」だけでなく「意見表明」に編入しようという意見も皆無である。
　以上に現れた論拠のうち，製作部門の経済的損失に鑑みて連邦で統一的規律を行うべきであるとの主張は，WRV期のHäntzschelの主張と同様である（第二章第二節）。又，映画の（経済的側面に還元されない）教育的側面を強調する意見は，第二帝政期から一貫してライヒ議会で主張されて来た処でもある（第二章第一章[4]）。その限りでは，WRV期又はそれ以前から一般的に主張さ

---

(3)　尚，基本法は第75条第2号に於て「プレス及び映画の一般的法関係」を大綱立法権限の一環として位置づけたが，同条は2006年に削除されており，対応する経過規定が第125a条に設けられている。

れて来た論拠が継承されているとは言い得る。併し、映画の有する影響力、特に政治的なそれに関する言及は存在しない。

　3）次に、基本法制定後の学説による GG 第5条第1項の解釈論を、その初期のものに限定して、概観する。

　A　Friedrich Giese の逐条解説 Grundgesetz für Bundesrepublik Deutschland vom 23. Mai 1949（以下同書の頁数のみを表記する）は、1953年に刊行された第3版に於て、第1項第3文に就き「今日ではプレス、上演、放送、演劇及び映画に対しては如何なる事前抑制的（präventiv）［措置］は問題とならず、ただ第2項に基づいて事後抑制的（repressiv）措置［が問題となるに］過ぎない。全ての事前検閲だけが禁止される為である」と論じる。これは事後的な「届出義務」を法律で定める事は許容されるという趣旨でもあるが、此処では検閲禁止に映画も含まれると明言されている点が重要である【S. 19】。この釈義は1962年刊行の Egon Schunck の補訂による第6版でも踏襲されており、自主規制が検閲に該当しない旨が付記されているに過ぎない【S. 24】。

　B　1953年に初版が刊行された Hermann von Mangoldt の逐条解説 Das Bonner Grundgesetz（以下同書の頁数のみを表記する）は、第5条第1項第2文で「ドイツの憲法に於て初めて、放送及び映画による報道の自由が保障された」事により、「放送と映画が公論の形成にとって有する重大な意義が、いまや明文によっても承認された」と評する【S. 60】。該権利が明文化された背景に就ては、「意見表明の自由が、自己目的たるべきでなく、意味を有するならば、万人に対して可能な限り多様な報道や意見表明によって、自由で、一方的な報道によって影響されない意見形成が可能となって［その意味の発現が］可能となる。」併し、「近時放送と映画が公論の形成に対して獲得し、益々上昇している意義に鑑みると、自由な意見表明は、双方の現代的な大衆感化（Mas-

---

（4）　但し、映画の教育的側面が、第二帝政期・WRV 期とは異なり、検閲を行うべきではないという正反対の結論に接合されている事に注意を要する。

◆終 章

senbeeinflussung）の手段をそのために奉仕させずして考えられない。同時に，それらによる報道の自由を保障する事が必要となろう。」【S. 66】同項第 3 文に就ては，映画が条文に列挙されていないとしても，WRV 第 118 条第 2 項の如き規律が為され得る訳ではない。条文上，映画検閲の問題は「開かれたまま」であるが，青少年保護を目的とするものであっても，検閲の許否を条文のみから判断する事はできない。「法律による検閲の導入は，第 1 文で保障された権利の単なる「制約」というだけでなく，その廃棄でもある」ためである。併し，第 2 文で保障されているのは，あくまで映画による「報道」の権利であり，第 3 文の意味が「前二文で保障された基本権を保障する」点にあるとすれば，少なくとも「純粋な報道に限定されない」内容の映画に関して検閲を導入する事は，「許容されると見ざるを得ない。」【S. 66f.】

　これに対して，Friedrich Klein が補訂を行った同書第 2 版（1957 年；以下同書の頁数のみを表記）では，次のような釈義が為される。先ず第 1 文で列挙される「言語，文書及び図像」という意見表明の手段に就ては「広範に解釈すべきであり」，無声映画及びトーキー，ラジオ放送，テレビも包摂される【S. 240】。放送・映画による報道の自由に就いては，「双方が公論の形成にとって有する重大な意義」に鑑みて保障されたもので，これによって「全く新たな道に歩みを進めることとなる」と予測される。映画に就ては，「ニュース映画に於てさえ公的な（一般公衆への）［利益］と同じく単なる商業あるいは娯楽（刺激）という利益が見受けられ」，GG 第 2 条の「共同体との関係（Gemeinschaftsbezogenheit）」や「共同体による留保（Gemeinschaftsvorbehalt）」の要請は一層強く妥当する。「映画は「マスメディア」として量的にも質的にも（強度に）格別に強い印象を与える」【S. 245f.】。映画検閲に就ては，GG が WRV 第 118 条第 2 項に相当する規定を欠き，且つ第 2 文による権利保障がある事から，映画も検閲を免れるが，「第 2 文に鑑みて，青少年に有害な映画に就てのみ［検閲禁止］の例外が妥当する」と説く。加えて，観客の「身体的，精神的及び心理的健康」を保護する為の事前措置も，検閲には該当しない【S. 246f.】。

　C　Helmut Ridder は，1954 年に公刊されたハンドブック Karl August Bettermann/Franz L. Neumann/Hans Carl Nipperdey［Hrsg.］, Grundrechte：

Handbuch der Theorie und Praxis der Grundrechte, Bd. 2 に寄稿された論稿「意見の自由」で次のように論じる。

　先ず検閲禁止に就いては，WRV 第 118 条第 2 項の如き「映画に関する例外規定が消失した後では，あらゆる「私的な」意見表明及びあらゆる意見表明そして他の政治的な公的意見形成の為の精神的な意見の提示（Meinungsbetrag）は初めから官庁による審査から自由である」とされる【S. 280】。

　Ridder の第 5 条に関する解釈の背後には，政党の「国民の政治的意思形成」に対する意義を承認する GG 第 21 条第 1 項の趣旨に徴して解釈するという思考が存在する。意見表明の自由は「その性質に根本的な変化を被った」部分を有しており，例えばプレスの自由（Pressefreiheit）は「古典的な意見表明の自由の中心」であると同時に，「自由な代表制民主主義の政治生活と支柱の諸部門へと「制度化」されている」【S. 250f.】。プレスはその政治的機能として単に表現者や購読者だけの為に意見を伝達するのではなく，公論の形成そのものに奉仕している。然も公論は代表制国家の「統合因子（Integrationsfaktor）」であり，プレスは「公論の形成の自由を保障する」役割を担い，就中政党国家ではプレスの自由は他の意見表明から区別される【S. 252f.】。GG 第 21 条は政党を国民の公論形成に協力する部門として承認しているが，国家の意思形成に於て政党の役割が増大するに伴い，同条は寧ろ政党の「独裁」に抗して，諸力を国家の意思形成に繋留する機能を担う【S. 256f.】。第 21 条は「現代の政党国家の制度的な公論形成の主要且つ根本規範」であり，政治問題を扱う「プレス」にも相応の意義，具体的にはその公的責務に即した，通常の意見表明とは異なる保護が付与される【S. 257ff.】。

　これに対して，放送は「娯楽及び教育」の領域で格別の重要性を有するが，「異なる技術的前提」の故にプレスの如き公的責務を有していない【S. 270f.】。寧ろ放送には，私的主体に放送事業を委ねることで一部の企業による「意見の独占主義（Meinungsmonopolismus）」をもたらす可能性があり，更にナチス期の経験に徴すれば，公権力による画一的な意見の形成に利用される危険を有している。故に，その課題はプレスに比して「純粋に文化的或いは娯楽の領域」に求められ，党派的に中立な運用が（第 21 条に鑑みて）要請される【S. 271f.】尤も，第 5 条第 1 項第 2 文は放送・映画による報道の自由を規定しており，こ

◆ 終　章

れはあくまで「公の意見及び意思形成という責務から」見るべき規定である(5)【S. 276】。

　D　以上，戦後初期の学説をごく一部ではあるが検討した。ここから文面上例外の無い検閲禁止の規定の下でもなお，映画検閲の導入の可否に関して意見が分かれた事が明らかとなる。Giese が字義に即してこれを否定するのに対して，Mangoldt は条文上「開かれている」と評価して「報道の自由」に抵触しない範囲で容認する。併し，何れの解釈も文言の捉え方に終始している。特に後者に就いては，何故映画にだけ検閲の導入が容認されるのかに就て，踏み込んだ理由付けが一層求められる筈だが，この点に就き説明は無い。このことは Klein の補訂した第2版にも当てはまる。

　第5条第1項全体を見るならば，Mangoldt は放送及び映画が公論形成に対して有する影響力に着目する。併し，この説明は第1項第2文が双方による「報道の自由」を新設した背景に関するものである。然も「大衆感化」という作用を認識しつつもそれを寧ろ公論形成に「奉仕」させようとする態度は，前章までに析出したシュミットの態度とは対照的である。

　これに対して，Ridder は映画に触れる所が少ないが，放送に関する論述に於ては，プレスの如き積極的な公論形成への役割を承認せず，承認するとしても一部の企業や公権力による独占的な意見形成に対する警戒感を隠さない。独占の無い「全ての政治的諸力」の参与する公論形成を理想としながら，なお表現媒体ごとにその活用のありかたを区別する点で，Mangoldt とは異なる。斯様な論法は映画にも一定程度通じると推測し得るが，そうだとすれば，新規の表現媒体に対する警戒感とそれに由来する制限的な取扱という点ではシュミットと共通する部分を有する。尤もその論拠に就ては，特に私企業による「独占」が具体的に何を意味するのか（単に意見の多様性が阻まれるという意味か，それとも少数の意見へと凝集し，相互に対立する事まで意味するのか）は定かでない。

---

(5)　更に続けて，該自由が「裁判及び議会の報道に関係する」とも論じられ【S. 276】，裁判・議会の公開原理や GG 第42条第3項の「真実に即した」報告に関する免責規定との関連で説明が為される【S. 277f.】。

以上の様に，初期の GG の解釈論に於ても，映画部門の問題は然程目立った議論の対象ではなく，映画検閲への賛否とその論拠の分岐は明確ではない。それらの中には WRV 期の諸学説と共通する者や，シュミットと問題関心を共通にする部分も見られる。尤も，WRV 期に検閲の対象となった映画を「報道の自由」に編入した事に対する賛同，及び，前提や論拠に差異を抱えつつも「公論形成」に対する意義を承認し枠づけていくという態度，は共通している[6]。

　4）以上，簡単にではあるが，戦後初期の映画部門・映画検閲をめぐる議論を検討した[7]。少なくとも，国家による制約という側面に関する限り，映画という媒体がさほど重要な論点を形成しなかった事，それどころか学説上は公論形成への積極的価値が承認された事，が一定程度明らかにされたと言えよう。併し，シュミットを含む WRV 期の主体の多くが抱懐した映画による「意見形成」への警戒感から，斯様な積極的な承認へと姿勢を転換させた要因が何だったのか，は不明確である。

　映画に就ては，1949 年の時点で FSK（Freiwillige Selbstkontrolle der Filmwirtschaft）が自主規制を開始しており，然も，公権力の主導による映画検閲の再

---

(6) 本文では 1950 年代の逐条解説・概説書を取上げたが，その後も学説が映画検閲に就き本格的な議論を行った形跡は確認出来ず，それどころか映画全体が GG 第 5 条の解釈論に於て後景化することになる。一例を挙げれば，Mangolt/Klein の逐条解説に Christian Starck が補訂を施した第 3 版（1985）では，映画検閲が正面から論じられることはなく，ただ青少年に対する上映の可否をめぐる審査の可否が「事前検閲」に該当しない措置として容認されるだけである【Rdnm. 102-105】。「映画の自由」に就てもその分量は放送に比して圧倒的に低く，「報道」の釈義に就ても，報道と意見表明が混在する事態が存在するという論拠に基づき，特に娯楽映画が基本権の保障外となる可能性に鑑みて，広範な解釈を支持している【Rdnm. 99】。

(7) このほか，映画部門の問題に就ても，GG 第 5 条第 1 項所定の権利全般に就いても，既に多数の業績が公表されている。尤も，映画に就ては殆どの文献はそのアプローチこそ違えども FSK を検討対象としている。例えば本書で度々参照した Noltenius, 1958 は映画検閲及び検閲概念の歴史を追跡しつつ FSK による自主規制の検閲該当性を検討しており，又，Wohland, 1968 は「情報の自由」を手掛かりとして FSK や映画の輸入制限に就き検討している。このほか FSK の活動に関する研究として，von Hartlieb, 1960；Bär, 1984；Erdemir, 2000 がある。

◆終　章

導入に就ては目立った議論が為されないまま，現在に至っている。後者の背景としては，一つには，映画がテレビをはじめとする他の娯楽との競争の中でその地位を低下させ，ニュース映画も「公論形成」に於ける存在感を失う中で，寧ろ国家による助成の対象となっていったという事情の変化が挙げられる[8][9]。

若しこうした事情の変化が憲法学の映画論議にも多大な影響を与えたとすれば，映画検閲の廃止又は再導入に関する議論の不在は，決して，従来指摘されてきた「影響力」「大衆感化」の問題が解決され，若しくは有効な対処が考案された事に因るのではない。WRV期に認識されるに至った，そしてシュミットが映画検閲論という形で提起した，表現媒体による「影響力」「大衆感化」の問題は，寧ろその問題性を維持しながら，テレビ更にはインターネットといった新規の媒体へと移行したに過ぎない。

2

次に，前章までの成果が我が国の（憲法に限定されない）法制にとって有する意義に就て展望を試みる。尤も，この作業は決して容易ではない。

第一に，抑々WRV期のドイツと現在の日本とでは法令上の与件が大きく異なる。第一章第一節に示した通り，WRV第118条第2項は明文で映画に関する検閲禁止の例外を承認しており，1920年映画法やシュミットの映画検閲論はこれを前提としていた。これに対して，日本国憲法第21条第2項の検閲禁止条項には明文の留保が存在しない[10]。法律にも映画に関する事前の審査・

---

(8) ハーケ，2010，185頁以下が述べる様に，1950年には早くも連邦政府による助成金制度が導入され，更に1967年には，芸術的に価値があり国際的に競争力のある映画の製作を国家が組織的に助成する為に「映画助成法（Filmförderungsgesetz，正式にはGesetz über Maßnahmen zur Förderung des deutschen Films）」が制定されている。

(9) Maunz/Dürig/Herzog, Art.5, Rdnm. 193, 1982に於て，Roman Herzogは映画と放送を同列に置く「第5条第1項第2文の解説は，映画一般をその考察に関連付ける限り，そのことによってもたらされる困難に至る所で遭遇する」と述べている。この叙述は，映画がもはや意見表明の自由とその制約（検閲を含む）という問題で論じる意義が低落し，抑々その背景が理解され難くなっている状況を踏まえたものと理解される。

(10) 本稿では詳述しないが，大日本帝国憲法の下では規則及び法律による映画検閲が実

許可制を敷くものは存在せず，判例の提示する検閲概念もこれを排斥する趣旨と考え得る(11)。シュミットの議論に倣って映画検閲を導入する，又は何らかの法制度の正当化に援用する事は，検閲という措置そのものの当否を措くとしても，憲法の条文からして不可能である。

第二に，検閲に服さない表現媒体や問題領域の法制に就ても，シュミットの議論は容易には転用し得ない。

先ず映画に就ては，現在の日本では国家の法令による映画検閲は存在せず，自主規制に際してもフォーマルな公権力の関与は存在しない(12)。

放送及びインターネットに就ても，現在の法制は検閲と評価される仕組みを採っていない。

先ず放送に就ては，放送を実施するための無線局の開設に関しては免許制が

施されていた。全国を対象とする一元的な映画検閲は大正 14 年の内務省令第 10 号「活動写真「フィルム」検閲規則」により導入され，更に昭和 14 年に「映画法」が取って代わり，昭和 20 年に同法が廃止されるまで統一的な映画検閲が行われる。大正 14 年規則が上映前の映画フィルムの検閲を規定する，その意味ではドイツ 1920 年映画法に近い規律を行っていたのに対し（但し，同規則内には拒否事由は規定されていない），昭和 14 年映画法は法文で「国民文化の発展」への貢献を目的とする旨宣明し（第 1 条），積極的・教育的な性格へ（実質的には国家の政策に同調するよう映画部門を動員する方向へ）転換している。尚，同法にはナチス体制下で制定された 1934 年映画法が影響を与えたとされている。このほか日本の映画検閲の歴史に就き，法制を中心に詳述する文献として，牧野，2003。又，映画法の審議過程に関する資料の復刻として牧野［監修］，2003。

(11) 判例上，検閲の概念規定を行ったものとしては，関税定率法旧第 21 条第 1 項第 3 号に定める物品に関する税関検査の憲法適合性が問題となった，最高裁昭和 59 年 12 月 12 日大法廷判決民集 38 巻 12 号 1308 頁が挙げられる。同判決は検閲の絶対的な禁止を宣明しているものの，煩雑な要件をめぐって学説上批判が絶えない。尤も，同判決の定義を整理すれば，行政権による許可留保付の禁止という古典的な検閲概念とほぼ同義と解釈する事も可能である。

(12) 映画倫理審査機構の審査活動がこれに該当する。該機構は審査やその基準の策定に於て公権力が関与する事は無いが，映画館との協定により該機構の審査を通過しない作品は上映を拒否され，その意味で上映の可否に重大な影響を与える。併し，FSK と異なって審査基準の策定や実際の審査に公権力が公式には関与せず，従って憲法上の検閲禁止との抵触を論じる事は困難である。

◆ 終 章

採られており（電波法第4条），その取消の可能性も留保されている（同第76条第3項）。併し，個別の番組に関して事前の許可を得るべき旨の規定は存在せず，然も番組編集に関する注意事項に関する規定（放送法第4条）も法的制裁を予定したものではない[13]。

インターネットに就ても，違法行為に対しては事後的に各種の刑罰法規が適用されるに過ぎず，寧ろ事後的な責任の配分が主たる解釈論上の問題とされている（特定電気通信役務提供者の損害賠償責任の制限及び発信者情報の開示に関する法律第3条）。両媒体をめぐる法制が今なお流動的である事は序章で述べたが，それが内包する（又は，今後内包し得る）多様な問題の中に検閲に相当するものは存在せず，予定されてもいない。

この外，例えば青少年保護を目的とするアクセス規制は，「指定」が公表後に行われるだけでなく，その範囲も「青少年」という限定された範囲に留まる。教科書検定では確かに行政権による事前審査が行われるが，併しそのほかに執筆者・教師・生徒という主体が絡み合う点で本稿の扱った検閲と同質とする事は適切でない[14]。事前規制という点では，民法上の差止請求が問題となるが，差止の決定は行政庁単独でなく，個人の提訴を俟って司法権による判断を経て行われる点で，無視し得ない差異がある。

以上の様に，現行法制を**概観する**限り，検閲をめぐる議論が対応すべき場面は存在せず[15]，寧ろ他の視角から批判的検討を加えることが必要・有益と考

---

(13) 尤も，鈴木＝山田，2017，91頁に拠れば，1996年5月7日の参院通信委員会で楠田修司放送行政局長（当時）が，旧第3条の2の編集準則が第76条所定のものを含めた法的制裁に結びつき得るとの見解を示しており，現に現在に至るまで同条違反を理由とする行政指導が為された例が数件存在する。斯様な編集準則の理解に関しては多分に問題とすべき余地があるが，併しこの種の行政指導もあくまで事後的・個別的なものに過ぎず，検閲と位置付ける事は適切ではない。

(14) 但し，当該問題の「政府言論」としての特殊性を指摘する文献として，蟻川，1994，106頁以下。

(15) 尚，検閲概念じたいを改鋳して，古典的概念に包摂されない事前抑制に対応する，という対応も考え得る。例えばWolfgang Hoffmann-Riemが提唱する「拡張された形式的検閲概念」は，事前の措置への限定を維持しつつ，公表の禁止を伴わないが，実質的にはそれと同様の公表可能性の侵害をもたらす措置を包摂していこうとする【Hoff-

えられる。即ち，シュミットの映画検閲論を検閲の支持・要請という「回答」の部分で適用する余地は，存在しない。

3

残されている可能性は，その回答の前提となった（と本稿の分析によって明らかにされた）シュミットの問題関心に着目する事である[16]。

既述の通り，WRV 期のシュミットの映画検閲論の核心にあったのは，映画が有する「集合的な意見形成」「大衆感化」の可能性が諸々の社会集団（特に政党・政治団体の下部組織）によって利用される事により，一方では諸個人による意見の交換・討論が歪められ，他方では国家内部での社会勢力の分裂が昂進し，以て秩序の維持そのものが危ぶまれる事に対する警戒感・危機感であった。然も，斯様な関心は，『戦艦ポチョムキン』や『西部戦線異状なし』等の著名な作品や過激な政治思想を唱道する宣伝映画をめぐって，当時のライヒ議会や他の論者が有していた問題関心とも一致していた。その限りで，シュミットの態度は当時の趨勢から乖離した特異なものという訳ではなかった。寧ろ特徴的なのは，その問題関心がシュミット自身の公法学との関係で彫琢された形姿を成していた事である。

一般に，表現媒体の利用に就き何らかの事前又は事後の規制が検討される際，その媒体が有する「社会的影響力」が理由として提示される場合がある。代表

---

mann-Riem, 2001, Rn. 92-94】。斯様な学説上の試みがどこまで成功するかは，現段階では評価が難しい。邦語文献として参照，長尾，1995 及び 1997。

(16) 勿論，回答から問題関心に視点を移したからといって，現在の日本法に対する「示唆」を析出することは自明の作業ではない。前章までに解明したシュミットの問題関心や主張はあくまで WRV 期という特定の時代・社会の状況に当面して形成されたものであって，これを異なる時代・社会に応用する作業は決して安易ではない。WRV 期の特殊な事情に就ていえば，第四章の端々で述べた様な諸々の社会勢力の分裂・対立に加えて，公権力の系統に属さない準軍事組織が林立し，然も末期には実力による衝突を繰り返していた（参照，原田，2013 及び原田，2019）。こうした状況は，相対的に国家による実力独占が徹底されている現在の日本と大きく異なる（この相違に注意を促す文献として，毛利，2008，50 頁注 24 及び毛利，2010，60 頁以下）。その限りで，表現じたいを規制するという強い制約を導入する必要性は，より一層慎重に判断されねばならない。

◆ 終 章

的な事例としては放送法制が挙げられるが[17]，その「影響力」を放置した場合に如何なる経路で，如何なる害悪が生じるのかに関する詳細な検討が十分に為されてきたとは言い難い。その「社会的影響力」の内実としては，過激な映像・音声の視聴者個人に対する一時的な心理的影響，暴力・性表現の人格形成に対する影響，番組が家庭教育にもたらす影響，個々人の情報摂取行動の細分化とそれに因る社会的分裂の深刻化，等が考え得る。併し，何れの意味に於ける「社会的影響力」を問題視するにせよ，その内実が具体的に明らかにされない限り，的確な立法論・解釈論の構築は難しい。このことは，同種の理由付けが他の場合・表現媒体に援用される場合にも（個別の媒体や問題の性質を踏まえたうえで，ではあるが）妥当する。又，今後表現に対する何らかの規制が検討される場合にも，「社会的影響力」が十分に具体化・明確化されず援用される事態を回避するには，その背後に存する危害・警戒感の内容や表現活動との関係を仔細に論じる必要が在る。本稿が明らかにしたシュミットの言説は，そうした試みの一例と位置づけ得る。

尤も，この問題関心を解釈論として直ちに具体化する事は困難である。本書は，飽くまで表現の自由に関する一つの視座を探求したに留まり，それを我が国の具体的な問題と連結する為に十分な枠組を探求・構築するには至っていない。又，表現の自由の行使が結果として社会的な亀裂を招来し，昂進させ得るとしても，それを表現に対する法的規制のみによって解決すべきだという事にもならない。現にWRV期の映画検閲や出版物等に対する様々な規制は結果として体制の崩壊を阻止し得なかったし，又，何らかの表現が社会の中での対立や亀裂を深める事があるとしても，その根本的な原因は当該表現とは別の処に求められるべきであろう[18][19]。

---

(17) 代表的な叙述として，芦部，2000, 303頁。更に金澤，2012, 28/59-60頁（前者は第2条第2号，後者は第4条に関する説明である）。又，放送法の立案に携わった人物の解説として，田中，1985, 95頁及び103頁（後者の箇所では「テレビジョン放送は，目と耳の両方に訴え，しかも家庭に入りこんで訴える力が大きい」と述べられる）。更に「放送倫理基本綱領」は，「放送は，いまや国民にとって最も身近なメディアであり，その社会的影響力はきわめて大きい」という認識を示し，「このことを自覚し，放送が国民生活，とりわけ児童・青少年および家庭に与える影響」を考慮すべき旨を宣明する。

(18) 表現によって社会的な対立が深められると云う問題関心は，憲法学にとっても未知

4

　以上に，前章までに得られた知見が日本法に対して持ち得る意義に就て，若干の検討を行った。

　本書の検討が持ち得る意義は，つまるところ，表現の自由をめぐる憲法解釈に対して問題提起を行う事に留まる。即ち，諸個人が自由に表現を行い，他の個人に対してそれを伝達し，又は他の個人と討論や情報のやりとりを自由に為し得る環境さえ整えれば，自ずから合意に到達し，或いは社会統合が実現されるのか；寧ろ反対に，既存の，又は新規の集団による一方的な感化や動員が促進され，そうした集団間の対立によって合意や社会統合が掘り崩され，却って憲法が拠って立つ前提を揺るがす結果とならないか；若し後者の可能性が無視しえないものだとすれば，表現の自由に関する解釈論の責務は，単に国家の不介入と個人の可能な限り広範な自由だけを追求するだけには留まらないのではないか。既に憲法学説の中にも，個人の自由や表現やコミュニケーションの保障と並んで，情報の流通に関する何らかの法的な制度や枠組，規律を設ける意義を主張するものが存在する[20]。この点で，本書の問題提起に対しては，既

のものではない。例えば Cass Sunstein がインターネット上の集団分極化（group polarization）をめぐって，夙に指摘している処である（代表的な著作として Sunstein, Republic. com, 2001, 近年の著作 Sunstein, 2017 も特に S. 59ff. で同様の問題をが検討されている；但し，駒村, 2011, 29 頁以下に拠れば，Sunstein が示す対応策には変遷がある）。尤も，映画とインターネットとでは情報流通のありかたが異なり，又，後者は企業や組織に属しない個人でも情報がより自由に発信し得る点に鑑みるならば，社会的な対立を深めていくメカニズムに就ても全く同列に考える事はできない。

(19)　例えば，所謂ヘイトスピーチに就て，曽我部・長谷部・駒村・川岸・宍戸, 2015, 169-170 頁及び 174-175 頁では，表現に対する規制に留まらず，併せて社会全体の状況も視野に入れて対策を検討すべきではないかとの問題提起が為されている。社会の統合を達成し，又は分裂を防ぐ為の方策は表現に対する規制には限られない。その方策には如何なるものがあり，夫々に如何なる利害得失があるのかに就て詳細に論じる事は，本書の課題ではない。尤も，本文中に述べた通り，表現そのものを直接に規制する手法が，社会的な対立の原因じたいを取り除くものではないとすれば，そうした規制の導入が許されるのは，一時的にでも対立のエスカレーションを押し止めなければならない様な，例外的な場合に限られよう。

(20)　例えば，同じ駒村・鈴木編, 2011 に収められた駒村, 2011, 宍戸, 2011, 曽我部,

◆ 終　章

に一定の回答が存在している事になる。

　勿論，かように考えたからと云って，直ちに表現に対する直接の規制が許容される訳ではない。必要とされるのは，寧ろ，個人の自由な表現や情報の自由な流通を侵害する事なく，且つ上記の問題が深刻化する事を抑止し得る様な対応を構想していく事である。又，そこでは表現やそれに用いられる媒体に関するものに限らず，社会統合を維持する為の各種の政策を総合的に検討すべきであろう。その具体的な内容に就ては本書が論じ得る処ではないが，現在の日本法にはそうした発想の片鱗が既に現れていると考えられる。その発想を如何に評価し，又は敷衍していくかは，今後の課題である[21]。

2011。これらの中で，駒村は多様な情報相互の「有機的」な「交流」が重要であると説き，個人が情報に「思わぬ遭遇」を果たす機会を保障すべきであると論じ，一方で「統治の論理」によって権利が不当に制限される事に警戒しながらも，他方で「複数のしかも階層的な準拠枠の競合」という状態の構築を提唱する。又，宍戸及び曽我部はドイツ法及びフランス法に於ける議論・法制の概況を示す。放送メディアに就ては，曽我部，2010及び樋口・石川・蟻川・宍戸・木村編，2019，279頁［宍戸］が，個人の自由には汲み尽されないマスメディアの役割とそれに対する法的規律の問題を論じる。但し，何れの研究も外国法を単純に模倣したり，又は国家による法的規律を無批判に肯定・要請している訳ではない。諸外国の例を踏まえて，表現に就て如何なる枠組や規律を設けるべきかに就ては，引き続き慎重に議論される必要がある。

(21)　例えば，青少年が安全に安心してインターネットを利用できる環境の整備等に関する法律第3条は，単なる国の規制ではなく「インターネットにおいて流通する情報を適切に取捨選択して利用するとともに，適切にインターネットによる情報発信を行う能力」を習得させる事を理念として掲げ（第1項），又，事業者の取り組みを尊重する方向性を示している（第2・3項））。同条には，或る表現・コミュニケーションの手段によって対応を要する問題が生じた場合に，単に個人の自由を制限するのではなく，個人が自由を行使する際に必要・有益な知識・情報を与えていくという考え方，及び，国家がルールの制定・執行を独占するのではなく，私的主体の知識や判断力を利用し，より適切な決定を実現しようとする考え方が伺われる。

　又，判例の中では，最高裁昭和44年11月26日大法廷決定刑集23巻11号1490頁が，「報道機関の報道は，民主主義社会において，国民が国政に関与するにつき，重要な判断の資料を提供し，国民の「知る権利」に奉仕するものである」と論じる。この主張は，その後の判決（例えば，取材源の秘匿に関する最高裁平成18年10月3日民衆60巻8号2647号）にも継承されている。更に，NHKの受信料の合憲性が問題となった最高裁平成29年12月6日大法廷判決民集71巻10号1817頁は，放送法の採用する所謂「二

もとより，本書が検討対象としてきたカール・シュミットは，「討論」を基軸とする市民的法治国や自由主義に冷徹な視線で向き合い，国制の維持と引き換えに議会制や連邦制を放棄すべしと考えた人物であり，故に現在でも議会制や民主主義の敵対者として扱われる事が多い。併し，自由なコミュニケーションが諸々の社会集団の凝集度を高め，のみならず相互の対立を深めてしまうと云う問題に向き合っていた点で，彼の問題関心は現在の日本法に通じる処がある。然も，彼の主張は単にWRVやその基本原則に対する軽視から発した者ではなかった。そうであれば，ヴァイマール共和国という特定の時点と場所で表明されたシュミットの問題関心と主張とに真摯に向き合う事は，決して無意味でもなければ，有害でもない。本書はこの窮めて単純な事柄を解明したに留まる。

　元体制」に就て公共放送と民放とが「各々その長所を発揮するとともに，互いに他を啓もうし，各々その欠点を補い，放送により国民が十分福祉を享受することができるように図るべく」採用された者と評価する。又，受信料制度がNHK「を存立させ，これを民主的かつ多元的な基盤に基づきつつ自律的に運営される事業体たらしめるためその財政的基盤を受信設備設置者に受信料を負担させることにより確保する」為の仕組みと評価し，「憲法21条の保障する表現の自由の下で国民の知る権利を実質的に充足」する為の制度として「立法裁量の範囲内にある」と判断している。
　本書の注意を惹くのは，判例が「報道機関」に対して通常の表現主体とは異なる法的地位を認めており，特に平成29年判決に於ては，法令によって特別の規律や枠組を設ける事も，憲法第21条の要請に適う（少なくともそこから逸脱しない）ものと認めている点である。勿論，現行の法制やその運用が種々の問題点を抱えており，又，同判決の結論や理由づけが最善とは限らない事は云う迄もない。併し，判例が全ての表現や表現主体に対して等しく不介入を貫く事が憲法から導かれる唯一の要請とは考えておらず，寧ろ，「知る権利」や民主主義と云う等の他の規範的要請と関連づけて，国の役割を一定程度認めている点は，表現の自由を今後考えていく上で無視し得ない要素と考えられる。

文 献 一 覧

　本稿の製作に際して参照した文献の一覧を以下に示す。
　① シュミットの著作のうち，初版（Ausgabe）・初刷（Aufgabe）を参照し得なかったものに関しては，《 》内に参照したヴァージョンを示す。初版・初刷と併せて参照したヴァージョンは（ ）により示す。既存の翻訳は【 】内に示す。
　② それ以外の外語文献に就ては，既存の翻訳は同じく【 】内に併記して示す。翻訳だけを参照したものに関しては，邦語文献に示す。
　③ 邦語文献のうち，単行本は『 』，論文は「 」，により示す。
　④ 配列は，カール・シュミットの著作に就いては初版・初刷の公表年順，それ以外の外語文献に就いては著者・編者のアルファベット順，邦語文献に関しては著者・編者の五十音順とする。なお人物名に関しては，文献及び関係資料からファーストネームが判明しなかった場合には，ファミリーネームだけを表記している。
　⑤ 著者・編者の名が格別記載されていない文献に関しては，夫々の末尾に配列している。

A：カール・シュミットの著作
Gesetz und Urteil : eine Untersuchung zum Problem der Rechtspraxis, Berlin, Otto Liebmann, 1912
Die Buribunken, in : Summa, Bd. 1, Heft. 4, S. 89-106, 1917
Die Sichtbatkeit der Kirche, in: Summa, Bd. 1, Heft2, 1917, S. 71-80【佐野誠訳「教会の可視性──スコラ哲学的一考察」浜松医科大学紀要（一般教育）7 号 93 頁，1993】
Politische Theologie : vier Kapitel zur Lehre von der Soveränität, Duncker &Humbrot, München und Leibzig, 1922【長尾龍一訳「政治神学──主権論四章」（長尾編，2007，1 頁以下）】
Die Staatsphilosophie der Gegenrevolution, in: Archiv für Rechts- und Wirtschaftsphilosophie, Bd. 16, S. 121ff., 1922
Römischer Katholizismus und politische Form, 1925《Klett-Cotta, 2002》【小林公訳「ローマカトリック教会と政治形態」長尾編，2007，119 頁以下】
Die geistesgeschichtliche Lage des heutigen Parlamentarismus, 1923《8. Aufl., Nachdruck der 1926 erscheinenden 2. Aufl., Duncker und Humbrot, Berlin, 1996》【樋口陽一訳『現代議会主義の精神史的地位』岩波文庫，2015 年】
Der Gegensatz von Parlamentarismus und moderner Massendemokratie, 1926《in: Positionen und Begriffe, 1940, S. 60ff. 》【同上】
Der Begriff des Politischen, Archiv für Sozialwissenschaft und Sozialpolitik, Bd. 58, S. 1-33, 1927
Verfassungslehre, 1928（sieht auch: 9. Auflage, 2003）【尾吹善人訳『憲法理論』創文社，1972;阿部照哉・村上義弘訳『憲法論』みすず書房, 1974; Théorie de la constitu-

tion;traduit de l'allemand par Lilyane Deroche ; préface d'Olivier Beaud, Presses universitaires de France, Paris, 1993】

Bürgerlicher Rechtsstaat, 1928《in: Staat, Großraum, Nomos, 1995, S. 44ff.》【古賀・佐野編，2000，147頁以下［竹島博之訳］】

Hüter der Verfassung, in: Archiv des öffentlichen Rechts, Bd. 16, S. 161ff., 1929【田中浩・原田武雄訳『大統領の独裁 付・憲法の番人（1929年版）』未来社，1974年】

Das europäische Kultur in Zwischenstadien der Neutralisierung, Europäische Revue, 5. Jg., Heft8, S517-530, 1929（sieht auch: "Das Zeitalter der Neutralisierungen und Entpolitisierungen" in: Der Begriff des Politischen, 7. Auflage, 5. Nachdruck der Ausgabe von 1963)【長尾龍一訳「中立化と脱政治化の時代」長尾編，2007，201頁以下】

Zehn Jahre Reichsverfassung, in: Juristische Wochenschrift, 58. Jg., Heft. 8, S. 495-497, 1929（sieht auch: Verfassungsrechtliche Aufsätze, 1958, S. 34ff.)

Hugo Preuss : sein Staatsbegriff und seine Stellung in der deutschen Staatslehre, J. C. B. Mohr（Paul Siebeck), Tübingen, 1930【上原行雄訳「フーゴー・プロイス──その国家概念およびドイツ国家学上の地位」長尾編，2007，217頁以下】

Staatsethik und pluralistischer Staat, in: Kantstudien, Bd. 35, Heft 1, S. 28-42, 1930（sieht auch: Position und Begriffe, 1940S. 151ff.)

Das Problem der innerpolitischen Neutralität des Staates, 1930《in: Verfassungsrechtliche Aufsätze, 1958, S. 41ff.》

Diskussion über "Presse und öffentliche Meinung" in "Diskussionbeitrag von deutschen Soziologentag in Berlin Sept. 1930", in: Schriften der deutschen Gesellschaft für Soziologie, Bd. VII, J. C. B. Mohr（Paul Siebeck), Tübingen, 1930

Der Hüter der Verfassung, 1931《2. Auflage, Duncker und Humbrot, Berlin, 1969》【川北洋太郎訳『憲法の番人』第一法規出版，1989】

Freiheitsrechte und institutionelle Garantien der Reichsverfassung, 1931《in: Verfassungsrechtliche Aufsätze, 1958, S. 140ff.》

Reichs- und Verfassungsreform, Deutsche Juristen-Zeitung, 36. Jg, Heft. 1, S. 5ff., 1931

Die neutralen Größen im heutigen Verfassungsstaat, in: Probleme der Demokratie, Dr. Walther Rotschild, Berlin-Grunewald, 1931

Die Wendung zum totalen Staat, in: Europäische Revue, 7. Jg., Heft 4, S241-250, 1931（sieht auch: Position und Begriffe, 1940S. 166ff.)【古賀・佐野編，2000，97頁以下［服部平治・宮森盛太郎訳］】

Grundrechte und Grundpflichten, in: Anschütz/Thoma［Hrsg.］Bd. 2, 1932, S. 572ff.（sieht auch: Verfassungsrechtliche Aufsätze, 1958, S. 181ff.)

Legalität und Legitimität, Duncker und Humbrot, München und Leibzig, 1932【田中浩・原田武雄訳『合法性と正当性』未来社，1983】

Der Verfassungsmäßigkeit der Bestellung eines Reichkommissars für das Land

Preußen, Deutsche Juristen-Zeitung, 37. Jahrgang, Heft. 15, S. 935ff.（1932）

Konstruktive Verfassungsprobleme, 1932《in: Staat, Großraum, Nomos, 1995, S. 55ff.》

Starker Staat und gesunde Wirtschaft, 1932《in: Staat, Großraum, Nomos, 1995, S. 71ff.》

Der Begriff des Politischen : mit einer Rede über das Zeitalter der Neutralisierungen und Entpolitisierungen, Duncker und Humbrot, München, 1932 (sieht auch 7. Auflage, 5. Nachdruck der Ausgabe von 1963)【菅野喜八郎訳「政治的なものの概念」長尾編, 2007, 247頁以下】

Weiterentwicklung des totalen Staats in Deutschland, in: Europäische Revue, 9. Jg., Heft. 2, S. 65-70, 1933（sieht auch: Verfassungsrechtliche Aufsätze, 1958, S. 359ff.）【服部・宮森編, 2013, 105頁以下】

Machtpositionen des modernen Staates, Deutsches Volktum, 2. Märzheft, 1933（sieht auch: Verfassungsrechtliche Aufsätze, 1958, S. 367）【服部・宮本編訳, 2013, 125頁以下】

Das Gesetz zur Behebung der Not von Volk und Reich, Schmitt, Deutsche Juristen-Zeitung, 38 Jg., Heft7, S. 455ff.（1933）

Der Führer schützt Recht, Deutsche Juristen-Zeitung, 39. Jg, Heft15, S. 945ff., 1934

Die deutsche Rechtswissenschsft im Kampf gegen den jüdischen Geist, Deutsche Juristen-Zeitung, 41. Jg, Heft20, S. 1193ff., 1936

Positionen und Begriffe im Kampf mit Weimar-Genf-Versailles, 1923-1939, 1940（in: Dritte Auflage, Duncker und Humbrot, Berlin, 1994）

Ex Captivitate Salus, 1950《in: 2. Auflage, 2002》

Verfassungsrechtliche Aufsätze aus den Jahren 1924-1954 : Materialien zu einer Verfassungslehre, 1958《in: 4. Auflage, 2003》

Glossarium, Aufzeichnungen der Jahre 1947-1951, herausgegeben von Eberhard Freiherr von Medem, Duncker&Humbrot, 1991

Staat, Großraum, Nomos : Arbeiten aus den Jahren 1916-1969, herausgegeben, mit einem Vorwort und mit Anmerkungen versehen von Günter Maschke, Duncker & Humblot, Berlin, 1995

Frieden oder Pazifismus? : Arbeiten zum Völkerrecht und zur internationalen Politik 1924-1978, herausgegeben, mit einem Vorwort und mit Anmerkungen versehen von Günter Maschke, Duncker & Humblot, Berlin, 2005

Tagebücher 1930 bis 1934, herausgegeben von Wolfgang Schuller; in Zusammenarbeit mit Gerd Giesler, Akademie Verlag, Berlin, 2010

Der Begriff des Politischen: Synoptische Darstellung der Texte. Im Auftrag der Carl-Schmitt-Gesellschaft, hrsg. von Marco Walter, Duncker&Humblot, 2018

文献一覧

B：外語文献（著者・編者名の無いものに関しては末尾に配列する）

Gerhard ANSCHÜTZ, Die Verfassungs-Urkunde für den Preußischen Staat vom 31. Januar 1850 : ein Kommentar für Wissenschaft und Praxis, O. Häring , Berlin, 1912

── Die Verfassung des Deutschen Reichs vom 11. August 1919 : ein Kommentar für Wissenschaft und Praxis, 2. Aufl., Georg Stilke, Berlin, 1921

── Die Verfassung des Deutschen Reichs vom 11. August 1919 : ein Kommentar für Wissenschaft und Praxis, 14. Aufl., 1933

Gerhard ANSCHÜTZ/Richard THOMA, Handbuch des deutschen Staatsrechts, Bd. 2, J. C. B. Mohr (Paul Siebeck), Türingen, 1932

BANDMANN, Lichtspielgesetz und Notverordnung, in: UFITA, Bd. 4[1931], S. 1ff.

Peter BÄR, Die verfassungsrechtliche Filmfreiheit und ihre Grenzen : Filmzensur und Filmförderung, Peter Lang, Frankfurt am Main, 1984, S. 210ff

Hans BARION/Ernst FORSTHOFF/Werner WEBER [Hrsg.], Festschtift für Carl Schmitt zum 70. Geburtstag, Duncker&Humbrot, Berlin, 1959

Hans BAUSCH, Der Rundfunk im politischen Kräftespiel der Weimarer Republik 1923-1933, J. C. B. Mohr, Tübingen, 1956

Olivie BEAUD, L'art d'écrire chez un jurist Carl Schmitt, in: Le droit, le politique : autour de Max Weber, Hans Kelsen, Carl Schmitt, Le droit, le politique : autour de Max Weber, Hans Kelsen, Carl Schmitt, Harmattan, Paris, 1995

Tobias BEHRENS, Die Entstehung der Massenmedien in Deutschland, Peter Lang, Frankfurt am Main, 1986

Joseph W. BENDERSKY, Carl Schmitt: Theorist for the Reich, 1983【宮本盛太郎・古賀敬太・川合全弘訳『カール・シュミット論再検討への試み』お茶の水書房, 1984】

Alain de BENOIST, Carl Schmitt : internationale Bibliographie der Primär- und Sekundärliteratur, Ares, Graz, 2010

Lutz-Arwed BENTIN, Johannes Popitz und Carl Schmitt : zur wirtschaftlichen Theorie des totalen Staates in Deutschland, Beck, München, 1972

Lutz BERTHOLD, Carl Schmitt und der Staatsnotstandplan am Ende der Weimarer Republik, Duncker&Humbrot, Berlin, 1999

Karl August BETTERMANN/Franz NEUMANN/Hans Carl NIPPERDEY [Hrsg.], Die Grundrechte : Handbuch der Theorie und Praxis der Grundrechte, Bd. 2, Berlin, Walter de Gruyter, 1954

Gerrit BLINZ, Filmzensur in der deutschen Demokratie: Sachlicher Wandel durch institutionelle Verlagerung von der staatlichen Weimarer Filmprüfung auf die ... der Filmwirtschaft in der Bundesrepublik?, Kinomedia, 2006

Hans-Michael BOCK/Michael TÖTEBERG [Hrsg.], Das Ufa-Buch. Kunst und Krisen, Stars und Regisseure, Wirtschaft und Politik, Zweitausendeins, Frankfurt am Main, 1992

Ernst-Wolfgang BÖCKENFÖRDE, Der Begriff des Politischen als Schlüssel zum staatsrechtlichen Werk Carl Schmitts, in: Quaritsch[Hrsg.], 1988, S. 283ff.【渡辺康行「カール・シュミットの国法上の著作を解読する鍵としての政治的なものの概念」初宿・古賀編訳, 1993, 282頁】

Hennig von BOEHMER/Helmut REITZ, Der Film in Wirtschaft und Recht : seine Herstellung und Verwertung Mit einer graphischen Übersicht über den Umlauf des Geldes in der Filmindustrie, C. Heymann, Berlin, 1933

Stefan BREUER, Die radikale Rechte in Deutschland 1871-1945 Eine politische Ideeengeschichte, Reclam, 2010

Bill DREWS [et al.], Allgemeine und politische Polizei : Kommentar zu den Vorschriften über allgemeines Polizei-, Vereins-, Versammlungs-, Presse- und Lichtspielrecht, Republikschutz- und Ausnahmerecht, Carl Heymann, Berlin, 1932

Konrad DUSSEL, Deutsche Tagespresse im 19. und 20. Jahrhundert, Lit, 2004

——, Deutsche Rundfunkgeschichte, 3., überarbeitete Auflage, UVK Verlaggesellschaft, 2010

Ernst ECKSTEIN, Deutsches Film- und Kinorecht, J. Bensheimer, Mannheim, 1924

Martin EIFERT/Wolfgang HOFFMANN-RIEM [Hrsg.], Innovation, Recht und öffentliche Kommunikation, Duncker&Humbrot, Berlin, 2010

Murad ERDEMIR, Filmzensur und filmverbot : eine Untersuchung zu den verfassungsrechtlichen Anforderungen an die strafrechtliche Filmkontrolle im Erwachsenenbereich, N. G. Elwert, Marburg, 2000

C. FALCK, Die Änderung des Lichtspielgesetzes, in: UFIFA, Bd. 2, [1929], S. 402ff.

Fritz FLEINER, Institutionen des deutschen Verwaltungsrechts, J. C. B. Mohr, Tübingen, 1911

Dieter FRICKE/Werner FRITSCH/Herbert GOTTWALD/Siegfried SCHMIDT/Manfred WEIßBECKER[Hrsg.], Lexikon zur Parteiengeschichte Die bürgerlichen und kleinbürgerlichen Parteien und Verbände in Deutschland (1789-1945), Bd1-4, VEB Bibliographisches Institut Leipzig, 1983-1986

Manfred GANGL, In den Fängen des Liberalismus Carl Schmitt und sein Begriff des Politischen, in: Voigt[Hrsg.], 2011

Friedrich GIESE, Die Verfassung des deutschen Reiches vom 11. August 1919 : Taschenausgabe für Stdium und Praxis, Carl Heymann, Berlin, 1921

Kathrin GROH, Demokratische Staatsrechtslehrer in der Weimarer Republik : von der konstitutionellen Staatslehre zur Theorie des modernen demokratischen Verfassungsstaats, Mohr Siebeck, Tübingen, 2010

Christoph GUSY, Wermar-die wehrlose Republik? Verfassungsschutzrecht und Verfassungsschutz in der Weimarer Republik, Mohr Siebeck, Tübingen, 1991

——, Die Weimarer Reichsverfassung, Mohr Siebeck, Türingen, 1997

——, Entpolitisierung durch Polarität von Ethik und Oekonomie, in: MEHRING[Hrsg.],

S. 123ff., 2003
——, Die Weimarer Verfassung und ihre Wirkung auf das Grundgesetz, Zeitschrift für neuere Rechtsgeschichte, Bd. 32. Heft. 3, S. 208ff., 2010
HAMM, Zensur der Lichtspiele, Deutsche Juristen-Zeitung, 18. Jg., S. 430ff., 1913
Kurt HÄNTZSCHEL, Reichspressgesetz und die ürbigen pressrechtlichen Vorschriften des Reichsund des Länder, Carl Heymann, Berlin, 1927
——, Das Deutschen Preßfreiheit, Berlin: Georg Stilke, 1928
——, Pressrechtsreform oder Notverordnungen?, Zeitungs-Verlag, 32. Jg[1931], Nr. 40, S719ff.
——, Das Freiheit der Meinungsäußerung, in: Anschüt/Thoma[Hrsg.], Bd. 2, 1930, S. 651ff.
Klaus HANSEN/Hans LIEZMANN[Hrsg.], Carl Schmitt und die Liberalismuskritik, Leske + Budrich, Opladen, 1988
Horst von HARTLIEB, in : Löffler [Hrsg.], 1960
Nina HEIDRICH, Rundfunk in der Weimarer Republik. Regionale und nationale Konzepte, Aisthesis Verlag, 2018
Hermann HELLER, Grundrechte und Grundpflichten, 1924, in: Gesammelte Schriften, Bd. 2, Sijthoff, 1971, S. 281-317【大野達司・山崎充彦訳『ヴァイマル憲法における自由と形式』風行社，2007，2頁以下】
——, Politische Demokratie und soziale Homogenität, 1928, in: ebenda., S. 421-434【今井弘道・大野達司・山崎充彦編訳『国家学の危機』風行社，1991，111頁以下】
——, Rechtsstaat oder Diktatur?, 1929, in: ebenda., S. 443-462【同上121頁以下】
Albert HELLWIG, Lichtspielzensur, in: Annalen des deutsches Reiches, 1910 S. 32ff. /96ff. /893ff.
——, Filmzensur und Reichspreßgesetz, Archiv des öffentlichen Rechts, Bd. XXVIII, 1912, S. 114ff.【1912a】
——, Die Kinematographenzensur in Preussen, DJZ, 17. Jg., 1912, Nr. 9, S. 569ff.【1912b】
——, Lichtspielgesetz, vom 12. Mai 1920 : nebst den ergänzenden reichsrechtlichen und landesrechtlichen Bestimmungen, G. Stilke, Berlin. 1921
——, Artikel 118 Meinungsfreiheit/Zensur, in: Nipperdey[Hrsg.], 1930, Bd. 2, S. 1ff.
Jeffrey HERF, Reactionary modernism: technology, culture, and politics in Weimar and the Third Reich, Cambridge University Press, New York, 1984【中村幹雄・谷口健治・姫岡とし子訳『保守革命とモダニズム ワイマール・第三帝国のテクノロジー・文化・政治』岩波書店，2010年】
Stefan HERMANNS, Carl Schmitts Rolle bei der Machtkonsolidierung der Nationalsozialisten: Ein Engagement auf Zeit, Springer VS, Wiesbaden, 2018
Hugo Eduardo HERRERA, Carl Schmitt als politischer Philosoph: Versuch einer Bestimmung seiner Stellung bezüglich der Tradition der praktischen Philosophie,

Duncker&Humblot, Berlin, 2010

Werner HOCHE, Dritte Notverordnung des Reichspräsidenten zur Sicherung von Wirtschaft und Finanzen und zur Bekämpfung politischer Ausschreitungen v 6. Okt. 1931, Deutsche Juristen-Zeitung, 36. Jg, S. 1277ff., 1931

――, Die Notverordnung gegen politische Ausschreitungen, Deutsche Juristen-Zeitung, 37. Jg, S. 833ff., 1932

Wolfgang HOFFMANN-RIEM, Artikel 5, Reihe Alternativekommentare Kommentar zum Geundgesetz für Bundesrepublik Deutschland, Luchterhand, München, 2001

Ernst Rudolf HUBER, Bedeutungswandel der Grundrechte, Archiv des öffentlichen Rechts, Bd. 23, S. 1ff., 1933

――, Deutsche Verfassungsgeschichte seit 1789, Bd4: Struktur und Krisen des Kaiserreichs, W. Kohlhammer, Stuttgart, 1969

――, Deutsche Verfassungsgeschichte seit 1789, Bd. 6: Die Weimarer Reichsverfassung, W. Kohlhammer, Stuttgart, 1981

――, Deutsche Verfassungsgeschichte seit 1789, Bd. 7: Ausbau, Schutz und Untergang der Weimarer Republik, W. Kohlhammer, Stuttgart, 1984

Josef ISENSEE/Paul KIRCHOF [Hrsg.], Handbuch des Staatsrechts der Bundesrepublik Deutschland, Bd. 1, C. F. Müller, Heidelberg, 2003

Hans KELSEN, Wesen und Wert der Demokratie, 2. Aufl., 1929 (sieht: Neudruck der 2., umgearbeiteten Aufl. von 1929., Scientia, Aalen, 1963)【長尾龍一・植田俊太郎訳『民主主義の本質と価値 他一篇』岩波書店，2015 [長尾龍一訳]】

Gabriele KILCHENSTEIN, Frühe Filmzensur in Deutschland, Diskurs Film, 1997

Walther KILY [Hrsg.], Deutsche Biographische Enzyklopädie, Bd. 2, K. G. Saur, München, 1995

Friedrich KLEIN, Institutionelle Garantien und Rechtsinstitutsgarantien, M.&H. Marcus, Breslau, 1934

Eduard, KOLB, Deutschland 1918-1933 Eine Geschichte der Weimarer Republik, R. Oldenburg Verlag, München, 2010

Bernd LADWIG, in: MEHRING[Hrsg.], S. 45ff., 2003

Konrad LANGE, Das Kino in Gegemwart und Zukunft, Ferdinand Enke, Stuttgart, 1920

Detlef LEHNERT, Der Staat als Form der politischen Einheit, durch den Pluralismus in Frage gestellt, in: MEHRING[Hrsg.], S. 71ff., 2003

Jannis LENNARTZ, Juristische Granatsplitter: Sprache Und Argument Bei Carl Schmitt in Weimar, Mohr Siebeck, 2018

Edgar LOENING, Lehrbuch des deutschen Verwaltungsrechts, Breitkopf und Härtel, Leibzig, 1884

Martin LÖFFLER [Hrsg.], Selbstkontrolle von Presse, Funk und Film, C. H. Beck, München&Berlin, 1960

文献一覧

Hermann von MANGOLDT, Das Bonner Grundgesetz, F. Vahlen, Berlin&Frankfurt, 1953
Hermann von MANGOLDT/Friedrich KLEIN, Das Bonner Grundgesetz[2. Aufl.], F. Vahlen, Berlin, 1957
Hermann von MANGOLDT/Friedrich KLEIN/Christian STARCK, Das Bonner Grundgesetz[3. Aufl.], Bd. 1, F. Vahlen, Berlin, 1985
Fritz MANASSE, Die rechtlichen Grundlagen der Theater- und Kinematographenzensur, Druck von J. Abel, Greifswald, 1913
Günther Maschke, Drei Motive im Anti-Liberalismus Carl Schmitts, in : Hansen/Liezmann[Hrsg.], 198
Theodor MAUNZ/Günter DÜRIG, Grundgesetz : Kommentar, C. H. Beck, München
Heinrich MEIER, Carl Schmitt, Leo Strauss und "Der Begriff des Politischen" : zu einem Dialog unter Abwesenden, Erweiterte Neuausgabe, J. B. Metzler, Stuttgart, 1998
Reinhard MEHRING, Carl Schmitt - Aufstieg und Fall, C. H. Beck, München, 2009
——, Kriegstechniker Des Begriffs: Biographische Studien Zu Carl Schmitt, Mohr Siebeck, Tübingen, 2014
——, Carl Schmitt: Denker im Widerstreit: Werk - Wirkung — Aktualität, Verlag Karl Alber, Freiburg, 2017
——, Vom Umgang Mit Carl Schmitt: Die Forschungsdynamik Der Letzten Epoche Im Rezensionsspiegel, Nomos, Baden-Baden, 2018
Reinhard MEHRING [Hrsg.], Carl Schmitt: Der Begriff des Politischen : ein kooperativer Kommentar, Akademie Verlag, Berlin, 2003
Alexander MEIKLEJOHN, Political Freedom: The Constitutional Powers of the People, Harper & Brothers, New York, 1960
Georg MEYER, Lehrbuch des deutschen Staatsrechts, 7 Aufl., bearbeitet von Gerhard Anschütz, Duncker & Humblot, München, 1919
Otto MAYER, Deutsches Verwaltungsrecht I, 3. Aufl., Duncker & Humblot, Berlin&München, 1924
John Stuart MILL, On Liberty and other writings, edited by Stefan Collini, Cambridge University Press, 1989 (2010)【塩尻公明・木村健康訳『自由論』岩波書店（岩波文庫），1971】
——, Considerations on representative goverment, in: Collected Works of John Stuart Mill Volume XIX, Essays on Politics and Society, 1977【水田洋訳『代議制統治論』岩波書店（岩波文庫），1997】
Armin MOHLER, Die konservative Revolution in Deutschland 1918-1932 : Grundriß ihrer Weltanschauungen, F. Vorwerk, Stuttgart, 1950（ARES Verlag, 6. Auflage, 2005）
Hans MOMMSEN, Aufsteig und Unetrgang der Repblik von Weimar 1918-1933

[3. Aufl.], Ullstein, Berlin, 2009【関口宏道訳『ヴァイマール共和国史』水声社, 2001】

Wolfgang A. MÜLHANS, Carl Schmitt. Die Weimarer Jahre, Eine werkanalytische Einführung, Nomos, Baden-Baden, 2018

Hans MÜLLER-SANDERS, Die Kinematographenzensur in Preußen, Buchdruck R. Noske, Berlin-Leibzig, 1912

Reinhard MUßGNUNG, Zustandkommen des Grundgesetzes und Entstehen der Bundesrepublik Deutschland, in: Isensee/Kirchhof [Hrsg.], Bd. 1, 2003

Hans NAVIASKY, Wahlrechtsfragen im heutigen Deitschland, Archiv des öffentlichen Rechts, Bd. 20, S. 161ff., 1931

Sigmund NEUMANN, Die deutsche Parteien: Wesen und Wandel nach dem Kriege, Junker und Dünnhaupt, Berlin, 1932

Volker NEUMANN, Carl Schmitt als Jurist, Mohr Siebeck, Tübingen, 2015

Hans Carl NIPPERDEY [Hrsg.], Die Grundrechte und Grundpflichten der Reichsverfassung : Kommentar zum zweiten Teil der Reichsverfassung, Bd2, Reimar Hobbing , Berlin, 1930

Johanne NOLTENIUS, Die Freiwillige Selbstkontrolle der Filmwirtschaft und das Zensurverbot des Grundgesetzes, Otto Sehwarz, 1958

Walter PAULY, Die Krise der Republik: Hermann Heller und Carl Schmitt, in: Klaus Dicke/Klaus-Michael Kodalle [Hrsg.], Republik und Weltbürgerrecht, Böhlau Verlag, Weimar Köln Wien, 1998, S. 311ff.

——, Grundrechtslaboratorium Weimar: Zur Entstehung des zweiten Hauptteils der Reichsverfassung vom 14. August 1919, Mohr Siebeck, Tübingen, 2004

Klaus PETERSEN, Zensur in der Weimarer Republik, J. B. Metzler, Stuttgart, 1995

Kálmán PÓCZA , Parlamentarismus und politische Repräsentation: Carl Schmitt kontextualisiert, Nomos, Baden-Baden, 2014

Fritz POETZSCH-HEFFTER, Handkommentar der Reichsverfassung vom 11. August 1919, 3. völlid neugesrbeitete und stark bermehrte Auflage, Otto Liebmann, Berlin, 1928

Heinz POHLE, Der Rundfunk als Instrument der Politik : zur Geschichte des deutschen Rundfunks von 1923/38, Verlag Hans Bredow-Institut, Hamburg, 1955

Wolfram PYTA/Gabriel SEIBERTH, Die Staatskrise der Weimarer Republik im Spiegel des Tagebuchs von Carl Schmitt, in: Der Staat, Bd. 38, S. 423ff. /S. 594ff., 1999

Helmut QUARITSCH, Position und Begriffe Carl Schmitts, 1989 (Dritte, überarbeitete und ergänzende Auflage, 1995)【宮本盛太郎・初宿正典・古賀敬太訳『カール・シュミットの立場と概念』風行社, 1992】

Helmut QUARITSCH [Hrsg.], Complexio oppositorum : über Carl Schmitt : Vorträge und Diskussionsbeiträge des 28. Sonderseminars 1986 der Hochschule für

Verwaltungswissenschaften Speyer, Duncker & Humblot, Berlin, 1988【初宿正典・古賀敬太編訳『カール・シュミットの遺産』風行社，1993】

Bernd RIEDER, Die Zensurbegriffe des Art. 118 Abs. 2 der Weimarer Reichsverfassung und des Art. 5 Abs. 1 Satz 3 des Bonner Grundgesetzes, Duncker & Humblot, Berlin, 1970

Karl ROTHENBÜCHER, , Das Recht der freien Meinungsäußerung, in: VVDStRL, Bd. 4, Walter de Gruyter, Berlin&München, 1928, S. 44ff.

Otto von SARWEY, Das Staatsrecht des Königreichs Württemberg, Bd. 1, H. Laupp, Tübingen, 1883

Karl SCHEIDEMANN, Die Neutralität des Staates gegenüber der Tagepress, Buchdruckerei H. Klapporoth. Uslar, 1933

Walter SCHMITT GLAESER, Private Gewalt im politischen Meinungskampf : zugleich ein Beitrag zur Legitimität des Staates, Duncker&Humbrot, Berlin, 1990 [2. Aufl. 1992]

Christoph SCHÖNBERGER, Staatlich und Politisch, in: MEHRING [Hrsg.], S. 21ff., 2003

Urlich Jan SCHRÖDER/Antje von UNGERN-STEINBERG [Hrsg.], Zur Aktualität der Weimarer Staatsrechtslehre, Mohr Sebeck, Tübingen, 2011

Hermann SCHULZE, Das preussische Staatsrecht auf Grundlage des deutschen Staatsrechts, Bd. 1, Breitkopf & Härtel, Leibzig, 1872

George SCHWAB, The Challenge of the Exception : an introduction to the political ideas of Carl Schmitt between 1921 and 1936, Duncker&Humbrot, Berlin, 1970【服部平治・初宿正典・宮本盛太郎・片山裕訳『例外の挑戦 カール・シュミットの政治思想 1921-1936』みすず書房，1980】

Ernst SEEGER, Das Reichslichtspielgesetz in der Rechtsprechung der Fikmoverprüfstelle, in: UFITA, Bd. 1[1928], S. 58ff. /S. 209ff. /S. 255ff.

Rudolf SMEND, Das Recht der freien Meinungsäußerung, in: VVDStRL, Bd. 4, Walter de Gruyter, Berlin&München, 1928, S. 6ff.【1928a】

——, Verfassung und Verfassungsrecht (sieht: Staatsrechtliche Abhandlungen 3., wiederum erweit. Aufl., Duncker&Humbrot, Berlin, 1994)【1928b】

Seog-Yun SONG, Politische Parteien und Verbände in der Verfassungsrechtslehre der Weimarer Republik, Duncker&Humblot, Berlin, 1996

Kurt SONTHEIMER, Antidemokratisches Denken in der Weimarer Republik : die politischen Ideen des deutschen Nationalismus zwischen 1918 und 1933, Deutscher Taschenbuch-Verlag, München, 1978【河島幸夫・脇圭平『ワイマール共和国の政治思想 ドイツ・ナショナリズムの反民主主義思想』ミネルヴァ書房，1976】

Michael STOLLEIS, Geschichte des öffentkichen Rechts in Deutschland Weimar Republik und Nationalsozialismus, C. H. Beck, München, 2005 (Sonderausgabe von Bd. III, 1995)

Cass SUNSTEIN, Republic. com, Princeton University Press, Princeton, 2001（石川幸憲訳『インターネットは民主主義の敵か』毎日新聞社，2003）
——, #Republic : Divided Democracy in the Age of Social Media, Princeton University Press, Princeton, 2017（伊達尚美訳『# リパブリック：インターネットは民主主義になにをもたらすのか』勁草書房，2018）
Richard THOMA, Grundrechte und Polizeigewalt, in: Heinrich Triepel [Hrsg.] Verwaltungsrechtliche Abhandlungen, Carl Heymanns Verlag, Berlin, 1925
——, Die juristische Bedeutung der grundrechtlichen Sätze der deutschen Reichsverfassung in allgemein, in: Nipperdey [Hrsg.], 1929
Christian TILITZKI, Carl Schmitt an der Handels-hochschule Berlin 1928-1933, in: Schmittiana, Bd. IV, Duncker&Humblot, Berlin, 1994, S. 157ff.
Carl-Hermann ULE, Über die Auslegung der Grundrechte, Archiv des öffentlichen Rechts, Bd. 21, S. 37ff., 1931
Heinrich VERVIER, Meinungsäußerungsfreiheit und Beamtenrecht, Archiv des öffentlichen Rechts, Bd. 6 [1924], S. 1ff
Rüdiger VOIGT [Hrsg.], Freund-Feind-Denken Carl Schmitts Kategorie des Politischen, Franz Steiner Verlag, 2011
Wilhelm WEBER, Albert Hellwig, in: JZ, Nr. 4 (1951), S. 124f.
David R. WENGER, Der Grund des Politischen bei Carl Schmitt, in: Der Staat, Bd. 43 [2004], S. 83ff.
Jürgen WILLKE, Im Dienst von Pressefreiheit und Rundfunkordnung, in: Publizistik 34, 1989, S. 7-28
Heinrich August WINKLER, Der lange Weg nach Westen Deutsche Geschichte 1, Vom Ende des Alten Reiches bis zum Untergang der Weimarer Republik, C. H. Beck, München, 2014
Werner WOHLAND, Informationsfreiheit und politische Filmkontrolle: Ein Beitrag zur Konkretisierung von Art. 5 Grundgesetz, Duncker&Humbrot, Berlin, 1968
Der Parlamentarische Rat 1948-1949 : Akten und Protokolle, Bd. 1-14, 1975-2009
Schriften der deutschen Gesellschaft für Soziologie, Bd. VIII, 1930
Verhandlungen des Reichstags. Stenographische Berichte
Veröffentlichungen der Vereinigung der Deutschen Staatsrechtslehrer Heft 4, Walter de Gruyter, Berlin&Leibzig, 1928

C：邦語文献（翻訳を含む）
芦部信喜『憲法訴訟の理論』有斐閣，1973
——『宗教・人権・憲法学』有斐閣，1999
——『憲法学Ⅲ 人権各論［増補版］』有斐閣，2000
——（高橋和之補訂）『憲法［第7版］』岩波書店，2019
阿部和文「大統領命令下の「プレスの自由」（一，二・完）――クルト・ヘンチェルに

文献一覧

よる評価を素材として」法学雑誌［大阪市立大学］64 巻 4 号 1207-1243 頁 2019 年, 65 巻 1 号未公刊・2019 年公刊予定
蟻川恒正「思想の自由」（樋口陽一編『講座憲法学 3』日本評論社, 1994, 105 頁以下）
──「日本・国・憲法」公法研究 59 号 234 頁以下, 1997
──「会社の言論」（長谷部・中島編, 2009, 121 頁以下）
──『憲法的思惟 アメリカ憲法における「自然」と「知識」』岩波書店, 2016
飯田収治・中村幹雄・野田宜雄・望田幸男『ドイツ現代政治史──名望家政治から大衆民主主義へ』ミネルヴァ書房, 1996
石川健治「書評 長谷部恭男著『権力への懐疑──憲法学のメタ理論』」ジュリスト 991 号 141 頁, 1991
──「財産権条項の射程拡大論とその位相（一）──所有・自由・福祉の法ドグマーティク」国家学会雑誌 105 巻 3=4 号 149 頁以下, 1992
──「自分のことは自分で決める──国家・社会・個人」（樋口編, 2000, 125 頁以下）
──「憲法解釈学における「議論の蓄積志向」」（樋口・森・高見・辻村・長谷部編著, 2012）
──「法制度の本質と比例原則の適用」（LS 憲法研究会編『プロセス演習憲法［第 4 版］』信山社, 2011）
──『自由と特権の距離 カール・シュミット「制度体保障」論・再考［増補版］』日本評論社, 2007
石村善治『言論法研究 I』信山社, 1992
伊藤正己『憲法［第 3 版］』弘文堂, 1995
岩本憲児他編『世界映画大事典』日本図書センター, 2008
植松健一「ヴァイマル期の対議会信任原則──信任投票・事務管理内閣・闘争内閣・そして大統領内閣（一〜四・完）」名古屋大学法政論集 189 号 281 頁以下, 191 号 83 頁, 192 号 121 頁, 194 号 279 頁, 2001-2002
上村貞美「フランスにおける映画検閲制（1・2）」香川法学 6 巻 1 号 41 頁以下, 第 2 号 1 頁以下, 1986-1987
大河内美紀「「精神的自由の優越的地位」について」ジュリスト 1400 号 60 頁, 2010
大石眞『憲法講義 II［第 2 版］』有斐閣, 2012
大竹弘二『正戦と内戦──カール・シュミットの国際秩序思想』以文社, 2009
奥平康弘『表現の自由 I』有斐閣, 1983 年
小倉一志『インターネット・「コード」・表現内容規制』尚学社, 2017
小田川大典「ジョン・スチュアート・ミル──功利主義と代議制」（宇野重規編『岩波講座政治哲学 3 近代の変容』岩波書店, 2014）
小野清美『保守革命とナチズム E・J・ユングの思想とワイマル末期の政治』名古屋大学出版会, 2004
金沢薫『放送法逐条解説［改訂版］』情報通信振興会, 2012
クラウス・クライマイアー（平田達治・宮本春美・山本佳樹・原克・飯田道子・須藤

直子・中川慎二訳)『ウーファ物語——ある映画コンツェルンの歴史』鳥影社，2005
ジークフリート・クラカウアー（丸尾定訳)『カリガリからヒトラーへ——ドイツ映画 1918-33 における集団心理の構造分析』みすず書房，1995
栗原優『ナチズム体制の成立——ワイマル共和国の崩壊と経済界』ミネルヴァ書房，1981
憲法調査会事務局編『憲資・総第 16 号 ドイツ連邦共和国基本法制定の経過』，1958
──『憲資・総第 49 号 ドイツ連邦共和国基本法制定の経過』，1960
小嶋和司『憲法概説』信山社，2004
古賀敬太『カール・シュミットとカトリシズム』創文社，1999
──『シュミット・ルネッサンス——カール・シュミットの概念的思考に即して』風行社，2007
──『カール・シュミットとその時代』みすず書房，2019
古賀敬太・佐野誠編『カール・シュミット時事論文集——ヴァイマール・ナチズム期の憲法・政治論議』風行社，2000
駒村圭吾「多様性の再生産と準拠枠構築——情報空間における「自由の論理」と「統治の論理」」（駒村・鈴木編，2011，3 頁）
駒村圭吾・鈴木秀美編『表現の自由Ⅰ——状況へ』尚学社，2011
小山剛『基本権の内容形成——立法による憲法価値の実現』尚学社，2004
権左武志「ワイマール共和国の崩壊とカール・シュミット——大統領内閣期のブレーン活動を中心として」思想 959 号 5 頁，2004
──「第三帝国の成立と連邦制の問題——カール・シュミットはいかにして国家社会主義者となったか」思想 1055 号 41 頁，2012
齊藤愛『異質性社会における「個人の尊重」——デュルケーム社会学を手がかりにして』弘文堂，2015
阪口正二郎「表現の自由の原理論における「公」と「私」——「自己統治」と「自律」の間」（長谷部・中島編，2009，39 頁以下）
──「人権論Ⅱ・違憲審査基準論の二つの機能——憲法と理由」法律時報 80 巻 11 号，2008
阪口正二郎編『自由への問い 3 公共性』岩波書店，2010
阪本昌成『表現権理論』信山社，2011
佐藤卓己『大衆宣伝の神話——マルクスからヒトラーへのメディア史』筑摩書房，2014 年
宍戸常寿「表現空間の設計構想（ドイツ）——公論形成に貢献する自由と民主的公共性」（駒村・鈴木編，2011，101 頁）
初宿正典『カール・シュミットと五人のユダヤ人法学者』成文堂，2016
ジョルジュ・サドゥール（丸尾定・村山匡一郎・小松弘訳)『世界映画全史 10 第 1 次大戦後のヨーロッパ映画 1919-1929 2』国書刊行会，1999
鈴木秀美・山田健太編著『放送制度概論：新・放送法を読みとく』商事法務，2017
曽我部真裕「表現空間の設計構想（フランス）——思想・意見の多元性原理をめぐっ

文献一覧

て」(駒村・鈴木編，2011，134頁)
── 「放浪番組規律の「日本モデル」の形成と展開」曽我部真裕・赤坂幸一編『大石眞先生還暦記念憲法改革の理念と展開(下)』信山社，2012，371頁
曽我部真裕・長谷部恭男・駒村圭吾・川岸令和・宍戸常寿「日本国憲法研究第16回 表現の自由 座談会」論究ジュリスト14号159頁以下，2015
高橋信行『統合と国家──国家響導行為の諸相』有斐閣，2012
武智健二『法令で読み解く新放送制度』第一法規，2013
田中正人『解説 電気通信事業法・放送法』オーム社，1985
戸松秀典『憲法訴訟[第2版]』有斐閣，2008
戸松秀典・野坂泰司編『憲法訴訟の現状分析』有斐閣，2012
長尾一紘「検閲の法理(1-2)──ドイツにおける検閲法理を手がかりとして」法学新報101巻7号・103巻9号，1995，1997
長尾龍一『争う神々』信山社，1998
長尾龍一編『カール・シュミット著作集Ⅰ 1922-1934』慈学社，2007
成原慧『表現の自由とアーキテクチャ──情報社会における自由と規制の再構成』勁草書房，2016
西土彰一郎『放送の自由の基層』信山社，2011
ザビーネ・ハーケ(山本佳樹訳)『ドイツ映画』鳥影社，2010
長谷部恭男『比較不能な価値の迷路──リベラル・デモクラシーの憲法理論』東京大学出版会，2000
── 『憲法[第7版]』新声社，2018
長谷部恭男・中島徹編『憲法の理論を求めて 奥平憲法学の継承と展開』日本評論社，2009
服部平治・宮本盛太郎訳『政治思想論集』社会思想社，1974，79頁以下
林知更「政治過程の統合と自由──政党への公的資金助成に関する憲法学的考察(一-五・完)」国家学会雑誌115巻5=6号443頁，116巻3=4号249頁，同5=6号484頁，同11=12号1023頁，117号5=6号481頁，2002-2004
原田大樹『自主規制の公法学的研究』有斐閣，2007
原田昌博「1930年代初頭のベルリンにおける政治的街頭闘争」史学研究282号18頁，2013
── 「ワイマル共和国中・後期の政治的暴力に関する研究の現状」鳴門教育大学研究紀要34号217頁，2019
樋口陽一『近代国民国家の憲法構造』東京大学出版会，1994
── 『憲法Ⅰ』青林書院，1996
── 『憲法 近代知の復権へ』東京大学出版会，2002
── 『憲法[第3版]』創文社，2007
── 『憲法という作為──「人」と「市民」の連関と緊張』岩波書店，2009
樋口陽一編『ホーンブック憲法[改訂版]』北樹出版，2000
樋口陽一・森英樹・高見勝利・辻村みよ子・長谷部恭男編著『国家と自由・再論』日

本評論社,2012
樋口陽一・石川健治・蟻川恒正・宍戸常寿・木村草太『憲法を学問する』有斐閣,2019
日比野勤「実質的憲法理論の形成と統合理論（一）」国家学会雑誌99巻5=6号571頁,1986
──「政治過程における議会と政府──政治的計画を素材にして」岩波講座『現代の法3 政治過程と法』岩波書店,1997,69頁
平島健司『ワイマール共和国の崩壊』東京大学出版会,1991
ヘルマン・ヘラー（今井弘道・大野達司・山崎充彦訳）『国家学の危機』風行社,1991
──（大野達司・山崎充彦訳）『ヴァイマル憲法における自由と形式』風行社,2007
堀部政男・長谷部恭男編『別冊ジュリスト179号 メディア判例百選』有斐閣,2005
牧野守『日本映画検閲史』現代書館,2003
牧野守［監修］『日本映画論言説大系 戦時下の映画統制期8 映画法案議事概要：第七十四回帝国議会/映画法解説』ゆまに書房,2003
松井茂記『表現の自由と名誉毀損』有斐閣,2013
松本彩花「カール・シュミットにおける民主主義論の成立過程（1～4・完）──第二帝政末期からヴァイマル共和政中期まで」北大法学論集68巻6号,69巻1～3号,2018
毛利透「制度体保障と国家」比較法史研究10号215頁,2002
──『表現の自由──その公共性ともろさについて』岩波書店,2009
──「自由「濫用」の許容性について」（阪口編,2010,44頁)
──「消極国家はどんな国家か──シュミットとハイエク」（大石眞・土井真一・毛利透編『各国憲法の差異と接点 初宿正典先生還暦記念論文集』成文堂,2010,3頁）
山崎充彦「シュミットとヘラー──危機の時代における議会制と憲法」（初宿正典・古賀敬太編『カール・シュミットとその時代──シュミットをめぐる友・敵の座標』風行社,1997
山下威士『カール・シュミット研究──危機政府と保守革命運動』南窓社,1986
山本龍彦・大林啓吾編『違憲審査基準──アメリカ憲法判例の現在』弘文堂,2018
和仁陽『教会・公法学・国家──初期カール・シュミットの公法学』東京大学出版会,1990

索 引

＊人名索引・事項索引ともに，当該人名・事項が注にのみ登場する頁に就ては，斜体により示している．

◆ 人名索引

Anschütz, Gerhard ……………118-119, 128-129, *141*, *163*
Bendersky, Joseph W. ……………*15*, *174*, *234*
Bentham, Jeremy …………………………158
Böckenförde, Ernst-Wolfgang …… *17*, *146*, *215*
Giese, Friedrich …………………………129, 255
Gusy, Christoph ……………………*158*, *196*
Häntzschel, Kurt …… *25*, 123, 136, 223, *227*, 246
Heller, Hermann …… 122-123, 129, *141*, 244-245
Hellwig, Albert ………………… 120-123, 134
Klein, Friedrich …………………………256
Mangoldt, Hermann von ……… 253, 255, 258
Mehring, Reinhard ……………… *15*, *38*, *238*
Mill, John Stuart ………………………158-161
Mommsen, Hans ……………… 93, *216*, *233-234*
Quaritsch, Helmuth ………………… *14*, *180*, *215*
Ridder, Helmut ……………………… 256-258
Rothenbücher, Karl ……………… 130, 132-133, 136-138, *148*
Smend, Rudolf ……………… 133-134, 147, *148*
Winkler, Heinrich August …………………… *234*
芦部信喜 ……………………………… 6-7
石川健治 ………………………… *7*, 18, *227-228*
大竹弘二 ……………………… *13*, *37*, *162*
奥平康弘 ………………………………… 8
古賀敬太 ………………………… *153*, *167*, *213*
駒村圭吾 …………………………… *265-266*
権左武志 ………………………………… *15*, *241*
初宿正典 ………………………………… *15*
長谷部恭男 ……………………………… 6, 7
林知更 ……………………………… 155-156, *185*
樋口陽一 …………………………………… *241*
毛利透 ……………………… 17, *146-147*, *241*, *263*
和仁陽 ………… *14-15*, 18, *162*, *167*, *212-213*, *221*

◆ 事項索引

意　見 ………… 24-25, 127-138, 152-155, 159, 173-174, 187, 194, 215-216, 218, 239, 258
意見表明の自由 ………… 24, 31-33, 57, 59, 70, 118, 121-123, 128-139, 149-150, 161-164, 172-173, 185, 214-215, 218-222, 224-228, 242-243, 245, 255, 257
一般的法律（WRV第118条）… 147-149, 173
UFA（＝ウニヴェルズム映画株式会社）
……………… 50, 54, 59-60, 93, 99, *228*
映画法（1920年）………… 26-28, 40, 63
――の改正 ……… 27, *28*, *40*, 80, 82, 85, 87, 91, 95-99, 101-102, 105, 109-110, 113-114, 116, 243, 248
技　術 ……………… 35, *167*, 178-180, 182-184, 207-208, 210, 214, 217-221, 227-237
公　論 …… 111, 115, *147*, 153, 170-171, 174, 182, 185, 210, 212-216, *219*, *228*, 232, 236
市民的法治国 ………… 143, 148, 151, *160*, 173-174, 185, 211-213, 240-243
集合的な意見形成 ……………… 214-215, 237
自由主義 ………………… 33, 150-155, 157-158, 160-162, 169-170, 179, 182-183, 187-189, 193, 207-208
政治的・政治的なもの ……… 145-147, 164-173, 201-205, 209, *219*, *234*, 240
政　党 ……… 153-157, 161, 164, 170, 173, 178-181, 184, 189-199, 209, 211, 232-234, 236, 240-241, 257
制度体保障・制度的保障 ……………… 213, 221, 224, *227*, 241
「西部戦線異状なし」…… 107-109, 115, 247, 263
「戦艦ポチョムキン」……… 88-90, 92, 103, 263
全体国家 ……………… 178-181, 186, 191, 193, 206, 208-209, 237
　質的―― ………………… 180-181, 184, 186-187, 200, 207-208, 237
　量的―― ……………… 180, 184, 186, 236
大衆感化・大衆示唆 ………… 35, 165, 172, 178, 181, 184-185, 207-208,

索　引

多元的国家論………169-170, 192, 202-203, 209, 214-215, 237, 239-240, 246-247, 255, 258, 260
同質性………………171-172, 233, 236-237, 240
討　論………………33, 152-156, *158*, 160, *162*, 164, 173-174, 185, 215, 217-219, 224-227, 239, 242
プレス………………173, 178, 181, 185, 214-228, 231-233, 236-237
——の自由………118-119, 121, 130-131, 133, 155, 161, 182, 216-228, 257
放　送……123, 130, 178-179, 182-185, 207-208, 210, 214-215, 217, 219-220, 229-231, 235, 237-238, 255-258, 261-262, 264
民主制………………170-171, 194, 232-233, 236, 242-243, *245*

〈著者紹介〉

阿 部 和 文（あべ・かずふみ）

1980 年　栃木県生まれ
2004 年　東京大学法学部卒業
2012 年　東京大学大学院法学政治学研究科単位取得満期退学（2013 年学位取得）
2013 年　行政管理研究センター研究員
2014 年　首都大学東京助教
2016 年　大阪市立大学大学院法学研究科准教授（現在に至る）

学術選書
196
憲　法

表現・集団・国家
カール・シュミットの映画検閲論をめぐる一考察

2019（令和元）年12月15日　第1版第1刷発行

著　者　阿　部　和　文
発行者　今井　貴　稲葉文子
発行所　株式会社　信　山　社
〒113-0033　東京都文京区本郷6-2-9-102
Tel 03-3818-1019　Fax 03-3818-0344
info@shinzansha.co.jp
出版契約 2019-6796-9-0101　Printed in Japan

Ⓒ 阿部和文, 2019　印刷・製本／亜細亜印刷・牧製本
ISBN978-4-7972-6796-9 C3332　分類323.500-a011 憲法
P296　￥6800E-012-035-005

JCOPY　〈(社)出版者著作権管理機構　委託出版物〉
本書の無断複写は著作権法上での例外を除き禁じられています。複写される場合は、
そのつど事前に、(社)出版者著作権管理機構（電話 03-5244-5088, FAX03-5244-5089、
e-mail:info@jcopy.or.jp）の許諾を得てください。

芦部信喜・髙橋和之・高見勝利・日比野勤 編著

日本国憲法制定資料全集

〈1〉 憲法問題調査委員会関係資料等
〈2〉 憲法問題調査委員会参考資料
〈4-1〉 憲法草案・要綱等に関する世論調査
〈4-2〉 憲法草案・要綱等に関する世論調査
〈5〉 草案の口語体化、枢密院審査、GHQとの交渉
〈6〉 法制局参考資料・民間の修正意見
〈10〉 臨時法制調査会 I
〈11〉 臨時法制調査会 II
〈12〉 臨時法制調査会 III
〈13〉 衆議院議事録(1)
〈14〉 衆議院議事録(2)
〈15〉 衆議院議事録(3)
〈16〉 貴族院議事録(1)
〈17〉 貴族院議事録(2)
〈18〉 貴族院議事録(3)
〈19〉 貴族院議事録(4)
〈20〉 帝国議会議事録総索引　続刊

憲法問題研究会メモワール（上）／（下）

池田政章 編著

判例プラクティス憲法（増補版）　憲法判例研究会 編

淺野博宣・尾形健・小島慎司・宍戸常寿・曽我部真裕・中林暁生・山本龍彦

憲法研究　第5号　辻村みよ子 責任編集

髙橋和之先生インタビュー ほか

信山社